数字公民素养：

理论与实践

Digital Citizenship:
Theory and Practice

徐　顺　著

中国轻工业出版社

图书在版编目（CIP）数据

数字公民素养：理论与实践 / 徐顺著 . — 北京：
中国轻工业出版社，2023.11
ISBN 978-7-5184-4230-0

Ⅰ . ①数… Ⅱ . ①徐… Ⅲ . ①信息技术—公民教育—
研究—中国 Ⅳ . ① G202

中国版本图书馆 CIP 数据核字（2022）第 256122 号

责任编辑：毛旭林
文字编辑：张　晗　　责任终审：李建华　　整体设计：锋尚设计
策划编辑：张　晗　　责任校对：吴大朋　　责任监印：张京华

出版发行：中国轻工业出版社（北京鲁谷东街5号，邮编：100040）
印　　刷：北京君升印刷有限公司
经　　销：各地新华书店
版　　次：2023年11月第1版第1次印刷
开　　本：710×1000　1/16　印张：13.5
字　　数：240千字
书　　号：ISBN　978-7-5184-4230-0　定价：69.80元
邮购电话：010-85119873
发行电话：010-85119832　010-85119912
网　　址：http://www.chlip.com.cn
Email：club@chlip.com.cn
如发现图书残缺请与我社邮购联系调换
221382Y3X101ZBW

前 言

信息技术的发展造就了虚拟的数字空间，生活在现实空间的公民拥有了新身份——数字公民。人类在数字社会中生存与发展，同样需要遵守数字社会的系列道德规范和行为准则，即数字公民素养。作为数字时代的公民，我们每个人理应具备较高的数字公民素养，但近年来各种网络诈骗、谣言、网络欺凌等行为破坏了数字社会的正常秩序，严重危害公民身心健康，使得提升数字公民素养显得更为紧迫。然而我国数字公民素养的研究还处于起步阶段，其中的一些理论与实践问题尚未得到解决，本书正是基于这一现实问题开展研究，通过研究数字公民素养的概念内涵、基本现状、影响因素、评价指标等理论和实践问题，并在此基础上探索数字公民素养的提升策略，展望数字公民素养的发展趋势，为政府和教育部门开展数字公民教育提供参照依据，从而提高信息时代人才培养的质量。

本书系统介绍了数字公民素养理论与实践方面的研究成果，旨在为数字公民素养领域的研究者和实践者提供参考。全书共八章，第一章系统论述了数字公民素养的内涵与外延，并对数字公民素养相关概念进行辨析。第二章对国内外有关数字公民素养的构成要素、影响因素、评价指标以及数字公民素养教育等问题进行了较为系统的综述。第三章调研并分析了我国不同学段学生的数字公民素养水平现状，包括中小学生、职校学生、高校学生等。第四章基于社会认知理论探索并实证分析了数字公民素养的影响因素。第五章从个人、家庭、学校、社会几个层面阐述了数字公民素养的提升策略。第六章探索了数字公民素养的评价指标体系并进行实证应用分析。第七章提炼了国内外数字公民素养的研究热点，展望了数字公民素养的发展趋势，并在此基础上从数字公民素养的视角分析了当前教育改革的热点问题。第八章总结了全书的主要研究结论，并对数字公民素养的未来发展进行展望。

本书由湖北工业大学徐顺老师主持撰写，其设计了目录框架，并负责全书的修改与统稿。华中师范大学人工智能教育学部的朱莎老师、秦威老师，研究生刘美心、赵铁豪、王倩等参与了部分内容的撰写与修订工作，本科生冯一玲、刘雯玲、张宝文、陈馨语、王映岚、郭甜雨、杨芬、李丽、林雪、周明月、刘杨、黄湘、桂小英、戴梦丹、邓力子等参与了部分文献和表格数据等素材的搜集、整理和归纳工作。

本书撰写时查阅、参考、引用了许多专家、学者的研究成果，谨向原作者表示感谢！同时，因能力不足和时间所限，书中难免存在疏漏与错误之处，敬请读者斧正，以期未来研究中进行纠正。

作者

2022年8月

目　录

第一章　数字公民素养的内涵与外延

第一节　公民及公民素养的概念

一、公民及其概念的产生

（一）公民概念的起源与演变

1. 公民概念的起源

“公民”一词最早出现于古希腊，并为古罗马所沿用。人类在进入政治社会以前，处于以血缘为纽带、以族群为构成形式的氏族社会阶段。在这种无阶级的氏族社会中，成员享有平等的权利及义务，如选举、罢免首领等。随着私有制的出现，商品贸易产生，社会分工开始改变，传统的社会族群组织逐渐被城邦代替。古希腊文中的polites（公民）一词就源于polis（城邦），意为“属于城邦的人”。此时的城邦不同于氏族社会生活的一个组织，不同城邦之间的独立使城邦逐渐转变为一个个城市国家。每一个城邦都以一个城市为中心，与城市周围的农村地区共同组成了城市国家。城邦在古希腊原本属于城市范畴，意为设有防线的居民区，与不设防的乡村相对立。可以说，城邦的主体就是城市。而公民一词的英语为citizen，词亦源于city（城市）。公元前8世纪左右，城邦开始具有政治意义而被称为国家。因此，从词源来看，公民就是属于城市、城邦和国家的人[①]。

2. 公民概念在国外的演变

“公民”的概念是随着政治发展逐渐产生的。古希腊文中将公民定义为能够进入神坛、参与庆典和享用公餐的人，后引申为享有从事管理社会和国家等公共

---

① 孙英．公民定义与公民身份的界定［J］．南通大学学报（社会科学版），2010，26（06）：11-14.

事务的权利的人。但在当时人们认为并不是所有的自然人都是“人”，人们会自然地把奴隶看作一种工具。因而也不是所有人都可以称为公民，古希腊时代的公民指一小部分享有特权的自由民。与此同时，由于此时人属于“城邦的人”，城邦属于全体公民所有，人的使命就是保护城邦安全。因此此时的公民与城邦之间的关系高度绑定。

早期的古罗马只有贵族才具有公民身份，公民实际上是其社会阶级的一种表现。此时罗马贵族的压迫与平民的激烈反抗为社会的主要矛盾。为解决矛盾，一部部法典相继颁布。公元前450年至449年，罗马颁布了历史上第一部成文法典——《十二铜表法》。《十二铜表法》用于处理本国公民之间的关系，在一定程度上限制了贵族的权力。随后颁布的《万民法》等一系列法律进一步调整不同阶级间公民的关系。经过持久的斗争，公民范围扩大，到公元前3世纪，平民获得了公民资格，被征服者及外来人也逐步拥有了公民身份。随着大量的奴隶转变为自由人，罗马公民数量进一步增加。

中世纪时，罗马帝国逐渐衰弱，欧洲历史进入了神学统治阶段。封建君主制及神学思想剥夺了公民权力，“公民”概念处于停滞发展的阶段。而后文艺复兴运动及启蒙运动极大地解放了人们的思想，人们开始发现自然人的自身属性。人不是上帝的产物，也不是他人的仆人或作为工具的奴隶。人本身就是人自身，人可以做自己的主人来决定自身。“个人”概念的普及为公民的含义赋予了新的意义。同期，资产阶级的产生与发展进一步推动了自由、民主思想的传播。美国《独立宣言》的颁布进一步推进了“公民”概念的传播与发展，“公民”成为一种新的法律身份。

综上所述，国外的公民概念是随着历史的发展及政治体制的改变而不断演变的，公民的性质也在不断变化，但公民身份的历史演进始终蕴含责任与权利的统一。已有研究也表明国外公民概念的发展一直围绕着主体成员、权利内涵、地理外延三个主题[①]。正确认识公民概念，了解公民概念的演变与衍生有利于我们有针对性地开展符合时代潮流的公民教育。

---

① 李惠. “三位一体”的公民——西方公民概念的演变及述评［J］. 中国德育，2014（02）: 6-10.

3. 公民概念在国内的演变

在封建时代，我国并无“公民”这一概念，直至清末民初，以弘扬国家主义和彰显民主价值为代表的两种公民观进入了中国，成为影响近代中国公民教育运动的重要理论来源①。在两种公民观的不断冲击下，无数仁人志士对中国应该培养什么样的公民这一问题进行了长期的实践探索，并使其在发展中本土化，试图构建我国的公民概念及公民教育。深入了解公民概念在我国的产生与演变可以为我们审视当代公民教育问题提供一个有益的视角。

以国家主义为指导的公民观在我国的出现与演变与政治制度的改变密切相关。20世纪初，尤其是五四运动后，“公民”的概念传入中国，并不断完善发展。以康有为为代表的维新派人士率先提出了“公民自治”的思想②，并将其作为政治革新的目标。学界还有一种说法认为我国的公民一词引进自近代的日本，其原意指的是作为行使参政权等公权的主体，这一概念与我国民国时期公民的概念相同。

民主主义教育理念对我国公民观也产生了重大影响。1919年杜威来到中国开始了为期两年的讲学。他的实用主义教育思想在当时引起了广泛的关注，对当时的公民教育产生了极大的影响。1922年“新学制”颁布，中小学开始正式设立公民科，适应社会需要、平民教育、个性发展、生活教育等教育理念成为了公民教育的基本思想。同时，受杜威民主主义公民观的影响，近代学者从政治领域、社会生活等诸多领域对公民概念进行了理解与思考，进一步扩大了我国公民的概念。

近代中国正处于救亡图存的特殊历史时期，因此国家建设与民主价值有着同样重要的意义。近代以后，如何根据社会矛盾的转变培养符合时代的公民成为了学者们激烈讨论的问题。“最低限度的公民”“中国式公民”等概念的提出，也进一步推进了我国公民概念的发展与演变，现代公民的概念也随之产生。

（二）现代公民的概念及内涵

不同于古希腊、古罗马的公民概念，现代民主社会中的公民范围根据国家与法律的出现与规范扩大到了尽可能的程度。公民权利由古代部分自由民享有的

---

① 翟楠．培育何种公民：近代公民启蒙的理论基础及教育审思［J］．安徽师范大学学报（人文社会科学版），2022，50（02）：138-149.

② 1902年，康有为作《公民自治篇》，主张中国建立公民制度，以达到挽救民族危亡，实现国家富强的目的.

“特权”演变为现代公民都可以享有的“普遍性的权利”。

进入20世纪以来，由于全球化的推动，公民身份突破了地域疆土的限制，“全球公民”概念随之出现。进入现代社会以后，“公民”一词虽然与民主概念一样饱受争议，但在法学、政治学等多个研究领域，其概念及本质依然起到了推动政治文明不断进步的重要作用。了解普遍意义上的公民的内涵有利于理解现代社会及法治状态下公民的角色，有利于公民教育的发展。

关于现代公民的内涵，不同学者从法学、伦理学、政治学等多种学科的角度提出了自己的见解。在法学方面，徐志达认为现代公民人格内涵的主体特征是公民的主体与平等观念的提升、制度与规则意识的增强、科学与理性思维的养成等①；在伦理学方面，陈思坤认为现代公民的责任伦理精神由关爱生命、关心他人、遵守公德、参与公共生活、回馈社会、爱国奉献及保护生态文明七个基本要素构成②；在政治学方面，陈恭正认为现代公民应具有公民精神、参与意识、平等意识、自主意识、法律意识等五方面内涵③。也有学者将中国传统文化融入现代公民教育，认为现代公民应具有传统文化底蕴，注重品德培养。

虽然不同学者从多学科、多视角阐释了现代公民的内涵，但其核心在于独立的人格及一定的社会责任感。独立的人格包括理性思考、独立判断及人人平等的观念等。一定的社会责任感则侧重于强调公民参与社会公共事务、知法懂法、遵循社会制度等。

二、公民素养的概念

（一）素养的概念

素养即平日里的修养。《后汉书·刘表传》所载“越有所素养者，使人示之以利，必持众来”中的素养就是指好的修养。素质指人生理上原来的特点，相较于素质，素养更强调通过后天教育和学习的习得与养成。有学者认为，素养是一

---

① 徐志达. 法治中国建设阈境下现代公民人格的缺失与塑造［J］. 云南行政学院学报，2016，18（02）：115-120.

② 陈思坤. 责任伦理：现代公民社会的价值诉求［J］. 南昌大学学报（人文社会科学版），2009，40（01）：32-38.

③ 陈恭正. 现代公民内涵的政治学解读及其培育途径［J］. 郑州大学学报（哲学社会科学版），2012，45（04）：20-22.

个不断发展的、动态的、开放的概念，应该根据生活方式的改变而不断发展变更，从而更好的适应新的要求[①]。

（二）公民素养的概念

公民素养是一个包含道德素养、政治素养、法律素养等多方面、多角度的综合概念。除了含有素养本身的含义以外，公民素养还涉及人的道德情操、情感态度、知识技能、法律法规意识等多方面概念。

国际教育成就评估协会（The International Association for the Evaluation of Achievement，IEA）认为公民意识和公民素养的内容主要包括以下四个维度：公民社会和系统、公民原则、公民参与、公民身份[②]。每个维度的具体含义如表1–1所示。

表1–1　公民意识和公民素养的内容划分

分类	内涵	细分领域	核心概念
公民社会和系统	支撑社会体系运转的机制、系统和组织，包含公民契约与社会自身的运行秩序两方面	公民、国家机构、民间组织	权力、规则、宪法、治理、决策、谈判、责任、民主、主权、特权、经济、福利、条约、可持续发展、全球化等
公民原则	公民社会中共享的伦理基础，强调公民支持、保护和推进这些原则以作为公民的责任要求	平等、自由、社会凝聚	人权、同情、尊重、社会正义、包容、质量等
公民参与	公民参与社会活动的过程和实践	决策、影响力、社区参与	公民参与、合作、协作、谈判等
公民身份	个体对公民角色的理解，个体往往有多重身份	公民自我形象、不同公民间关系的认识	公民自我、多样性、差异性、爱国精神、民族精神等

张家军等人制的中小学生公民素质测量量表中将公民素养分为公民认识、公民情感、公民能力和公民行为四个维度[③]。每个维度的具体含义如表1–2所示。

① 陶侃．略论读图时代的“游戏素养”及构建要素［J］．现代远程教育研究，2009（02）：14-18+71.

② 王正青．国际学生公民教育测评理念与方法——ICCS国际学生公民教育测评框架解读［J］．比较教育研究，2009（11）：86-90.

③ 张家军，许娇．公民素养测量结构的探究及验证［J］．教育理论与实践，2016（28）：21-24.

表1-2　公民素养的内容划分

分类	内涵
公民认识	国家政治、经济、文化、历史、道德、公共生活、志愿服务等知识
公民情感	强烈的民族自豪感、国家认同感和爱国主义情怀、社会责任感以及人道主义情怀等
公民能力	参与社会生活的能力和技巧，包括对公民生活中的对象与事件的识别与表述能力、对共同问题的评估与判断能力、与他人的理性表达与合作能力、协调与解决冲突的能力以及对公共问题的监督能力等
公民行为	在参与公共生活的过程中，是否能够采取正确的、恰当的方式做出自己的反应

可以看到，公民素养有着道德、政治、法律等多方面的内涵，但其本质是维护公民生活和公民社会关系，即在法制的框架下维护社会成员的权利、义务、自由、平等。权利包括政治权利与经济权利。义务指公民可以做或者不可以做的一定行为的约束。自由则指公民的政治自由，包括言论自由、集会自由等。平等指公民平等地享有权利、不受任何差别对待、要求国家同等保护，如我国宪法中强调男女平等、民族平等原则。

第二节　数字公民的概念及内涵

一、数字公民的概念

随着互联网、大数据的发展及电脑、智能手机的普及，人类拥有了一个全新的生活空间——数字世界。传统的以国家为划分的公民概念已不足以表达个人身份，各国学者开始纷纷研究数字公民及其相关概念。

数字公民是公民在数字世界中的身份。目前数字公民尚无统一概念，许多学者从不同角度对数字公民的概念进行了描述。

国外关于数字公民的研究开始较早，已有一些学者提出较为成熟的解释。维基百科给出的数字公民定义是：利用信息技术参与社会活动、政治和政府活动的人。该定义强调的是利用信息技术工具与私人和公共组织进行互动。美国肯特州立大学政治学教授凯伦·莫斯伯格（Karen Mossberger）将数字公民定义为“定期且有效地使用互联网的人”。美国著名数字公民教育专家迈克·瑞布（Mike

Ribble）认为“数字公民即是恰当、负责任地使用规范技术的人”[①]。这也是学界目前比较权威的观点。国际教育技术协会（International Society for Technology in Education，ISTE）将数字公民定义为“能够安全、合法地践行，符合道德规范地使用数字化信息和工具的人”。

我国对数字公民的研究尚在起步阶段，但不同学者及机构也提出了自己的观点。北京大学电子政务研究院认为“数字公民就是将公民的个人信息数字化”。钱松岭将数字公民定义为能够负责任地使用技术并能积极参与到数字社会生活中的个体[②]。周宗奎等人认为数字公民是指在数字生活中恰当、负责任且批判性地使用技术的人[③]。王佑镁等人将数字公民身份定义为能够了解、构建和管理健康的在线身份，并且与离线身份统整的个体[④]。

虽然不同的学者及机构针对数字公民各自提出自身的见解，但这些定义之间也有相同之处。从这些定义中，我们可以提取出描述数字公民的三个特征：①拥有高效使用信息技术的能力：进入数字世界的途径或媒介、涉及的现实问题有信息素养/教育差距、互联网的准入问题等；②拥有充分参与数字世界的能力：可以充分参与现实与虚拟的社会活动、政治活动和政府活动，且使用信息技术有针对性地解决问题；③拥有合法、合乎道德的行为准则：使用信息技术的基本准则。

二、数字公民的内涵

关于数字公民的内涵，目前国际上提出和关注度较高的主要包括：全球数字公民组织（Global Digital Citizen Foundation）提出的信息时代的数字公民应具备的信息通晓能力；迈克·瑞布在其著作《学校中的数字公民教育》中提出的数字公民九要素；美国学者尼古拉斯·尼葛洛庞帝（Nicholas Negroponte）在其1996

---

① 钱松岭．数字公民的过去、现在与未来——访美国“数字公民教父”Mike Ribble博士［J］．中国电化教育，2019（09）：55-59+67.

② 钱松岭．“一心”数字公民课程的构建［J］．中国信息技术教育，2020（02）：83-85.

③ 周宗奎，苗天长．中小学生数字公民素养评价指标和课程框架探析［J］．中国考试，2022（04）：17-25.

④ 王佑镁，潘磊，赵文竹．数字公民视野中的数字智商：八大能力与三层目标［J］．中小学数字化教学，2018（08）：25-28.

年出版的《数字化生存》一书中提出的数字化生存能力。

（一）信息通晓能力

全球数字公民组织提出的信息时代的数字公民应具备的信息通晓能力，是一种在线寻找、评估和有道德地使用数字信息，从而高效地解决信息问题的能力。这种能力包括专业知识、技能和性格，比如知道如何区分数字信息与纸质信息，拥有使用特定工具来寻找数字信息的技能，培养在数字信息环境中所需的性格。如果老师具备这些技能并教给学生，那么学生就会更容易地实现他们的信息需求。其具体运行逻辑的思维模型如图1-1所示。

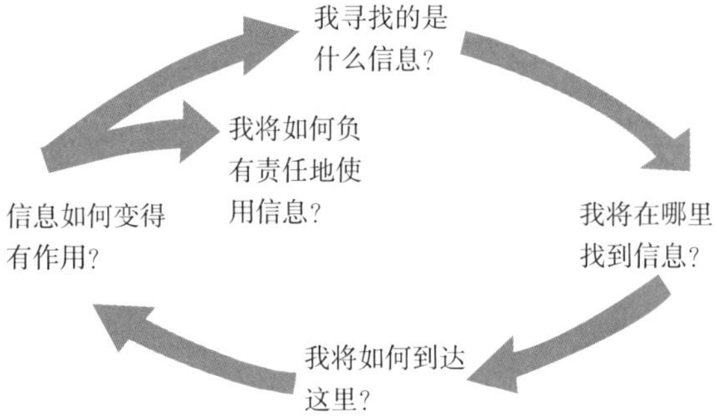

图1-1　信息通晓能力运行逻辑思维模型

要具备信息通晓能力，应注重提问、习得、分析、应用和评估几个方面的培养。具体内容如表1-3所示。

表1-3　信息通晓能力的具体内容

分类	内涵
提问	理解问题，确定问题的关键词，形成探索性的问题，进行头脑风暴，了解伦理问题，深度聆听，广泛查阅，批判性表达，过滤信息，分享个人知识和经验等
习得	确定信息来源，明确获得信息所需的技能，浏览、扫描、搜索资源，制定优先搜索策略，记录笔记，过滤信息等
分析	组织、总结信息，筛选有用信息，区分客观信息和主观信息，评估信息的时效性，判别信息的真实性等
应用	将信息转化为知识和智慧，在实践中应用知识，创造产品和项目
评估	反思问题的解决过程，发现优势和不足，内化、迁移到新的学习中

（二）数字公民九要素

迈克·瑞布在其著作《学校中的数字公民教育》中提出的数字公民九要素，具体包括：数字准入、数字商务、数字通信、数字素养、数字礼仪、数字法律、数字权责、数字健康、数字安全。每个要素的具体内容如表1–4所示。

表1–4　数字公民九要素的具体内容及其解释

要素名称	核心问题	关键词汇	概念阐述
数字准入	是否所有的学生都有机会参与数字社会	数字鸿沟、技术准入、数字公平等	主要指充分参与社会中的各种数字信息。对于数字公民教育而言，其以朝着人人平等的数字准入机会而努力为起点，让所有人享有充分参与数字技术和信息的机会是所有数字公民的目标
数字商务	学生是否拥有在数字世界进行买卖的知识和保护意识	网络购物、网络诈骗、信用安全等	主要指商品的电子化买卖。在信息化时代，数字商务（比如网上购物）已成为人们生活中必不可少的一部分，数字公民需要详细了解关于网络交易的方方面面，谨防网上诈骗等潜在危险
数字通信	学生是否理解丰富多样的数字沟通方法，并知道哪一个最合适	数字选择、通信礼仪、社交网络等	主要指信息的电子交换（比如发邮件、借助在线平台发信息）。数字革命最重要的变革之一就是人们沟通交流更加便捷，数字通信教育的内容须侧重于面对日益多元化的沟通手段和方式时如何应对、如何选择
数字素养	学生是否有时间学习关于电子技术的知识，并与他人分享这些知识	技术教育、在线教育、第二次数字鸿沟等	主要指技术及技术使用的教与学。数字公民应具备以下特点：能随时随地学习；当新的技术出现时能快速而准确地掌握它、使用它；具备较高的信息素养和技能
数字礼仪	学生在使用数字技术时是否会考虑他人的情况	技术礼仪、网络礼仪、文化尊重等	主要指技术使用的行为标准。数字公民应在使用技术之前学习数字礼仪，而不是在出现问题之后再制定使用规则或禁止某项技术的使用
数字法律	学生是否意识到管理数字技术使用的法律（规则、政策）	知识产权、版权保护、信息传播等	主要指行为和举措的法律责任。数字法律涉及社会范围内的技术伦理，包括知识版权和著作权保护等，是数字公民必备的素质之一
数字权责	学生是否能捍卫自身的权利，并尊重其他人的数字权利	数字权益、技术规则、数字责任等	主要指在数字世界里，每个人的自由与应履行的义务。每个数字公民都享有使用技术和资源的自由，但同时也要遵守一些规则，包括规章制度和法律条款等

续表

要素名称	核心问题	关键词汇	概念阐述
数字健康	学生在使用数字技术时，是否会考虑其对自身可能造成的危险（身心健康）	技术成瘾、网络成瘾、身心健康等	主要指数字技术世界中的身心健康。数字技术时代引发许多健康问题，其不仅包括身体健康问题，还有网络成瘾等心理健康问题
数字安全	学生在保护自身资料的同时，是否也会花时间保护他人的信息	技术保护、隐私保护、危机意识等	主要指自我保护的预防措施。作为负责任的数字公民，我们必须保护好自己和他人的信息，避免受到外界破坏或伤害

（三）数字化生存能力

尼葛洛庞帝在其著作《数字化生存》中将“数字化生存”解释为：人类生存于一个虚拟的、数字化的生存活动空间，在这个空间里人们应用数字技术（信息技术）从事信息传播、交流、学习、工作等活动。目前学界对“数字化生存”有多种解释，我国学者施芸卿等人认为，数字化生存能力是指利用电脑和互联网等设备参与到以在线教育、培训、购物、娱乐等以数字信息为基础的新型经济生活中的能力[①]。刘璐璐等人从技术哲学角度对后疫情时代的数字化生存进行了纵向发展，在辩证统一中提出了数字化技术的具体应用[②]。胡泳等人将数字化生存扩大至对数字化社会的适应，特别是个体与信息世界的融合互动、人在数字世界的生存境况与共同治理等多方面[③]。张丽霞从以下三个方面解释了数字化生存能力：①作为活动方式，数字化生存能力指应用数字技术或信息技术所参与生产、生活、学习、交流和社会事务等各种活动；②作为存在形式，数字化生存能力指应用数字技术构建并以数字形式而存在的数字世界；③作为环境，数字化生存能力是以信息技术为基础、不同于现实世界的另一种生存空间[④]。

---

① 施芸卿，罗滌．“90后”大学生的数字化生存［J］．青年研究，2014（06）：1-4.

② 刘璐璐，张峰．后疫情时代数字化生存的技术哲学思考［J］．东北大学学报（社会科学版），2021，23（05）：1-7.

③ 胡泳，年欣．中国数字化生存的加速与升级［J］．新闻与写作，2020（12）：5-13.

④ 张丽霞，王丽川．基于数字化生存能力的信息技术课程目标的重构［J］．电化教育研究，2013，34（12）：82-87.

第三节　数字公民素养的源起、内涵及发展历程

一、数字公民素养的源起

（一）宏观方面：社会历史变迁的视角

纵观历史长河，为了让人们明确自身的权利与义务所在，公民教育的内涵不断发展。古希腊时期，公民教育已经产生，当时称为古典公民教育，其本质是通过种种教育性的教学行为，使公民养成健全的德行，投身于公共事务，服务于公共事务，实现公共之善，此时公民教育即德行教育。古希腊哲学家苏格拉底将教育对人的作用定义为"把精力用在高尚和善良的事上——努力成为有德行的人；禀赋最优良的、精力最旺盛的、最可能有成就的人，如果通过教育而学会了他们应该如何做人的话，就能成为最优良、最有用的人"[①]。他认为公民教育的本性是培育德行。其学生柏拉图认为每一种类型的人未经教育之前，德行只是一种潜能，需要更多知识技能的训练才能转化为现实，而公民教育正是进行这种"潜能挖掘"的工作，教育决定了德行的好坏。亚里士多德认为人的目的地顶点是"最高的善"，即人的生命实践以自身为目的，人前进的终点就是终极的善，为了实现这个至善，必须通过不断遵循自然规则的训练和培养而获得，这就是公民教育。

同一时期，罗马人推翻了罗马王国的统治，建立了罗马共和国。由于平民斗争，公民权利逐渐扩大，所有罗马人都有了公民身份。共和国属人民大众所有，人民共同体实现了贵族与平民共享权利，为维护国家统治，共和国规定每个公民享受收获果实的同时也必须接受劳动。古罗马的这种体制要求培养勇敢不屈和吃苦耐劳的公民。此时的公民教育主要培养忠诚、爱国、团结、守纪、坚定的优良品格。

随着古希腊的灭亡、古罗马的衰落，欧洲进入漫长而黑暗的中世纪，封建专制带给了人们无限的义务，剥夺了人们的权利，人们失去公民身份，成为了专制统治者的臣民。

14至16世纪，文艺复兴在欧洲盛行，人文主义者们高呼"个性解放""人的自由平等"，为了唤醒人们的人文意识，这一时期的公民教育内容主要为：提倡

---

① 吴式颖. 外国教育史教程［M］. 北京：人民教育出版社，1999：55.

人性，反对神性；提倡个性自由，反对宗教枷锁；提倡科学，反对愚昧。17至18世纪，以斯宾诺莎、洛克、卢梭为代表的启蒙思想家提出了社会契约论，其核心为以理性反对神性，以人权反对封建专制，主张个人主义、个人的自由平等；认为人是社会的公民，政府是公民实现权利的工具。公民教育是卢梭政治思想的核心，卢梭认为，公民教育对内培养个人的公民德行，对外培养爱国情怀，最终目的是培养“自然的公民”，同时服从公共意志与个人意志。

法国的资产阶级革命带来了《人权和公民权宣言》（即《人权宣言》），第一次提出了“人权”和“公民权利”的主张，随后制定的宪法也肯定了公民权利。1882年，法国在欧洲大陆率先开设“公民训导”课，公民身份逐渐去政治化，不断更新颁布的教育改革法案也使得法国的公民教育不断发展。

1776年美国发布《独立宣言》，次年又通过了《邦联和永久联合条例》，至此美国确立了资产阶级民主共和政体，成为第一个现代共和国。共和国的基础在于公民，因此自建国初美国就十分重视其公民教育。培养公民的关键是教育，教育的目的则是树立国人公民意识、造就共和国。以华盛顿、富兰克林等人为代表的政治家认识到，政治制度本身并不足以支撑宪政民主，一个自由的社会最终必须依赖于它的公民，依赖于他们的知识、技能与道德。美国于19世纪上半期为普通公民设立公立学校进行公民核心价值观、知识和民主责任感的教育。南北战争后，美国工业化、城市化进程加快，需要大批适应工业化生产的公民。为了满足这一需求，美国通过在中小学开设课程来传播相应的公民知识、公民技能、公民道德。然而工业化和城市化带来了垄断，财富的迅速增长带来了贫富差距悬殊，使美国社会稳定受到威胁。这需要学校培养具有责任意识的公民。此时的美国公民教育不仅重视社会基本价值观念，而且关注社会现实问题和公民意识、品德、责任等能力的培养。

20世纪80年代以来，美国的公民教育观念发生了变化。从原先传统的强调权利而忽视责任、义务的消极的公民教育转变为强调个人和社会并重、权利和义务平衡。这时的公民教育更加强调公民参与度，其核心为平衡权利和义务这两个维度。同时为了顺应全球化趋势，美国公民教育逐渐转变为培养负责任并有全球意识的积极参与型公民。

中国两千多年的封建史中，不乏一些民本思想，但是它与民主思想不同，民本思想是为了维护统治阶级的意志，而封建王朝的教育思想是为了培养臣民而非参与政治生活的公民。以秦始皇“焚书坑儒”与明清时期“文字狱”为代表的一系列历史事件，体现了封建王朝对臣民思想的专制管理。辛亥革命后，中华民国成立，标志着统治中国两千多年的封建专制王朝宣告灭亡，国人的公民意识逐步觉醒。同年颁布的《中华民国临时约法》首次在法律上对公民权利做出了规定。随之而来的近代公民教育主要是以培养公民道德为核心的中西融合的德育观。新文化运动为中国人民带来解放思想的指引，各路文人写下自己的见解，抒发独立思想。五四运动之后，民主主义思想和实用主义思想传入我国，在此基础上我国不断发展出许多以推崇平民人格教育的理念，重视公共生活与社会进步的教育标准的公民教育思想。直到1949年中华人民共和国成立，才真正为公民教育提供了生长发育的土壤。1954年，我国第一部宪法颁布，正式确立了公民的法律地位和民主权利。20世纪70年代末、80年代初，中国开始改革开放，民主、平等、法治、权利等观念逐渐成长。随着中国特色社会主义建设提出的“培养有理想、有道德、有文化、有纪律的四有公民，提高整个中华民族的思想道德教育和科学文化素质”的公民教育新要求，发展公民教育、培养四有公民变得越来越重要。1985年发布的《中共中央关于改革学校思想品德和政治理论课程教学的通知》和1995年国家教委颁布的《中学德育大纲》对公民教育的内容进行了扩充与规范，使真正意义上的公民教育得以开展。2001年中共中央颁布的《公民道德建设实施纲要》与2004年颁布的《中共中央国务院关于进一步加强和改进未成年人思想道德建设的若干意见》标志着中国的公民教育开始发展，此时的公民教育目标是为社会培养具有健全自控的、公民道德情操的、明礼诚信的、能够有效参与国家和社会公共生活的公民①。

为了适应时代的发展，培养出能够承担权利和履行义务的公民，不同国家在不同时间，不断深化公民教育的内涵，国家也因为公民教育的发展而发展。

20世纪50年代以来，信息革命发生，人类迈向信息化时代。80年代，网络由军用转为民用。90年代，网络开始在西方发达国家普及。进入21世纪后，移动信息技术的普及进一步加强了公民现实生活与数字空间生活的联系，传统公民身份与其对应的公民教育突破了现实空间的局限。在虚拟的数字社会中，人们被赋予

---

① 张志顺，肖帅，冷翠玲．中国公民教育的理论内涵、特征及历史演变［J］．学术交流，2013（12）：191-194.

了数字公民的新身份，因此公民教育随公民身份的转变而转变，它在传统公民教育的基础上不断发展实践，最终在社会生活中形成了数字公民教育。1998年美国率先发布了《国家教育技术标准：学生标准》，它十分清晰地表明了在信息化时代学生应该掌握的知识和技能[①]。而后又逐步发布了《国家教育技术标准：教师标准》《国家教育技术标准：管理者标准》，列明了信息化时代教师和管理者应该具有的素养。数字化公民教育的出现是公民教育在历史变迁中顺应了时代的发展而对公民教育进行的扩充，也是信息化时代公民教育不可或缺的一部分。为了让数字公民明确自己的权利与责任，让数字公民提高自身的素养，能够适应时代的变化，从而成为合格的数字公民，数字公民教育应运而生，这是大势所趋。

（二）微观方面：人类的生存发展视角

计算机自1946年发明以来，便以惊人的速度高速发展，并被人们运用到各个领域。

1946年美国定制了第一台计算机——“电子数字积分计算机”，它被运用于军事领域，例如计算弹道等。而后计算机发展成为电子管数字机，硬件和软件得到很大的改善，计算机也不再仅仅限制于军事方面，还被应用到科学计算领域来支持科学研究。而到了1958年，出现了晶体管数字机，计算机体积缩小，能耗降低，运算速度提高，可靠性提高，计算机开始走向社会，应用到工业控制领域。随着半导体技术的发展，1964年开始，计算机开始采用中、小规模的集成电路，软件也出现了操作系统以及结构化、规模化程序设计方法。其计算速度更快，可靠性更高，价格也进一步下降，开始走向了通用化，应用到文字处理和图形图像处理领域。1970年开始，计算机开始采用大规模和超大规模集成电路，软件方面出现了数据库管理系统、网络管理系统和面向对象语言等。1971年在美国硅谷诞生的第一台微处理器，开创了微型计算机的新时代，其应用领域逐步走向各行各业。

伴随着微型计算机的出现，通信技术与计算机技术的整合形成了信息技术，由信息技术带动的全球化变革已经席卷全球，人们的工作、学习和生活方式也发生了翻天覆地的变化。如今的计算机技术应用领域，由原本的军事和科学计算领域扩展到各行各业：为了有效开发和利用信息资源，以现代信息技术为手段，对

---

① 杨浩，徐娟，郑旭东．信息时代的数字公民教育［J］．中国电化教育，2016（01）：9-16.

信息资源和信息活动进行管理的信息管理；利用计算机快速采集检测数据，按最佳算法控制对象进行自动控制和自动调节的过程控制技术；利用计算机了解智能的实质，并生产出一种新的能以与人类智能相似的方式做出反应的智能机器的人工智能；利用多种媒体的综合，在计算机系统中组合多种媒体的人机交互式信息交流，构成的全新概念——多媒体；而通信技术与计算机整合信息技术在全球化的发展中更是形成了全球最大的产业——信息产业。这些不同领域的发展带动着人们进入了信息时代。

而后随着新媒体时代到来，媒体用户可以以数字形式的文本、图像、视频或混合的形式单独或协作地创建媒体消息，并与其他用户共享，他们还可以通过添加自己的触摸或分配关键字进行标记来编辑或优化这些消息分类和检索目标，这样的标签机制使得大量的数字资源能够更容易地被所有用户搜索和共享。新媒体时代的到来带动着全球信息化飞速发展，截至2021年1月，全球手机用户数量为52.2亿，互联网用户数量为46.6亿。而据中国互联网络信息中心（CNNIC）发布的统计报告，截至2021年12月，中国网民规模达10.32亿，互联网普及率达到73.0%，人均每周上网28.5小时。其中手机网民规模达9.86亿，占比95.5%。海量的信息资源、庞大的信息产业、数以亿计的网民，无一不展现出一个事实——一个数字化社会正在构建。在这个数字化时代中，我们享受着数字化带来的便利，享受着在数字空间里使用数字资源和发布数字资源的权利，成为了数字时代的公民。同时，一系列的问题也开始显露。

美国国家安全局于2007年起开始实施的电子监听计划——棱镜计划，对网民的电邮、即时消息、视频、照片、存储数据等多方面的信息进行监控，甚至监控个人的网络搜索内容。这就意味着，参与互联网的所有人士都可能被棱镜计划侵犯隐私，而这些数据会被泄露到何种程度也不为人知。棱镜计划暴露出长此以往被人们忽视的一个问题：网络信息的泄露。2013年，英国一名14岁女生因不堪网络暴力而在家中自杀，此事经媒体曝光后掀起了一场抵制网络暴力的大讨论。但是网络暴力却并没有随着这场讨论而被压制，伴随着自媒体时代的到来，网络暴力反而愈演愈烈。2016年，发生在我国山东的一个诈骗案也引起了全国人民的关注，18岁的准大学生徐玉玉因个人信息被泄露倒卖，被一个诈骗电话骗光了学费，徐玉玉因此郁结于心，最终心脏骤停死亡。2020年，“WannaCry”病毒的肆虐引起全球恐慌，超过150个国家、30多万名用户遭到该病毒的攻击，众多行业受到影响，造成巨大损失。

网络暴力、隐私泄露、网络诈骗等诸多的社会问题，使得传统的网络素质教育不再适用于如今的数字化社会，如何树立和建设数字世界的道德规范和行为准则，使得数字公民可以规范地使用网络，在网络世界正确地做出决定，成为了亟待解决的问题，数字公民教育已经迫在眉睫了。

二、数字公民素养的内涵

综合现有学者及机构对数字公民素养的定义及要素分解，本书将数字公民素养归纳为四个维度，共包括11个核心构成要素，即数字知识技能（数字知识和数字技能）、数字参与交流（数字参与、数字礼仪、数字商务）、数字学习与创新（数字学习和数字创新）、数字社会责任（数字健康、数字安全、数字责任和法律素养）。

（一）数字知识技能

知识是人类对物质世界以及精神世界探索的结果总和。知识随着社会环境、时代潮流的变革而不断创新。技能是以知识为理论基础，通过练习而形成的一定的动作方式或智力活动方式。数字知识技能是以数字世界为大背景，使人类可以在数字世界产生价值的理论及方式，是人类在数字世界生存必备的要素之一。该主题包括：数字知识和数字技能。

1. 数字知识

数字知识即与数字技术相关的科学知识。掌握常见的数字知识、了解常见的数字技术，可以在特定应用场合与具体应用情况时使用数字技术帮助人们在数字世界的生产生活中更好地解决特定问题。同时，数字知识强调终身学习能力，即针对自身不足，利用网络或其他途径获取资料，不断学习相关数字知识。与时俱进，不断提高自身的数字知识涵养是数字公民必须具备的基本能力之一。

2. 数字技能

数字技能即应用各种常见数字技术解决实际问题的能力。它包括以下几个方面：①多种形式的数字技术使用，如最简单的浏览、搜索信息，过滤信息、批判性分析信息的能力。②信息的整合与创新，如编辑、更新数字内容。③使用数字技术针对性地解决数字环境中的问题。④终身学习的能力，针对自身不足，利用网络或其他途径获取资料，不断地学习与数字技术使用相关的技能。

（二）数字参与交流

如何安全、有效地参与到数字世界，通过数字技术创造价值是该主题的主要内容。该主题包括三个方面：数字参与、数字礼仪、数字商务。

1. 数字参与

数字参与主要强调数字世界中的公民使用各类数字技术参与现实及虚拟的多方面、多地域的社会活动。即通过使用公共或私人数字服务积极、负责任的在线参与当地、本国或全球的政治、经济、文化活动与公共事务。

2. 数字礼仪

礼仪强调社会个体互动的规范。社会规范随时间而变，不同地域的社会规范也有一定的差异，其相应的礼仪就有所不同。当数字技术融入生活，网络世界打破了地域及时间所产生的壁垒。互联网的全球性特点使人类生活有别于过去，人类行为的新形式、新规范随之产生。特别值得提出的是，技术融入之后，人们的远程交流产生的匿名性会为人们提供一种放纵的自由表达的机会，这使人们毫不顾忌他们发出的电子邮件或微博信息带来的影响。因此，引导人们学习数字礼仪，以合乎规范地开展网络活动尤为重要。

3. 数字商务

数字商务主要强调安全、合法地进行数字化交易，包括与其相关的价值观念与行为习惯。线上购物已经成为了一种主流购买方式，这会使我们留下相应的数字足迹。与此同时，陌生人花言巧语的诱惑及利用数字技术手段实施的多种骗取财物的方式使得我们在数字世界进行线上交易时有一定的风险。如何在线上交易的同时保护自身安全，保护个人账号信息、交易数据等敏感数据是数字商务的重要内容。

（三）数字学习与创新

1970年，美国未来学家阿尔文·托夫勒（Alvin Toffler）引用了他与心理学家赫伯特·杰尔居埃（Herbert Gerjuoy）的一段谈话："21世纪的文盲不是那些不能读写的人，而是那些不学习、不能学习和不能重新学习的人。"这些词恰当地描述了数字社会对一个数字公民的基本要求：需要能够适应不断变化的教育环境的"进化"意识。如今，细微的代际差异已经证明了托夫勒的预言，例如科学发现，有时候出生只相隔几年的孩子们的数字技术经历就有很大不同。随着技术工具的不断发展，教育我们自己，教育我们的学生，教育我们彼此变得越来越重要。该主题主要包括数字学习和数字创新。

1. 数字学习

数字学习是将学习内容数字化后，以计算机等终端设备为辅助工具进行的学习活动。数字学习主要用于教育领域，是一种依赖于大数据、云计算等信息技术建立并向学生提供互联网平台，让学生通过网络进行学习的一种全新学习模式。数字学习不同于传统的学习方式，有切实性、及时性、可操纵性、创造性等特点。数字学习也包括我们自身检索、整理、归纳、分析、创造的能力，要求学习者具有终身学习的态度。利用互联网进行数字学习，丰富和完善自身知识体系是数字公民应具备的基本能力。

2. 数字创新

数字创新是指在创新中融入信息技术、计算机大数据技术等，由此形成新产品、改进生产发展、形成新技术的过程。对于科学研究方面，数字创新为科学研究提供了新的方法。在教育领域，数字创新是教育数字化转型发展的助推剂。数字创新为教育带来了更多的可能性，通过结合VR、AR、AI等创新性的数字科技，将使传统的教育教学可视化、现代化，帮助提升教学效率、提高学习兴趣。数字创新将更好地助推教育形式的改革发展。

（四）数字社会责任

该主题主要强调情感与品格，主要包括四个层面：数字健康、数字安全、数字责任和法律素养。

1. 数字健康

数字健康的重点在于我们如何在生活中找到现实世界与数字世界的平衡。生活在一个“在设备上”的时代，我们常常忽略了现实环境。很多人都有技术上瘾的问题，越来越多的“低头族”出现，我国学生的近视率也逐年上升。但反过来，技术工具也提供了帮助我们监测和改善身体状况的方法。如心率监测仪、计步器等可穿戴技术用于跟踪用户的健康状况；Keep、每日瑜伽等App帮助用户养成每日锻炼的习惯。我们要理解不良上网习惯对自身身体、人际关系和社会的影响，在不伤害身体健康的情况下，正确地使用网络进行各项活动，同时掌握相应的技术保障自身健康，把握现实世界与数字世界的平衡。

2. 数字安全

数字安全的重点是我们保护信息的过程。一方面，它涉及保障数字安全的技术方法，如如何有效使用防火墙和杀毒软件；另一方面，它涉及技术使用者本身，即如何判断即将公开的信息可能产生的影响，并对其进行分析和预估。如今，随着移动互联网、手机的普及，社交媒体已经融入我们的日常生活，与我们的生活不可分割，这使更多的个人信息泄露成为可能。所以，保护自己及他人的安全是每个人的责任。我们要了解数字安全的重要性，培养相应技能，掌握有效保护自己及他人的数字安全的方式、方法。

3. 数字责任

责任指公民对事务、他人及社会都有应尽的义务。当公民进入数字世界时，自然享有数字世界赋予的权利，可以在数字世界自由地获取信息进行交易。与此同时，我们也有保护网络世界的责任与义务。即面对网络风险，如何时刻保持警惕，在享有自身权利的同时承担并履行相应的责任。因此，我们要了解网络风险与机会，培养相应的决策技能。

4. 法律素养

法律素养指一个人认识与运用法律的能力，在数字世界中主要指与法律有关的行为举措及应尽的法律责任。数字法律当前主要包括三个方面的内容，分别是：个人信息的收集与分享；著作权或使用他人数字信息的有关问题；网络犯罪行为。如何提升法律素养，使人们明确数字世界中的法律与现实生活中的法律同等重要，知法懂法、不逾越法律红线是我们的必要素养之一。

三、数字公民素养的发展历程

美国图书馆协会（ALA）将数字素养定义为使用信息通信技术（ICT）来发现、评估、创造和交流信息的能力，这一界定将数字素养逐渐从工具转向强调实践和创作。用户在形成数字素养的过程中，将这种与他人沟通、协作和解决问题的能力逐渐融入了日常的生活，进而形成了数字环境下的数字公民。

国际教育技术协会基于迈克・瑞布的REP模型开发了数字公民教育的《ISTE学生标准》，该标准包括七个维度和28项指标。这七个维度分别是赋权的学习者、数字公民、知识的建构者、创新的设计者、具有计算思维的思考者、有创意的交流者、全球化的合作者。

20世纪90年代以来，许多国际组织、国家和学者都基于上述背景，纷纷展开有关“数字公民素养”的相关研究活动，并且取得了一定的研究成果。

（一）联合国教科文组织的数字公民素养发展历程

联合国教科文组织的数字公民素养发展历程如表1-5所示。其中值得一提的有：2013年，联合国教科文组织为了实现社会可持续发展，提升公民的媒介素养，开展并推行“媒介信息素养”项目。2014年推出“安全负责任地利用信息通信技术培育数字公民”计划。2015年，为全面扩大数字公民素养教育的范围而组织了一系列政策建议，并且试行了2014年的“安全负责任地利用信息通信技术培育数字公民”计划，同时发布的《安全负责任地使用ICT培养数字公民——亚太地区现状回顾》报告中，分别从学生、老师以及家长三个角度提出正确、健康地使用信息技术的方案，对使用信息技术时发生的安全责任、道德伦理问题进行了分析，并提供了解决方案。2016年，发布报告《政策回顾：安全有效和负责任地使用ICT建立亚太地区数字公民身份》，其中内容包括育人目标、参与机构、课程及师资四个方面，并对政府提出的数字公民教育政策中所包含的核心理念加以概括[①]。

表1-5 联合国教科文组织的数字公民素养发展历程表

时间	项目（措施）
2013年	“媒介信息素养”项目
2014年	“安全负责任地利用信息通信技术培育数字公民”计划
2015年	《安全负责任地使用ICT培养数字公民——亚太地区现状回顾》报告 “全球公民教育”方案
2016年	《政策回顾：安全有效和负责任地使用ICT建立亚太地区数字公民身份》报告 “亚太教育研究机构网络的横向共通技能”计划
2018年	《全球数字素养框架》
2019年	“全球数字素养配套评估”方案

（二）欧盟的数字公民素养发展历程

欧盟的数字公民素养发展历程如表1-6所示。欧盟在2000年形成的“里斯本战略”中提出全体公民需要终身学习的理念，为了落实“里斯本战略”，欧盟于2001年推进“教育与培训2010工作计划”，研究核心素养、人际交往、公民素养

① 周小李，王方舟．数字公民教育：亚太地区的政策与实践［J］．比较教育研究，2019，41（08）：3-10.

等。又在2005年重新规划了欧盟八大核心素养，将“数字胜任力”列为其中之一，并将“21世纪公民”进行定义：“公民应该具备自信、创新和批判性的精神来将信息技术运用在工作和学习中。”最终于2006年欧盟理事会上将数字核心素养的八项内容确定下来①。2010年，欧盟分别推出“欧盟2020战略”和“欧盟数字议程”帮助公民合理利用数字技术，促进社会的可持续发展。2011年，欧盟联合研究中心实施了“数字素养”项目，要求达成三项目标，继续推进落实数字公民素养工作。2013年，欧盟提出数字素养框架DigComp1.0，划分了五个维度的内容，分为五个胜任力，并根据具体能力划分为21项。2016年，欧盟正式发布了数字素养框架DigComp2.0，随后进行修订，进行了更详细的划分，并更新了应用案例②。最终于2017年，按照布鲁姆的教育目标分类，重新划分了公民数字胜任力的等级，并推出数字素养框架DigComp2.1。

表1-6　欧盟的数字公民素养发展历程表

时间	项目（措施）
2000年	“里斯本战略”
2001年	“教育与培训2010工作计划”
2005年	重新规划欧盟八大核心素养 重新定义“21世纪公民”
2010年	“欧盟2020战略”“欧盟数字议程”
2011年	实施“数字素养”项目
2013年	数字素养框架DigComp1.0
2016年	数字素养框架DigComp2.0
2017年	数字素养框架DigComp2.1

（三）美国的数字公民素养发展历程

美国的数字公民素养发展历程如表1-7所示。美国于20世纪90年代提出了数字公民的概念，并研究出了一系列数字公民素养教育的成果。1998年，美国颁布《儿童互联网保护法案》等多部法令来保护青少年的上网安全，鼓励并开展青少

① Redecker C. The use of ICT for the assessment of key competences[J]. Joint Research Centre of the European Commission Scientific and Policy Report, 2013.

② 任友群，随晓筱，刘新阳. 欧盟数字素养框架研究［J］. 现代远程教育研究，2014（05）：3-12.

年网络教育。2007年，美国在《美国国家教育技术标准》中将“数字公民素养”作为学生版的六大标准之一，同样的美国的《共同核心标准》(Common Core)中也让学生的各学科课程标准中融入数字公民素养。2010年，美国教育部颁布《家庭指导孩子上网指南》来指导家长帮助儿童培养良好的上网习惯。2013年，迈克·瑞布在《数学中的数字公民教育》一本书中明确指出数字公民应该具备的九大要素：数字准入、数字商务、数字沟通、数字素养、数字礼仪、数字法律、数字权利与责任、数字身心健康、数字安全。2015年，美国发布《每一个学生成功法案》，引导全国积极开展数字公民素养教育。同年，美国第一届“数字公民素养峰会”召开，之后每年均召开，衍生出许多研究项目，如“学校中的数字公民素养”“数字孩童养育”等。2016年，美国的《国际教育技术学生标准》发布，并指出合格数字公民的四个指标：建立数字身份和数字信誉，认识到个人的言论行为在虚拟网络空间具有持久性；使用正确、安全、合法和符合道德伦理的行为进行网络操作；尊重和维护知识产权；保护个人的数字隐私和数字安全。同时，明确提出数字公民的重要性，认为数字公民素养是未来数字社会中每个人都应该具备的基本素质，并将“数字公民”作为一项标准融入教育规划中①。

表1-7　美国的数字公民素养发展历程表

时间	项目（措施）
1998年	《儿童互联网保护法案》等多部法令
2007年	“数字公民素养”作为学生版《美国国家教育技术标准》的六大标准之一 《共同核心标准》中提倡各学科课程标准融入数字公民素养
2010年	《家庭指导孩子上网指南》
2013年	《数学中的数字公民教育》明确指出数字公民九要素
2015年	《每一个学生成功法案》 第一届“数字公民素养峰会”
2016年	《国际教育技术学生标准》

① 阮高峰，张冬冬，Leaunda Hemphill. 美国中小学数字公民素养教育现状及启示［J］. 中国信息技术教育，2016（19）：17-21.

（四）加拿大的数字公民素养发展历程

加拿大的数字公民素养发展历程如表1–8所示。加拿大不同地域的教育体制有所差异，21世纪初，各省份陆续提出了相关政策推动数字教育的发展。2004年，阿尔伯塔省颁布了《学习和技术的政策框架》，该框架明确了信息技术在教育中的作用①。2010年，该框架进一步修订，对全省教育体系进行了回顾总结。2015年，加拿大数字与媒体素养中心（Media Smarts）发布了《数字素养教育框架》，进一步促进数字公民的培养，为加拿大数字公民培育指明了方向②。2016年，数字与媒体素养中心对该框架进行了修订，并进一步明确了数字素养的内涵。2020年，《数字宪章实施法案》发布，从消费者和个人数据信息两个方面提出相关政策，保护的公民数字安全。2022年，发布新版《数字宪章实施法案》，并将《人工智能和数据法案》作为其中的第三项法案，为加拿大人工智能开发系统引入了新的监管体系，提供了政策保障③。

表1–8　加拿大的数字公民素养发展历程表

时间	项目（措施）
2004年	《学习和技术的政策框架》
2015年	《数字素养教育框架》
2016年	《数字素养教育框架》提出了中小学各个阶段的学生所应具备的数字能力
2020年	《数字宪章实施法案（2020年版）》
2022年	《数字宪章实施法案（2022年版）》

（五）日本的数字公民素养发展历程

日本的数字公民素养发展历程如表1–9所示。2004年，日本发布了《关于推进职业生涯教育的综合性调查研究作者会议报告》，旨在强调培育日本中小学生的“21世纪能力”和“生存能力”。2011年，日本发布了《关于今后学校中生涯教育与职业教育发展》，旨在培育公民满足社会和职业对数字技术的能力和态度

① 覃云云，朱晓玲．加拿大教育信息化概览［J］．世界教育信息，2012，25（09）：41-45．

② 余慧菊，杨俊锋．数字公民与核心素养：加拿大数字素养教育综述［J］．现代教育技术，2019，29（07）：5-11．

③ 张文远．加拿大推出2022年《数字宪章实施法案》以加强数据保护与人工智能监管［J］．互联网天地，2022（07）：37．

提出的新要求。2013年，日本文部科学省颁布了《教育振兴基本计划》，旨在设计适应社会的教育实践活动，促进学生的数字社会发展来使国民终生学习。2014年，日本正式提出“21世纪型能力”的概念，并将其分为了基础力、思考力以及实践力三个部分。2016年，《科学技术创新综合战略》发布，旨在建设数字化社会，并对建设过程中的阶段性进行进一步解释。2017年，《科学技术创新综合战略补充》发布，旨在对2016年提出的政策进行了更进一步的解释和推进①。

表1-9　日本的数字公民素养发展历程表

时间	项目（措施）
2004年	《关于推进职业生涯教育的综合性调查研究作者会议》
2011年	《关于今后学校中生涯教育与职业教育发展》
2013年	《教育振兴基本计划》
2014年	“21世纪型能力”概念
2016年	《科学技术创新综合战略》
2017年	《科学技术创新综合战略补充》

（六）澳大利亚的数字公民素养发展历程

澳大利亚的数字公民素养发展历程如表1-10所示。1999年，澳大利亚各州教育部长联合签署了《阿德莱德宣言：21世纪的学校教育国家目标》，首次提出信息通信技术（ICT）的重要性。2000年，《网络世界中的学习：信息经济下的学校教育行动计划》颁布，从教学和学习等方面对学生数字素养提出了愿景，并将其作为本国发展数字素养的总体框架。2008年，澳大利亚政府颁布的《墨尔本宣言：澳大利亚青年教育目标》，明确了新阶段的数字素养教育目标，即强调教育的公平和卓越。2011年，澳大利亚宽带、通信和数字经济部发布了《国家数字经济战略》。2015年，澳大利亚教育与培训部颁布的《澳大利亚国家创新和科学议程》标志着澳大利亚教育改革开始，推动了中小学教育数字化教育转型发展。2017年，《澳大利亚2030：通过创新实现繁荣》颁布，为澳大利亚教育数字化的

① 朱启超，王姝．日本“超智能社会”建设构想：内涵、挑战与影响［J］．日本学刊，2018（02）：60-86.

转型和创新指明了未来十余年的道路，该战略旨在让所有澳大利亚公民学习2030年的相关技能。此外，从2005年开始，澳大利亚开展了每三年一次的全国ICT素养评估，最新的评估框架是2014年发布的ICT素养评估框架。

表1-10 澳大利亚的数字公民素养发展历程表

时间	项目（措施）
1999年	《阿德莱德宣言：21世纪的学校教育国家目标》
2000年	《网络世界中的学习：信息经济下的学校教育行动计划》
2008年	《墨尔本宣言：澳大利亚青年教育目标》
2011年	《国家数字经济战略》
2015年	《澳大利亚国家创新和科学议程》
2017年	《澳大利亚2030：通过创新实现繁荣》

（七）中国的数字公民素养发展历程

中国的数字公民素养发展历程如表1-11所示。中国同样也很重视数字公民素养的培育，最早在2001年就颁布了《全国青少年网络文明公约》，用于约束青少年的上网行为①。2004年，首届“中国媒介素养教育国际研讨会”召开，此次会议推动了我国媒介素养教育的发展，提升了我国媒介素养的理论知识水平。2016年，《中国学生发展核心素养》发布，着重培育学生的信息技术的运用和利用信息的意识。2018年，《教育信息化2.0行动计划》发布，为了全面提升信息素养，在计划书中提出了教师信息素养和学生信息素养培育方案，与此同时还发布了《中小学数字校园建设规范（试行）》，对学校系统的每一位成员提出了信息素养的要求。2021年，印发实施了《提升全民数字素养与技能行动纲要》，强调要丰富数字资源供给，提升高品质数字生活水平，提升高效率数字工作能力等，为2035年基本建成数字人才强国提供了理论指导②。

① 全国青少年网络文明公约［J］. 学校党建与思想教育（下半月），2002,（05）：20.

② 中华人民共和国国家互联网信息办公室. 提升全民数字素养与技能行动纲要［EB/OL］.［2022-08-14］. http://www.cac.gov.cn/2021-11/05/c_1637708867754305.htm.

表1-11 中国的数字公民素养发展历程表

时间	项目（措施）
2001年	《全国青少年网络文明公约》
2004年	首次召开“中国媒介素养教育国际研讨会”
2016年	《中国学生发展核心素养》
2018年	《教育信息化2.0行动计划》《中小学数字校园建设规范（试行）》
2021年	《提升全民数字素养与技能行动纲要》

通过对国内外的数字公民素养产生及发展历程进行比较分析，我们可以发现无论国内还是国外在2000年左右就产生了数字公民素养的萌芽，但是国家重视并推动数字公民素养的发展与起初的萌芽时间间隔比较大，国内外的政策以及数字公民素养培育项目主要集中在2013年及之后。欧盟国家略比其他国家起步早些，于2011年就已经开始重视数字公民素养。中国早期的政策更多是注重信息素养，真正推进数字公民素养的政策是由2016年开始。比较特殊的是日本的数字公民素养，其并没有直接出现政策推进，但是数字公民素养的内容融入社会建设和高、中、小学校教育中，从而达到数字公民素养的全面覆盖。这些陆续发布的文件和实施措施说明数字公民素养已经得到了国内外许多国家的重视，也进一步说明国内外已经意识到培育数字公民素养是数字社会发展的基本需求。

第四节 数字公民素养相关概念辨析

一、数字公民素养与公民素养

（一）公民素养的内涵

素质作为心理学领域的专业术语，是指个体天生的运动器官、感知器官、神经系统，尤其是大脑所呈现在结构和技能上稳定的特点[①]。心理学领域对于素质

① 袁振国．当代教育学［M］．北京：教育科学出版社，2004：75.

的定义已不能全然符合现代社会中公民素质中的“素质”概念，现代所指的“素质”，既包含“与生俱来”的天赋、品性等，又包含后天习得的知识与能力等。而“素养”则侧重后天习得的结果，是个体社会化的产物①。何为公民？公民是一个社会政治概念，是政治社会或国家内依法享有平等权利和承担平等义务的社会成员②。所谓公民素养，即现代社会对其社会成员的要求。公民为适应现代社会，需具备符合现代社会发展的新观念、新能力等，才不会失去公民资格，才能深层次地理解社会，适应现代社会的发展②。

（二）数字公民素养与公民素养的关系

20世纪90年代初，世界各国陆续进入数字社会，在数字社会中遵守道德和规范的公民即为数字公民③。同公民素养类似，如果说公民素养是社会主体适应现代社会应具备的素养，那么，数字公民素养即为顺应数字社会发展所具备的素养。二者是既包含又统一的概念，公民素养是一个动态性概念，随着社会发展，社会主体需要依据社会的需要来获取新素养，进入数字时代，公民应积极发展数字公民素养，才能符合社会主体社会化的要求。

二、数字公民素养与数字素养

（一）数字素养的内涵

1994年，以色列学者约拉姆·埃谢特–阿尔卡莱（Yoram Eshet–Alkalai）首次提出“数字素养”的概念，他认为数字素养包含社会情感素养、图片图像素养、再创造素养和分支素养④。美国图书馆协会认为数字素养是利用数字和通信技术来发现、评估、创造和交流数字的能力，需要认知技能和技术技能。学者Ramírez–Montoya将数字素养定义为在使用数字通信技术时所需的态度、技能和内容的集

---

① 周蓉. 学生公民素养教育内容的承续整合［D］. 宁波大学，2011.

② 成有信. 公民·公民素养·公民教育［J］. 北京师范大学学报（社会科学版），1996（05）：76-80.

③ 徐顺. 基于社会认知理论的大学生数字公民素养影响因素及提升策略研究［D］. 华中师范大学，2019.

④ 王佑镁，杨晓兰，胡玮，等. 从数字素养到数字能力：概念流变、构成要素与整合模型［J］. 远程教育杂志，2013，31（3）：24-29.

合[1]。学者Guzmán-Simón等认为数字素养是指个人在不同环境中（特别是通信媒体环境）为个人发展所必备的知识、态度和技能的合集[2]。陶侃提出，“素养”是一个不断发展的、开放的、动态性的概念，当生活状态变化时，则需要提出一种新素养与之相匹配[1]。可见数字素养的发展需顺应时代发展特征，提出新要求。

数字素养突出的是有意识地定位、分辨、归纳信息，并进行深层次地加工，产出新信息，以适应数字时代信息共享的大环境，在过程中不断熟悉对数字信息的运用，且能够有意识地保护自身及他人的数字隐私安全。这是一种主观作用下适应数字化大环境、成为数字建设者的能力。

（二）数字公民素养与数字素养的关系

2004年，阿尔卡莱提出了数字素养的框架[4]。前文中提到过，2011年，欧盟计划实施“数字素养项目”，并作为欧盟八大核心素养之一[5]，2017年又更新为“数字素养框架2.1”[6]。通过对照可知，数字素养包含在数字公民素养中，主要对应“数字安全”“数字素养”“数字情感与价值观”“数字交往与协作”等相关内容。

三、数字公民素养与信息素养

（一）信息素养的内涵

1974年，美国信息产业协会主席保罗·车可斯基（Paul Zurkowski）在提交给美

---

① Ramírez-Montoya M S, Mena J, Rodrguez-Arroyo J A. In-service Teachers' Self-perceptions of Digital Competence and OER Use as Determined by a xMOOC Training Course[J]. Computers in Human Behavior, 2017(77): 356-364.

② Guzmán-Simón F, García-Jiménez E, López-Cobo I. Undergraduate students' perspectives on digital competence and academic literacy in a Spanish University[J]. Computers in Human Behavior, 2017 (74): 196-204.

① 陶侃．略论读图时代的“游戏素养”及构建要素［J］．现代远程教育研究，2009（02）: 14-18.

④ Yoram Eshet-Alkalai.Digital Literacy: A Conceptual Framework for Survival Skills in the Digital Era [J]. Journal of Educational Multimedia and Hypermedia, 2004, 13(1): 93-106.

⑤ Ferrari, A.DIGCOMP: A Framework for Developing and Understanding Digital Competence in Europe [DB/OL]. [2019-08-05]. http://ipts.jrc.ec.europa.eu/ publicat-ions/pub.cfm?id=6359.

⑥ Carretero S, Vuorikari R, Punie Y.DigComp 2.1: The Digital Competence Framework for Citizens with eight proficiency levels and examples of use [DB/OL]. [2019-08-02]. http://publications.jrc.ec.europa.eu/ repository/bitstream/JRC106281/web-digcomp2.1pdf_(online). pdf.

国国家图书馆和信息科学委员会（NCLIS）的一份提案中提出了“信息素养”的概念。该提案建议制定一项国家计划，在未来十年内实现普遍的信息素养。按照车可斯基的说法，在工作中的应用信息资源方面受过训练的人可以被称为信息素养者。他们能学习并利用广泛的信息技术和技能及主要来源，形成解决问题的办法。

1976年，学者Burchinal在得克萨斯农工大学图书馆研讨会上发表的一篇论文中建议：“要具备信息素养需要一种新的技能，其中包括如何有效地找到和使用解决问题的决策所需的信息”。同年，学者欧文斯将信息素养与民主联系起来，他说：“除了提高工作效率的信息素养，还需保证国家制度的生存。拥有信息资源的选民比信息文盲的公民能够做出更明智的决定”。在20世纪80年代，人们认识到计算机和相关技术正在成为检索和处理信息的强大工具。1989年，美国图书馆协会信息素养委员会的一篇报告不仅承认了信息素养对社会的重要性，而且从必要技能的角度提供了一个定义：“要成为拥有信息素养的个体，一个人必须能够识别信息何时被获取，并且有能力去定位和评估，并有效地使用所需的信息”。

1994年，澳大利亚学者克莱斯汀·布鲁斯（Christine Bruce）总结出了成为信息素养者的七个关键要素：①具有独立学习能力；②能运用不同信息系统和技术；③具备处理信息的能力；④具有将信息内化的能力；⑤运用批判性思维处理信息；⑥充分拥有关于信息世界的知识；⑦具有个人风格[①]。1998年，美国教育传播与技术协会和美国图书馆协会提出从社会责任、信息处理、独立学习三个方面培养学生的信息素养。

一是社会责任。即学生能识别信息并且能对学习社会做出积极贡献；学生能在处理与信息技术相关的实践中遵守道德；学生能积极参与学习团体活动并交流信息。

二是信息处理。即学生能高效地获取信息；学生能准确地使用信息；学生能批判性地评价信息。

三是独立学习。即学生能独立地探索个人感兴趣的信息；学生能争取在信息处理中做到最好；学生能评价文献和表达。

综上所述，信息素养既包括获取信息资源和运用信息的能力，又包括对信息加工处理和传递的能力，还包括将独立探索、批判精神以及强烈的参与意识和社会责任感用于指导实践和进行思维改造的综合信息能力。

---

① 张倩苇．信息素养与信息素养教育［J］．电化教育研究，2001（02）：9-14.

（二）数字公民素养与信息素养的关系

信息素养自从1974年提出以来，国内被引用最多、较为公认的是张倩苇于2001年提出的定义①。后来钟志贤等人提出了信息素养2.0②，包括三个维度和八大能力③。通过对照可知，信息素养包含在数字公民素养中，主要对应“数字意识”“数字情感与价值观”“数字素养”“数字权责与法律”等相关内容。

四、数字公民素养与数据素养

（一）数据素养的定义

从目前搜索的文献来看，2004年《信息素养、统计素养和数据素养》一文是较早明确提出“数据素养”这一概念的文章④。关于数据素养的概念，目前学界尚未达成共识，因而常用的术语有“数据素养”“数据信息素养”⑤“研究数据素养”“科研数据素养”⑥“科学数据素养”等。对已有研究文献进行分析发现，目前对于数据素养概念的研究主要是从数据利用视角和科研数据管理视角展开。

从数据利用视角来看，数据素养主要是指教师在数据的搜集、管理、分析与处理、协同创新与共享的能力，以及教师在数据的生产、管理和发布过程中的道德与行为规范⑦。从科研数据管理视角来看，数据素养是个体在数据周期各个环节的数据管理知识与能力的体现，是数据生产、组织、存储、共享等各个环节相统一的整体⑧。虽然是不同的视角，但都以用户数据素养提升为目标导向，同时

---

① 张倩苇．信息素养与信息素养教育［J］．电化教育研究，2001（02）：9-14.

② 钟志贤，汪维富．Web2.0学习文化与信息素养2.0［J］．远程教育杂志，2010（4）：34-40.

③ 钟志贤．面向终身学习：信息素养的内涵、演进与标准［J］．中国远程教育，2013,（8）：21-29.

④ Shields M. Information literacy, statistical literacy, data literacy[J]. IASSIST quarterly, 2005, 28(2-3).

⑤ Carlson J, Fosmire M, Miller C C, et al. Determining data information literacy needs: A study of students and research faculty[J]. Portal: Libraries and the Academy, 2011, 11(2): 629-657.

⑥ Schneider R. Research data literacy[C]//European Conference on Information Literacy. Springer, Cham, 2013: 134-140.

⑦ 张进良，李保臻．大数据背景下教师数据素养的内涵、价值与发展路径［J］．电化教育研究，2015，36（07）：14-19+34.

⑧ 孟祥保，常娥，叶兰．数据素养研究：源起、现状与展望［J］．中国图书馆学报，2016，42（02）：109-126.

也将数据的周期性特点等纳入整体来考虑。

数据素养与信息素养既有区别又相互联系。二者均有注重批判思维的要求，区别在于侧重点不同。信息素养侧重于信息的搜寻与利用，数据素养侧重于数据的生存、管理、保存等方面。而且信息素养多关注于信息搜索的过程和反馈，数据素养更侧重数据的准确、能否处理好、能否长期保存，即关注结果的评价[①]。数字素养和数据素养也密切联系，贾东琴等人提出："数字素养是一个开放性、动态性且不断发展的概念，它强调的是在信息、知识、技术、创新、交流的数字背景下对人的综合要求[②]。"由此来看，在大数据背景下，数据素养是数字素养的外延。

（二）数据素养能力的维度

数据素养能力是数据素养的具体表现形式。美国学者Carlson将数据素养分为元数据、数据转换与操作、数据获取和发现、数据管理、数据监护与再利用、数据长期保存、数据可视化、数据分析以及数据伦理[③]。他将数据素养能力分为：通过程序计划；识别来源数据的价值、类型及格式；确认数据产生与利用；确定何时需要数据；合适地获取数据；评价数据及其来源；组织及自我评价；操作与分析数据；应用结果去学习；确定和利用合适的研究方法；解决问题及决策[④]。我国学者吴碧薇基于卡尔森的数据素养能力，构建了数据素养核心能力的通用框架，包含数据基本知识、发现和获取数据、管理数据和使用数据、阅读理解和评价数据五个板块[⑤]。目前学界权威的数据素养能力框架还有待研究。

（三）数字公民素养与数据素养的关系

自《信息素养、统计素养和数据素养》一文提出"数据素养"这一概念，有

---

① 黄如花，李白杨．数据素养教育：大数据时代信息素养教育的拓展［J］．图书情报知识，2016（01）：21-29.

② 贾东琴，柯平．面向数字素养的高校图书馆数字服务体系研究［C］//中国图书馆学会．中国图书馆学会年会论文集（2011年卷）．北京：国家图书馆出版社，2011：45-52.

③ Carlson J, Fosmire M, Miller C C, et al. Determining data information literacy needs: A study of students and research faculty[J]. portal: Libraries and the Academy, 2011, 11(2): 629-657.

④ Prado J C, Marzal M Á. Incorporating data literacy into information literacy programs: Core competencies and contents[J]. Libri, 2013, 63(2): 123-134.

⑤ 吴碧薇．基于信息素养的数据素养核心能力基本框架构建［J］．图书与情报，2015（4）：128-131+138.

学者提出数据素养主要是指教师在数据的搜集、管理、协同创新与共享的能力、分析与处理的能力，以及数据的产生、管理和发布过程中的道德与行为规范①。亦有学者提出数据素养是个体在数据周期各环节的数据管理能力的体现，包括数据各个环节相统一的整体②。其中数据的搜集、共享、分析和数据发布中的道德与行为规范都与数字公民素养内核高度一致，可见数据素养包含于数字公民素养之中，二者存在内在一致性。

五、数字公民素养与网络素养

（一）网络素养的概念及其演进

美国学者 Mc Clure 在1994年首先提出“网络素养”的概念来表达个体“识别、访问网络并使用电子信息的能力”③。他认为网络素养最重要的两个方面是知识与技能，即如何利用网络帮助个人高效地完成各项工作的网络技能。随着研究的进一步展开，网络素养的内涵出现了两个方向。

在理论研究方面，美国学者Selfeblatt将网络素养的内涵进一步精细化，他认为网络素养包含七个方面：①了解网络传播途径的基本原理；②有能力分析、讨论网络信息；③决定自己的网络消费；④意识到网络对个人及社会的影响；⑤传播有效且负责任的媒介信息；⑥对网络的理解能力；⑦通过网络素养提升个人文化能力④。这七个方面强调了网络素养社会属性，使其不局限于技术方面，而是将社会环境也纳入其中，但是并没有提出完整的概念。学者Savolainen基于社会认知理论对网络素养进行了全面梳理，提出了网络能力的概念，他认为网络能力包括：使用工具获取信息的能力、沟通能力、网络资源中的知识、对信息的判断能力四个方面。这一概念丰富了网络素养概念的内在逻辑。在实践方面，1996年，学者Hu将图书馆的工作实践与网络素养研究相结合。他提

① 张进良，李保臻．大数据背景下教师数据素养的内涵、价值与发展路径［J］．电化教育研究，2015，36（07）：14-19+34.

② 孟祥保，常娥，叶兰．数据素养研究：源起、现状与展望［J］．中国图书馆学报，2016，42（02）：109-126.

③ 黄艳梅．职业学校学生网络素养教育研究［D］．湖南师范大学，2011.

④ Silverblatt A, Miller D C, Smith J, et al. Media literacy: Keys to interpreting media messages: Keys to interpreting media messages[M]. ABC-CLIO, 2014.

出，图书馆工作人员是连接读者与网络资源的中间人，应该接受网络素养的教育。

2000年后，社交媒体时代到来，学者Walker认为网络素养是社会化而非单独的行为，能够将用户与他人的表达联结起来，并同时表达意见。Benson等人提出，网络素养区分于计算机素养，是在互联网环境下，对不同个体参与行为的理解能力。贝静红认为网络素养是指用户基于网络知识，正确利用网络资源为个人发展服务的一种综合能力，它包括对网络媒介的认知、对网络信息的批判反应、对网络接触行为的网络道德素养、自我管理、利用网络发展自我意识以及网络安全意识等[①]。学者Howard在《网络素养——数字公民、集体智慧和联网的力量》一书中详细地阐述了网络素养的概念，他提出，网络素养是技能与社交能力的结合，包含参与、合作、网络智慧、垃圾信息的甄别、注意力五个方面，成为运用较为广泛的网络素养定义[②]。

（二）数字公民素养与网络素养的关系

尽管学界对于网络素养的定义并未完全统一，但对于网络素养的概念存在较为明显的表达倾向，即网络素养是一种基于媒介素养、数字素养、信息素养等，具备互动性、社会性、综合性的概念集合体。网络素养与数字公民素养在内涵上有重合部分，二者关系紧密。

六、数字公民素养与核心素养

（一）关于核心素养的主流框架

“核心素养”的概念源于20世纪末21世纪初，面对全球经济与社会的变革，多国及国际组织都在思考怎样培养未来公民，使其能更好地适应21世纪的生活与工作[③]。目前关于核心素养的主流框架有以下几种。

1. OECD的核心素养框架

1997年末，经济合作与发展组织（OECD)启动核心素养框架计划，即“迪

① 贝静红．大学生网络素养实证研究［J］．中国青年研究，2006（02）：17-21.

② 喻国明，赵睿．网络素养：概念演进、基本内涵及养成的操作性逻辑——试论习总书记关于“培育中国好网民”的理论基础［J］．新闻战线，2017（03）：43-46.

③ 周淑红．小学数学核心素养培养研究［D］．哈尔滨师范大学，2017.

斯科”计划（DeSeCo）。12个国家共同协作、历时6年，于2003年发表了《为了成功人生和健全社会的核心素养》的报告[①]。报告将核心素养定义为：个人实现自我、终身发展、融入主流社会及充分就业所必需的知识、态度和技能的综合体，并且指出核心素养是可迁移的、具备多样化的功能[②]。OECD在为核心素养下定义的时候力图追求其“实用性”，尽可能地准确、科学、合理且容易被接受[③]。这里的素养不仅仅是传统意义上的能力、知识和技能，还是在特殊情境中，通过调动和利用心理（包括情感、态度）、知识和技能等，满足复杂活动的能力，它侧重于强调关键与核心[④]。“多数OECD成员国重视个体的适应性、灵活性、责任感、创造性、自我激励方面的发展”。这里的自我激励侧重核心素养的中心——“反思性”，“反思性思维需要相对复杂的心智过程，并要求思考过程的主体成为其客体”。反思体现了人的主动性和独立性。OECD为了促进社会的健全和达到生活的成功提出了三个条件，即每一个核心素养均需满足这三个条件：①帮助个体在多样化情境中满足需要；②对所有人重要；③对社会和个人产生有价值的结果[⑤]。

在此基础上，OECD确立了三项核心素养：①能动地使用工具的能力；主动使用知识和信息的能力；主动运用语言的能力；主动使用技术的能力。②能自主行动的能力；制定人生规划的能力；维护自身权利义务的能力。③能在异质群体中互动的能力；合作能力；建立良好关系的能力；化解冲突的能力。三项核心素养彼此存在内在联系，是一个不断变化的动态集合体。

2. 欧盟的核心素养框架

第二个影响深远的核心素养框架来自欧盟。2000年里斯本战略确定，欧盟为响应该战略确立了面向21世纪的总体发展目标，提出“终身学习计划”和“教育培训

---

① 张华．论核心素养的内涵［J］．全球教育展望，2016，45（04）：10-24.

② 李霞．基于核心素养的小学科学思维型教学模式研究［D］．陕西师范大学，2018.

③ Rychen D S, Salganik L H. Definition and selection of key competencies[J]. THE INES COMPENDIUM (Fourth General Assembly of the OECD Education Indicators programme). 2000：61-73.

④ 李霞．基于核心素养的小学科学思维型教学模式研究［D］．陕西师范大学，2018.

⑤ 李霞．基于核心素养的小学科学思维型教学模式研究［D］．陕西师范大学，2018.

2010工作计划"[①]。欧盟希望以核心素养来代替传统的基本能力，即"读、算、写"，作为与终身学习战略并行的指导方针，引领各成员国进行课程改革[②]。

2005年，欧盟执委会发布《终身学习核心素养》的报告中，列出了八大核心素养：①母语交际；②外语交际；③数字素养；④数学与科技素养；⑤学习素养；⑥社会与公民素养；⑦文化意识和表达；⑧创新精神和创业意识[③]。

有学者认为，欧盟核心素养的核心理念是使全体公民发展终身学习能力，其突出特点在于整合个人、社会和经济三个方面的目标与追求[④]。欧盟核心素养以结果为导向，虽说运用于具体领域和情境，但相较于OECD的核心素养，欧盟的核心素养并非忽视基础学科，相反，欧盟的核心素养由于是学科素养和跨学科素养组成，兼具整合性、综合性和可迁移性，OECD的核心素养则侧重于过程，概括性、抽象性较强。

3. 美国的核心素养框架

20世纪90年代初，伴随着互联网的应用，世界经济发生重大转型：中国成为"世界工厂"，美国迎来"离岸外包"与"外购时代"。为满足教育者未来的需要，美国成立了高等教育认证委员会（Council for High Education Accreditation）。2000年，该委员会发布《职场对学习的需求》的研究报告，提出学校应有意识地适应社会新要求，而不是一直沿用旧制度停滞不前。2002年，美国教育部联合全美最具声望的企业，开始研究适应知识经济时代的"21世纪技能"，就这样世界第三大影响力的"21世纪学习框架"问世，并被广泛运用至今[⑤]。

美国的核心素养框架，主要包括"信息、媒体与技术技能"（信息素养、ICT素养、媒体素养）、"学习与创新技能"（交流沟通与合作、批判思维与问题解决、创新与创造力）、"生活与职业技能"（效率与责任、灵活性与适应性、自

---

① 裴新宁，刘新阳．为21世纪重建教育——欧盟"核心素养"框架的确立［J］．全球教育展望，2013，42（12）：89-102.

② 李艺，钟柏昌．谈"核心素养"[J]．教育研究，2015，36（09）：17-23+63.

③ 张华．论核心素养的内涵［J］．全球教育展望，2016，45（04）：10-24.

④ 李艺，钟柏昌．谈"核心素养"[J]．教育研究，2015，36（09）：17-23+63.

⑤ 张华．论核心素养的内涵［J］．全球教育展望，2016，45（04）：10-24.

我导向与主动性、社会与跨文化素养、领导力）三个维度[①]。

（二）数字公民素养与核心素养的关系

数字公民素养是核心素养的重要组成部分。2013年联合国发布的《全球学习框架》提出了21世纪个体所需的七大素养，其中包括科学与技术素养，并且在学段中（学前、小学、小学后）都强调了数字化学习和使用数字技术。欧盟提出的八大核心素养中，在安全意识领域突出了保护个人信息、网络行为规范和数字身份管理等指标。美国的21世纪技能学习框架中提到了学习信息媒体与技术技能的具体指标。综上所述，不难看出数字公民素养是各国核心素养的重要组成部分，未来也值得学者们进一步研究。

---

① 师曼，刘晟，刘霞，等．21世纪核心素养的框架及要素研究［J］．华东师范大学学报（教育科学版），2016，34（03）：29-37+115.

第二章　国内外数字公民素养研究现状

第一节　数字公民素养的构成要素研究

一、国外数字公民素养的构成要素研究

目前学界对于数字公民素养的界定尚未统一，因而其构成要素也呈现百花齐放的局面。很多组织及国家提出数字素养的相应构成要素，在某种程度上也符合数字公民素养的要求。

（一）联合国教科文组织的全球数字素养要素

联合国教科文组织对于数字素养的定义是：为了适应就业创业的需要，利用数字技术安全、合理地获取、管理、理解、整合、交流、评估和创造信息的能力。该组织发布的全球数字素养要素和相关指标如表2-1所示。

表2-1　联合国教科文组织的全球数字素养要素

数字素养领域	具体要素	具体要素阐释
软硬件操作	操作数字设备硬件	确认和使用数字设备硬件工具与技术的功能性和特征性
	操作数字设备软件	理解数字设备软件工具与技术所需的数据、信息和内容
信息与数据素养	浏览、搜索和提取数据信息内容、信息来源和数字内容	解释和说明信息需求，数字化环境中浏览、搜索和提取数据信息内容、信息来源与数字内容，能正确定位内容，并创建个性化的搜索引擎
	评价数据信息内容、信息来源和数字内容	分析、比较和评价数据信息内容、信息来源和数字内容的可信度
	组织和管理数字数据内容、信息来源与数字内容	在数字化环境中组织、管理、存储、提取、组织和加工数字数据内容、信息来源与数字内容

续表

数字素养领域	具体要素	具体要素阐释
沟通与协作	利用数字技术交互	利用数字技术进行互动，了解、理解数字交互的意义并能进行恰当的解释和实践
	利用数字技术共享	利用数字技术实现数据、信息与数字内容等资源的共享
	利用数字技术参与公民事务	利用数字技术参与社会公民事务，履行数字公民义务和责任
	利用数字技术交流协作	利用数字技术和工具在互联网上交流、沟通与协作，实现资源共享与知识的重构和再创造
	注重网络礼仪	了解数字环境中交互协作的行为规范和具体措施，制定个性化的沟通策略，了解文化交际多样性
	创建和管理数字身份	创建和管理属于自己的数字身份，能够保护和建设自己的数字声誉，处理通过数字化工具、环境与服务产生的数据
数字内容创建	创建数字内容	创建和编辑不同形式的数字内容，能够利用数字工具表达自己的想法
	整合和重构数字内容	能够改进数据信息与内容，并将其与自身的知识体系相整合，重构属于自己的知识体系
	版权与许可	了解并熟知版权与许可证应用于数字数据内容、信息来源和数字内容的步骤
	编程	了解和编辑指令来控制计算机的运行，用来解决问题或完成任务
数字安全	保护数字设备	保护数字设备及内容，了解数字环境中的威胁，熟悉数字安全保护措施，适当考虑可靠性与隐私
	保护个人数据与隐私	保护数字环境中的个人数据与隐私，了解使用和分享个人身份信息的方式，同时保护自己与他人利益不受损害，理解符合用户隐私政策的数字服务
	保护健康与福祉	能够在使用数字技术时，避免对身心健康造成威胁；能够在数字环境中保护自己与他人利益不受损害（如网络霸凌）；了解数字技术对社会福祉与社会融入的作用
	保护环境	了解数字技术及其使用对环境的影响
问题解决	解决技术问题	确认和解决操作设备与使用数字环境过程中的技术问题
	确认需求与技术方案	评估需求，确认、评价、选择和使用数字工具与可能的技术方案以满足需求，调整和自定义数字环境以满足个人需求
	创造性使用数字工具与技术	使用数字工具与技术创造知识并创新流程与产品，独立和合作参与加工，以理解和解决数字环境的问题
	明确数字素养差距	理解自己需要在哪些方面提升数字素养，能够自主支持他人提升数字素养，寻求自我发展的机会，紧跟数字化发展潮流

续表

数字素养领域	具体要素	具体要素阐释
问题解决	计算思维	将可计算问题转化为一系列有逻辑顺序的步骤，为人机系统提供问题解决方案
职业相关能力	使用特定专业领域的数字工具与技术	确认和使用特定专业领域的数字工具与技术
	解释和运用特定领域的数据、信息与数字内容	在数字环境中理解、分析和评价特定专业领域的数据、信息与数字内容

（二）欧盟的数字素养要素

欧盟早在2006年就发布了包含核心素养在内的数字素养框架，认为21世纪的欧洲公民应具备框架所设立的八种核心素养。前文讲到过，2010年，欧盟设立了“欧洲数字议程”项目，以适应智能环境的需求。2011年，欧盟开始实行“数字素养”项目，并在2013年发布了数字素养框架1.0版本，该版本将数字素养划分为信息、交流、内容创建、安全和解决问题五个部分，这五个部分又包含21种具体的素养。随着数字技术环境的不断发展，欧盟又于2016年和2017年相继发布数字素养框架2.0版本和2.1版本，在2.0版本中，数字素养的维度变更为“信息与数据素养、沟通与协作、数字内容创作、安全和解决问题”，相应的21种具体素养的名称和表述也发生了变化。在2.1版本中，数字素养的等级水平由原来的3个升级为8个，更加具体细致，针对不同的群体给出更为生动形象的描述。随着时代发展和研究的不断深入，欧盟对于数字素养的名称和描述也在不断更新和变化，出现了针对不同群体的数字素养框架，本研究中主要关注学校教育中的数字公民素养，故选择欧盟教育者的数字素养框架。该框架的构成要素和相关指标如表2–2所示。

表2-2　欧盟关于教育者的数字素养要素

数字素养领域	具体要素	具体要素阐释
专业参与	组织沟通	利用数字技术加强与学习者、家长及第三方的沟通，协助开发和改进组织沟通策略
	专业合作	利用数字技术与其他教育者合作、分享、交流知识和经验，并创新教学方法与实践

续表

数字素养领域	具体要素	具体要素阐释
专业参与	反思性实践	批判性评估以及积极发展数字教学实践和教育社区实践
	数字化专业发展	利用数字资源持续促进专业发展
数字资源	选择数字资源	识别、评估和选择数字化教学资源；使用数字资源要考虑特定的学习目标、学习环境、教学方法和学习者
	修改和创建数字资源	修改现有的开放数字资源；创建新的数字资源
	管理、保护和共享数字资源	组织数字资源供学习者、家长和其他教育者使用，有效保护数字资源，尊重并正确认识隐私和版权规则；了解数字资源的使用和创建
教学与学习	教学	在教学中规划和实施数字化设备和资源，适当地管理和制定数字化教学策略，开发新的教学模式和教学方法
	指导	利用教学技术和服务，加强学习互动；利用数字技术提供适时且有针对性的指导和协助；开发提供指导和支持的教学新模式
	协作学习	利用数字技术促进学习者之间的合作
	自主学习	利用数字技术支持学习者自主学习
评估	评估策略	利用数字技术进行形成性和总结性评价
	分析证据	生成、选择、批判性分析和解释学习者学习活动、学习表现和学习进步的数字证据
	反馈和规划	利用数字技术为学习者提供及时且有针对性的反馈，根据使用数字技术所产生的证据，调整教学策略并提供有针对性的支持
赋能学习者	可访问性和包容性	确保所有学习者都能获得学习资源。积极考虑和回应学习者对数字学习的期望，包容学习者使用数字技术时所受到的环境、身体或认知上的限制
	差异化和个性化	利用数字技术来满足学习者个性化的学习需求，赋能学习者差异化的学习水平
	积极参与的学习者	利用数字技术来培养学习者的积极性和创造性，利用数字技术培养学习者真实情境中参与实践活动的能力和问题解决能力
促进学习者数字素养	信息与媒介素养	在数字环境中寻找信息和资源，组织、处理、分析和解释信息；比较和批判性地评估信息及其来源的可信度
	数字沟通与协作	要求学习者负责任地使用数字技术进行交流、合作和公民参与
	数字内容创建	要求学习者通过数字手段表达自己，并创建不同模式的数字内容，教导学习者如何在数字内容中注意版权

续表

数字素养领域	具体要素	具体要素阐释
促进学习者数字素养	负责任使用	采取措施保障学习者能够安全、负责任地管理和使用数字技术
	数字问题解决	要求学习者识别和解决技术问题，或创造性地将技术知识转移到新环境中

（三）美国的数字公民素养要素

迈克·瑞布在其著作《学校中的数字公民教育》中提出了数字公民素养的三个维度：尊重维度（尊重自己/尊重他人）、教育维度（教育自己/连接他人）、保护维度（保护自己/保护他人）。这三个维度又划分为九个要素，具体内容前文第一章第二节已有阐述，在此不再详解。这些构成要素如表2–3所示。

表2–3　美国的数字公民素养要素（迈克·瑞布）

数字公民素养维度	具体要素
尊重自己/尊重他人	数字准入
	数字通信
	数字素养
教育自己/连接他人	数字安全
	数字礼仪
	数字权责
保护自己/保护他人	数字法律
	数字健康
	数字商务

美国常识媒体是一个致力于让孩子在数字媒体和数字技术的世界中茁壮成长的非盈利性组织。该组织结合迈克·瑞布的数字公民素养九要素，提出针对中小学阶段学生的数字公民教育课程，并设定八个主题要素，分别是数字隐私与保护、数字足迹与信誉、自我形象与身份、数字创意及版权、数字人际关系与沟通、信息素养、数字欺凌与谣言、数字网络安全。这些主题要素和相关指标如表2–4所示。

表2-4　美国的数字公民素养要素（美国常识媒体）

数字公民素养主题	数字公民素养主题要素阐释
数字隐私与保护	管理在线信息免受盗用和干扰，避免欺诈，分析隐私政策
数字足迹与信誉	保护自己的隐私，尊重他人的隐私，考虑网络分享对自己和他人的影响
自我形象与身份	关注线上线下身份，了解网络中的自我形象
数字创意及版权	反思自己在网络中的责任和权利，学习版权相关知识
数字人际关系与沟通	利用网络实现人际沟通及交互
信息素养	网络环境下评估数字内容的可行度和有效性
数字欺凌与谣言	有效应对数字欺凌和网络谣言，建立在线沟通社区
数字网络安全	探索互联网环境下安全的互动合作方式

（四）加拿大的数字公民素养要素

为了培养合格的数字公民，加拿大数字与媒体素养中心2015年发表了数字素养教育框架①。该框架提出了中小学各个阶段的学生所应具备的数字能力，主要包括三个层次和七大能力，相关要素内容和阐释如表2–5所示。

表2-5　加拿大数字公民素养要素的三个层次和七大能力

三个层次	使用	使用数字工具的能力和技巧
	理解	对数字媒体内容的理解能力和评判性评价能力
	创造	利用数字技术进行创造沟通的能力
七大能力	伦理与同情	面对网络欺凌进行道德伦理判断并做出选择的能力、对他人的共情能力
	隐私与安全	在网络世界中管理个人隐私、保护个人声誉及安全的能力
	社区参与	熟悉数字公民的权利和义务，积极参与数字社区的活动
	数字健康	使用数字产品时了解自己的身心健康，合理使用技术
	商务意识	在数字化环境中具有高度正确的商业消费意识
	寻找与确认	能利用互联网寻找到个人所需信息，并确认信息的真实性和有效性
	制作与整合	能利用互联网创建信息内容，并在符合法律的前提下整合创造新的内容

① 余慧菊，杨俊锋．数字公民与核心素养：加拿大数字素养教育综述［J］．现代教育技术，2019，29（07）：5-11.

（五）日本的数字公民素养要素

前文提到过，日本没有直接出台数字公民素养框架的相关文件，但日本一直以来非常重视教育信息化的发展，形成了较为完善的学生信息道德教育课程体系，这个体系蕴含着日本学生数字公民素养框架的主要内容，划分为五个领域，分别是信息社会伦理、理解和遵守法律、构建公共网络社会、安全和正确地使用技术、保护信息安全。相关要素内容和阐释如表2–6所示。

表2–6　日本的数字公民素养

数字公民素养领域	具体能力阐释
信息社会伦理	遵守相关网络法律法规规定
	考虑自身行为是否影响他人、社会
	尊重自己与他人的网络权益
	尊重他人的知识产权以及保护自己的版权
理解和遵守法律	理解并遵守数字社会道德礼仪
	避免违法行为的发生
	了解信息保护的方法，遵守网络法律法规
	理解网络协议的内涵以及附带的责任
构建公共网络社会	遵守网络规则，合理使用数字技术
安全和正确地使用技术	能够安全、正确地使用数字技术
	掌握遇见网络危害的解决方法
保护信息安全	了解并掌握信息安全的基本知识
	了解并掌握保护信息安全的基本知识
	了解并掌握保护信息安全的基本方法

（六）澳大利亚的数字公民素养要素

澳大利亚最新的评估框架是2014年发布的ICT素养评估框架[①]，包含六个主要过程，如表2–7所示。

① 唐科莉．为21世纪的数字化世界做好准备——澳大利亚《2014年国家评估项目：ICT素养报告》分析［J］．世界教育信息，2016，29（03）：50-54+58.

表2-7　澳大利亚的ICT素养评估框架

ICT素养评价过程	ICT素养评价过程阐释
获得信息	如何寻找和甄别信息
管理信息	获取整理信息以便再次利用信息
评价	对信息的真实性、实用性做出评价判断
形成新的理解	整合设计、重构形成新的信息
沟通	沟通、交流、分享信息
正确使用ICT	在符合法律法规的前提下正确使用ICT

二、国内数字公民素养的构成要素研究

我国数字公民素养研究起步较晚，关于数字公民素养构成要素的研究还停留在一些探索阶段，尚未形成较为权威的数字公民素养框架，但一些学者已经对数字公民素养的构成要素进行了探索。

杨浩教授等在《信息时代的数字公民教育》[①]一文中系统梳理了有关数字公民的研究与实践，阐述了数字公民教育的标准、要素及其分类，该要素主要也是遵从迈克·瑞布提出的数字公民素养九要素，即数字准入、数字商务、数字通信、数字素养、数字礼仪、数字法律、数字权责、数字健康、数字安全。

郑云翔教授等在《数字公民素养的理论基础与培养体系》[②]一文中通过文献研究法详细探讨了数字公民素养的主要内容，包括四项一级内容指标（分别是数字理解、数字素养、数字使用和数字保护）和十一项二级内容指标（分别是数字公民身份认同与管理、数字意识、数字情感与价值观、数字技术知识、数字技能、数字参与、数字交往与协作、数字商务、数字安全、数字健康、数字权责与法律）。

张立新教授等在《论数字原住民向数字公民转化》[③]一文中提出了数字公民的四项基本要求，分别是意识层面（公民意识）、能力层面（技术素养）、知识层面（相关知识）、文化层面（文化约束），这四项基本要求内在地反映了数字

① 杨浩，徐娟，郑旭东．信息时代的数字公民教育［J］．中国电化教育，2016（01）：9-16.

② 郑云翔，钟金萍，黄柳慧，等．数字公民素养的理论基础与培养体系［J］．中国电化教育，2020（05）：69-79.

③ 张立新，张小艳．论数字原住民向数字公民转化［J］．中国电化教育，2015（10）：11-15.

公民素养的构成要素。

周宗奎教授等在《中小学生数字公民素养评价指标和课程框架探析》①一文中基于核心素养的视角，结合国外数字公民的能力要求，提出数字公民素养评价由屏幕时间管理、数字身份、数字足迹、数字隐私安全、数字交往礼仪、网络欺凌应对和数字信息辨别七个维度组成。

惠良虹教授等在《中国大学生数字公民素养实证研究》②一文中综述前人各项研究的基础上，改编了部分维度的测评题项，形成了数字公民素养的八个维度的要素，分别是数字法律、数字商务、数字礼仪、数字技术素养、数字安全、数字健康、数字沟通、数字权责。

李文娟在硕士论文中系统梳理了国内外数字公民素养的研究内容，结合数字时代教师发展需求，归纳形成了数字公民素养的框架，主要包含数字认知、数字情感、数字能力和数字行为四个部分。

国内诸多学者倾向于将信息素养、数字素养等视作数字公民素养，虽然在第一章中笔者对这些概念进行了阐释和区分，但它们之间也存在着非常紧密的关系，综合大多数研究信息素养的学者的意见，他们也都将信息素养的构成要素相应地迁移到数字公民素养中，大致划分为四个领域：数字意识与认知、数字科学与知识、数字应用与创新、数字道德与法律以及十三种具体能力，如表2-8所示。

表2-8　中国数字公民素养框架

数字公民素养领域	具体能力维度
数字意识和认知	数字信息敏感度
	数据应用意识
	数字保护意识
数字科学与知识	数字信息的理论基础知识
	数字信息的应用操作知识

① 周宗奎，苗天长．中小学生数字公民素养评价指标和课程框架探析［J］．中国考试，2022（04）：17-25.

② 惠良虹，冯晓丽．中国大学生数字公民素养实证研究［J］．教育评论，2021（09）：46-53.

续表

数字公民素养领域	具体能力维度
数字应用与创新	数字信息的获取、收集，数字信息内容的辨别
	数字信息的分类存储及管理
	对收集的数字信息进行加工处理
	共享数字信息并交流
	发布数字信息成果与评价
数字道德与法律	数字信息道德伦理
	数字信息法律法规
	数字信息行为安全

三、国内外数字公民素养的构成要素比较分析

前面系统梳理了国内外主流的数字公民素养的构成要素，虽然不同组织、国家和学者对数字公民素养的构成要素有不同的理解，但它们在一些核心要素上又存在一些共同点，现将上述数字公民素养框架构成要素的异同点进行比较分析，如表2-9所示。

表2-9　国内外数字公民素养框架中的构成要素比较

组织和国家	数字态度与价值观	数字技能	数字参与	数字知识	数字交往	数字意识	数字商务	数字安全	数字公民身份管理	数字法律	数字教学评估	数字足迹与信誉	数字隐私	数字责任
联合国教科文组织	√	√	√	√	√	√		√					√	√
欧盟		√	√	√		√		√			√			√
美国		√		√	√	√	√	√	√	√		√	√	√
加拿大	√	√	√	√			√	√				√	√	√
日本	√			√		√		√		√				√
澳大利亚	√	√	√			√			√		√	√	√	
中国	√	√	√	√		√	√	√		√			√	√

基于上述分析发现，虽然数字公民素养框架所包含的领域不尽相同，但是在具体的内容指标上却具有高度的相似。联合国教科文组织、欧盟、美国、加拿大、日本、澳大利亚以及中国在考虑数字公民素养的内容维度时既关注数字知识技能方面的素养，也极度关注行为价值观等方面的素养。在这些数字公民素养的细分维度中，数字态度与价值观、数字技能、数字参与、技术知识、数字交往、数字安全、数字隐私、数字责任等出现频率较高，对使用数字技术提出了较高要求，总体来看也符合数字社会合格公民应具备的基本素养要求。

通过国内外数字公民素养构成要素的比较分析，我们还发现其存在一定的共同性：一是数字公民素养构成要素是时代发展的必然要求，具有与时俱进的特质，面对数字社会的挑战，许多国家和组织的数字公民素养构成要素也在不断更新变化，意识、品格、能力和行为是影响数字社会存在的潜在风险的重要因素。二是数字公民素养构成要素具有生活的融合性，数字公民素养不仅体现在学生的态度、意识、价值观中，也体现在学生的日常学习生活和人际交往中，学生通过课程能提升其数字公民素养，在数字社会的交际中也能提升其数字公民素养。三是数字公民素养框架能促进人身心全面健康发展，数字公民素养本质也是一种素养教育，数字公民素养框架的内涵不是单一内容的呈现，而是多元化的呈现，将信息素养、核心素养、媒介素养、网络素养、数据素养、21世纪数字技能等多种必需素养进行融合，目的是促进数字时代人的身心全面发展。

通过国内外数字公民素养构成要素的比较分析，我们也发现其存在一定的差异性。由于各国国情、制度不同，经济、社会发展水平不同，信息化发展程度不均衡，对数字公民素养的要求不同，导致数字公民素养的界定、内涵和培育机制也存在各方面的差异。目前国内外主流的数字公民素养构成要素侧重点，如表2-10所示。

表2-10　国内外数字公民素养构成要素侧重点

组织/国家	数字公民素养构成要素侧重点
联合国教科文组织	注重具备使用数字资源、数字技术、数字信息的操作能力、基础理论知识及应用知识。强调使用数字技术时的规范行为，注重数字隐私，保护自身数字安全
欧盟	注重利用数字资源和技术优化教学过程、教学策略、学习过程、教学评估，使数字公民素养融入课程教学中

续表

组织/国家	数字公民素养构成要素侧重点
美国	注重利用数字技术学习应该具备的知识技能、人际沟通能力，学习网络行为礼仪，形成网络安全意识和网络法律法规意识，遵守数字道德法律和行为准则
加拿大	注重对数字工具的使用能力、技巧，注重对数字媒体内容的理解和利用数字技术创造、沟通的能力，注重隐私、数字参与、健康、商务意识
日本	注重参与数字社会的责任及应履行的义务，维护自身和他人的网络权益，遵守数字社会的道德规范和行为准则，杜绝危害自身、他人、社会的数字行为，具备数字保护的能力
澳大利亚	注重对信息的获取、管理、评价和重构，以及正确使用信息技术
中国	注重对数字信息的获取、认识、理解、应用以及保护的意识，需要掌握一定的知识和技能，学习数字法律、数字道德的相关知识，规范数字行为

第二节 数字公民素养的影响因素研究和测量评价研究

数字公民素养是数字社会公民应具备的基本素养，是发展数字公民教育的必由之路。通过文献综述可发现，国内外探讨数字公民素养影响因素的文献研究有限，主要聚焦于个体、媒体、教师、家庭、社会以及内部、外部等层面。

一、国外关于数字公民素养影响因素的研究

（一）个体因素

1. 人口因素

学者Aguaded-Gomez等对西班牙667名18～55岁的成年公民进行调查，结果表明人口因素（年龄、性别）的差异呈现数字公民素养水平的不同[①]。

2. 心理因素

从计算机自我效能感的研究中发现，学生的计算机水平会影响他们的自我效能感。计算机技能较高的学生也表现出较高的自我效能水平[②]。一项针对美国1500名教师的调查研究发现，ICT使用目的和ICT自我效能感对数字公民素养有

① Aguaded-Gomez I, Tirado-Morueta R, Hernando-Gomez A. Media competence in adult citizens in Andalusia, Spain[J]. Information, Communication & Society, 2015, 18(6): 659-679.

② Isman A, Celikli G E. How Does Student Ability and Self-Efficacy Affect the Usage of Computer Technology?[J]. Online Submission, 2009, 8(1).

显著影响[1]。

（二）媒体因素

在学校层面，学生的个人电脑数量对达到平均水平的概率有显著影响。大城市学校的信息通信技术素养平均水平高于农村地区[2]。在美国，学者Winn认为开放且负责的社交平台能够帮助学生提升数字公民素养，研究者们让教师们将社交网络工作整合到他们的课程中，同时教给学生适当的在线礼仪[3]。有学者以100名女学生为研究对象，通过问卷调查发现，SnapChat网站和Twitter网站有助于加强数字公民素养水平，原因是这两个网站都提高了学生的技术技能，例如快速发布、表达意见的自由以及与世界各地的快速沟通[4]。Isman等研究发现，上网频率高且时间长、使用谷歌和推特等手机软件、运用网络购物平台消费的学生数字公民素养水平高[5]。

学者AI–Zahrani关于数字公民素养影响因素的研究发现，即学生的ICT使用经历、日均使用信息技术的时长与其数字公民素养水平是显著正相关。换句话说，学生的ICT使用经历越长，相较于计算机经历较少的学生而言，这些学生能够在参与处理网络信息时更好地与他人沟通。此外，日均ICT使用时间较长的学生也能更好地在互联网上保护自己和他人[6]。Choi等从社交媒体在教学中的运用、获得信息的地点及使用互联网的目的三个维度来验证ICT使用经历是如何影响教师数字公民素养水平的，研究表明ICT使用特别是社交媒体在教学中的使用

---

① 刘晓琳，曹伍军，张立国. 中国数字公民素养研究应该关注什么课题？—基于国际研究热点和前沿的启示［J］. 现代远距离教育，2020（04）：81-89.

② Kim H S, Kil H J, Shin A. An analysis of variables affecting the ICT literacy level of Korean elementary school students[J]. Computers & Education, 2014, 77: 29-38.

③ Winn M R. Promote digital citizenship through school-based social networking[J]. Learning & Leading with Technology, 2012, 39(4): 10-13.

④ Alharbi W O, Alturki K I. Social Media Contribution to the Promotion of Digital Citizenship among Female Students at Imam Mohammed bin Saud Islamic University in Riyadh[J]. English Language Teaching, 2018, 11(1): 80-92.

⑤ Isman A, Gungoren O C. Being digital citizen[J]. Procedia-Social and Behavioral Sciences, 2013 (106): 551-556.

⑥ Al-Zahrani A. Toward digital citizenship: examining factors affecting participation and involvement in the Internet society among higher education students[J]. International Education Studies, 2015, 8(12): 203-217.

能有效预测数字公民素养水平①。Bearden提出了如何接受数字技术和设备的使用并使它们成为培养学生数字公民意识的重要盟友的想法。她邀请教育工作者培养学生的技能，使他们能够面对通过使用技术可能出现的情况：管理在线冲突、分歧等，让他们了解他们在网上分享的内容以及如何保护自己的隐私等②。

有学者从ICT使用经历的视角，分析了数字公民素养的差异的缘由。他认为一般ICT使用经历可分为四个核心目的：信息搜索、社交互动、娱乐和商业交易。受年龄、经验效应和教育的制约，人与人之间存在明显的二级数字鸿沟，聚焦到具体的在线活动，即隐私保护、政治参与和科学参与等方面的差异主要是由兴趣和互联网技能的不同造成的③。

学者Meelissen利用荷兰一项关于小学教育中ICT使用的大规模调查（近4000名五年级学生）数据，探讨了非学校相关因素和学校相关因素对学生计算机使用态度的影响。虽然女生计算机使用态度的校际差异高于男生，但分析表明，计算机使用态度的大部分差异是由非学校相关的学生因素造成的。事实证明，学生在校外使用计算机的频率对学生的计算机自我效能感和对计算机的态度有正向影响，相较之下，学生在校内使用信息技术的频率与他们的数字技能之间的关系并无确定关联④。有学者研究发现，学生在信息技术的获取及处理和计算机的使用经验与其信息素养是正向相关的⑤。韩国某学者分析了173所学校的11767名学生的信息素养水平，研究发现，在个人层面，女学生的 ICT 水平高于男学生的平均水平。计算机课程的完成状态对达到基本或平均水平的概率有显著影响。学生在课堂上使用 ICT 的满意度对获得更高水平的 ICT素养有积极影响。Gleason等探讨了在正式和非正式学习空间中使用社交媒体如何影响中学生的数字公民素养，

---

① Choi M, Glassman M, Cristol D. What it means to be a citizen in the internet age: Development of a reliable and valid digital citizenship scale[J]. Computers & education, 2017 (107): 100-112.

② Barrios J C. Digital Citizenship: A Community-Based Approach[J]. Turkish Online Journal of Distance Education, 2016, 20(1): 267-269.

③ Büchi M. Digital inequalities: Differentiated Internet use and social implications[D]. University of Zurich, 2017.

④ Meelissen M R M, Drent M. Gender differences in computer attitudes: Does the school matter?[J]. Computers in Human behavior, 2008, 24(3): 969-985.

⑤ Fraillon J, Ainley J, Schulz W, et al. Preparing for life in a digital age: The IEA International Computer and Information Literacy Study international report[M]. Springer Nature, 2014.

通过展示高中生如何通过校外实践发展数字公民实践，实证表明，课程整合和社交媒体能够促进数字公民素养水平的提高①。

（三）数字鸿沟相关因素

学者Monje等人指出，欧洲各国通过遍布各地的非政府组织的特设中心提供数字培训，解决数字包容问题，这些针对弱势群体的数字包容对提升数字素养至关重要，提升数字包容的效果，能够促进数字公民素养的提高；他们还指出，数字鸿沟的存在阻碍了构建学习型社会的进程，使人们难以享受信息技术所带来的便捷，进而难以成为合格的数字公民；数字鸿沟的问题在发达地区也不例外，并非所有发达地区在数字包容上能够做到平等②。Busch讨论了企业在信息和通信技术部门的战略地位及其在数字环境中缓和数字鸿沟的作用，认为ICT企业能够帮助公民获得知识，提高数字公民素养③。Wu等人研究调查了老年人对专门为其设计开发的辅助性技术（称为“老年技术”）的态度，他们发现，老年人能感知到数字鸿沟的存在，形成数字鸿沟的潜在因素是世代效应、与衰老相关的认知与身体衰退，以及对技术的负面态度。然而，越来越多的老年人采用不同类型的ICT适应社会④。

（四）教师因素

有学者就教师的数字公民素养进行研究，Choi等通过对348名在职任课教师调查研究发现，教师群体表现出相对较低水平的数字公民素养，且受三个子因素影响，即互联网政治激进主义和批判性观点；互联网自我效能感；工作年限、使用社交网站进行教学的能力水平⑤。Ata等运用数字公民素养量表对土耳其穆拉西

---

① Gleason B, Von Gillern S. Digital citizenship with social media: Participatory practices of teaching and learning in secondary education[J]. Journal of Educational Technology & Society, 2018, 21(1): 200-212.

② 俞思瑾，郑云翔，杨浩，等．国际数字公民教育研究的现状、热点及前沿［J］．开放教育研究，2018，24（06）：49-59.

③ Busch T. Capabilities in, capabilities out: overcoming digital divides by promoting corporate citizenship and fair ICT[J]. Ethics and Information Technology, 2011, 13(4): 339-353.

④ Wu Y H, Damnée S, Kerhervé H, et al. Bridging the digital divide in older adults: a study from an initiative to inform older adults about new technologies[J]. Clinical interventions in aging, 2015, 10: 193.

⑤ Choi M, Cristol D, Gimbert B. Teachers as digital citizens: The influence of individual backgrounds, internet use and psychological characteristics on teachers'levels of digital citizenship[J]. Computers & Education, 2018 (121): 143-161.

基科克曼大学教育学院的师范生就数字公民的认知及其数字公民知识的模式进行研究。结果表明，男性和女性师范生的数字公民素养分数存在显著差异，男性得分高于女性。然而，师范生的平均分数在他们的部门之间并没有显著差异。同样，师范生的平均分数没有显著区分高中类型。就父母的教育背景而言，师范生的平均分并没有表明母亲的教育水平有显著差异，但父亲的教育水平差异显著。在开放式研究中，师范生认为他们能够胜任数字通信和数字参与，而其父母对这些技能的提高也有部分影响。此外，大多数师范生表示，他们所选择的专业到目前为止对他们的数字技能没有任何贡献[①]。

（五）家庭因素

还有研究表明，学生在家使用电脑的活动类型和态度会直接影响其对电脑的态度，家长是影响学生电脑态度的因素之一[②]。学者Buckingham在关于儿童与电视媒介的研究中发现，不同家庭背景中的儿童对电视内容的理解存在较大认知差异，儿童对媒介信息的思辨和分析能力受到家庭经济条件和阶级地位的影响[③]。学者Anderson等经过调查发现，长时间接触暴力的数字媒体内容会增加儿童的暴力倾向和行为。而父母的监督、引导和干预能缓解儿童暴力行为的发生。但是研究发现没有儿童可以完全免于媒体暴力所带来的负面影响[④]。在关于“亲子沟通”的研究中，家长能否在青少年的数字化成长过程中起到积极的影响作用，关键在于影响亲子沟通有效性的因素[⑤]。Blake等人为验证亲子间性知识的交流质量能否影响青少年的性行为做了研究，发现有亲子作业组表现出相对较高的拒绝风险行为，这是由于家庭关系支撑的结果[⑥]。另外，在讨论关于青少年如何在家使用信

① Ata R, Yıldırım K. Turkish pre-service teachers’perceptions of digital citizenship in education programs[J]. Journal of Information Technology Education, 2019 (18): 419.

② Mumtaz S. Children's enjoyment and perception of computer use in the home and the school[J]. Computers & Education, 2001, 36(4): 347-362.

③ 韩璐．自媒体环境下青少年媒介素养家庭影响因素的实证研究［D］．南京邮电大学，2016.

④ Anderson C A, Berkowitz L, Donnerstein E, et al. The influence of media violence on youth[J]. Psychological science in the public interest, 2003, 4(3): 81-110.

⑤ 孙小欢．家长对青少年数字公民养成的影响研究［D］．华中师范大学，2017.

⑥ Blake S M, Simkin L, Ledsky R, et al. Effects of a parent-child communications intervention on young adolescents' risk for early onset of sexual intercourse[J]. Family planning perspectives, 2001: 52-61.

息技术的研究中，家长一般会经常考虑五个方面：技术使用时间、软件的选择、家庭沟通、是否联网、混合监督。总之，家长的教养方式对青少年的数字公民素养的培养影响较大[①]。

（六）社会因素

一个社会的政策法规、民族文化等也是不可或缺的因素。学者Leend等通过讨论荷兰和佛兰德斯少数族裔群体的 ICT 可用性，发现荷兰和佛兰德斯的少数族裔青年世界与西方国家一样，正在逐渐数字化。这从民族文化地位和语言能力方面解释了信息技术获取的差异性，由此得出，民族文化地位和语言能力及社会数字化进程对数字公民素养水平具有影响[②]。Oyedemi通过调查南非1044名大学生的互联网使用模式和他们的各种在线活动，揭示了由于互联网接入类型、接入条件、接入成本、家庭收入、民族文化和地理环境差异等带来的数字鸿沟。这些会给他们的数字公民素养带来消极影响[③]。Copeland等人利用原始的调查数据来阐明人们对成为“好公民”的态度和影响他们政治参与的方式，以及使用某种类型的媒体是否可以调节公民规范与政治行为之间的关系。研究表明，“自我实现型”公民规范与“尽职型”公民规范在政治参与方式上存在差异；利用传统媒体与数字媒体进行公民参与，形式虽不同，但影响效果不大，公民规范和媒体使用情况是政治行为的重要预测因素[④]。2013年，美国密歇根大学启动数字公民项目，旨在引导学生进行正确、安全的在线学习活动，提高学生数字公民素养的水平，同时美国多个洲针对公民设备与网络安全防护和个人信息安全，设计了针对青少年学生的网络伦理教育和网络安全的课程；澳大利亚则实施国家网络安全教育计划，为儿童、家长、教师等提供一站式的网络安全服务；在英国，互联网安全中

① 孙小欢．家长对青少年数字公民养成的影响研究［D］．华中师范大学，2017.

② d'Haenens L, Koeman J, Saeys F. Digital citizenship among ethnic minority youths in the Netherlands and Flanders[J]. New media & society, 2007, 9(2): 278-299.

③ Oyedemi T. Participation, citizenship and internet use among South African youth[J]. Telematics and Informatics, 2015, 32(1): 11-22.

④ 俞思瑾，郑云翔，杨浩，等．国际数字公民教育研究的现状、热点及前沿［J］．开放教育研究，2018，24（06）：49-59.

心研发了丰富的课程资源，用于指导和帮助学生安全上网[①]。

二、国内关于数字公民素养影响因素的研究

（一）内部因素

国内有学者通过对中学生的研究发现，女生的数字公民素养普遍高于男生，高年级初中生的数字公民素养比低年级高。在日均上网时长方面，初中生数字公民素养与其日均上网时长呈负相关；在信息技术设备使用频率方面，初中生数字公民素养与其使用信息技术设备的频率呈正相关；在校内、校外信息技术的使用方面，初中生数字公民素养与其在校内、校外使用信息技术情况存在显著正相关。此外，初中生计算机自我效能感和人际沟通能力对其数字公民素养有显著正向影响[②]。陈岫认为，在新媒体环境下个人因素是影响大学生信息素养的关键因素，学习兴趣、学习动机、自我效能感、社会氛围、学校相关课程的设置和教师的信息技术教学能力都会对大学生的信息素养产生一定的影响[③]。孙小欢认为，家长的互联网态度和计算机自我效能是影响青少年数字公民养成的影响因素，并且家长与青少年的沟通目的、沟通频率和沟通方式都会影响青少年的数字公民养成，就家长而言，较为舒适的沟通方式、较为频繁的沟通频率、更好的关于互联网使用的沟通目的均会对青少年数字公民养成有积极影响[④]。笔者以115名本科生为抽样对象，研究发现，计算机体验对大学生数字公民素养的水平没有影响，但互联网态度和计算机自我效能对大学生的数字公民素养有显著影响。学习过计算机相关课程或持有相关证书的大学生倾向于参加自我教育和在线联系与他人相关的活动。可见，积极的互联网态度能维系较高水平的数字公民素养。此外，更高水平的计算机自我效能与更高水平的数字公民身份相关[⑤]。笔者也探究了师范生的人际交往能力对其数字公民素养的影响，发现师范生人际交往能力中的十项能

---

① 俞思瑾，郑云翔，杨浩，等. 国际数字公民教育研究的现状、热点及前沿［J］. 开放教育研究，2018，24（06）：49-59.

② 呙诗诗. 初中生数字公民素养影响因素研究［D］. 华中师范大学，2019.

③ 陈岫. 新环境下大学生信息素养的现状及影响因素［J］. 教育观察，2020，9（25）：5-10.

④ 孙小欢. 家长对青少年数字公民养成的影响研究［D］. 华中师范大学，2017.

⑤ Ke D, Xu S. A Research on Factors Affecting College Students' Digital Citizenship[C]//2017 International Conference of Educational Innovation through Technology (EITT). IEEE, 2017: 61-64.

力能积极影响其数字公民素养水平[①]；同时笔者等人还针对不同家庭条件的数字公民行为进行了比较研究，发现家庭的社会地位、经济水平与大学生的数字公民表现存在一定关联性[②]。

（二）外部因素

国内也有学者试图研究社会经济地位对青少年数字公民身份的影响，他们对从270名青少年及其父母那里收集的数据进行测试，结果发现：父母更多参与其技术使用和在线活动的青少年的数字礼仪和数字安全水平更高；父母社会经济地位较高的青少年在数字访问、数字礼仪和数字安全方面的水平更高：农村学生的数字公民素养水平低于城镇学生的数字公民素养水平。总体而言，社会经济地位可以显著预测青少年的数字公民素养水平[③]。陈翕等人则提出数字公民意识（数字法规、数字权责、数字参与意识）对社区共同体建设有积极意义，同时通过构建社区共同体，对提高数字公民素养也有显著作用。换句话说，培养公民在社区治理中的参与意识、权责意识、主体意识，增加社区之间的情感联结有利于其数字公民素养水平的提升[④]。阮高峰以中小学教师群体为调研对象尝试探索影响学生数字公民素养的因素，研究发现，学校的引导、教师的数字公民素养教育能力、学生信息技术的使用方式和家庭教育对学生的数字公民素养水平有显著影响[⑤]。

---

① Xu S, Yang H H, MacLeod J, et al. Social media competence and digital citizenship among college students[J]. Convergence, 2019, 25(4): 735-752.

② Xu S, Yang H H, Zhu S, et al. Understanding the Digital Citizenship Behaviors of College Students from Differing Socioeconomic Origins[C]//2017 International Symposium on Educational Technology (ISET). IEEE, 2017: 184-188.

③ Wang X, Xing W. Exploring the influence of parental involvement and socioeconomic status on teen digital citizenship: A path modeling approach[J]. Journal of Educational Technology & Society, 2018, 21(1): 186-199.

④ 陈翕，刘琳．数字公民身份对社区共同体建设的影响——基于结构方程模型的实证研究［J］．当代经济，2021（10）：124-128.

⑤ 阮高峰．中小学数字公民素养教育：现状与建议［J］．中国信息技术教育，2016（19）：9-14.

三、数字公民素养的测量评价研究

数字公民素养是个体在数字社会应遵循的一系列道德规范和行为准则的总和，数字公民素养关系到数字社会人的生存与发展，数字公民素养水平的高低对个体在数字社会的发展至关重要。评价数字公民素养是了解关于数字公民素养水平的重要途径，国内外学者也对此进行了大量研究，但主要是通过量表来进行评价。以下归纳了目前国内外测量数字公民素养水平的主要工具。

Aytekin Isman等基于Bailey和迈克·瑞布描述的数字公民的九个特征[①]设计开发了数字公民素养量表，包含学生学习和学业成绩、学生环境和学生行为、学校环境外的学生生活三大类，同样分为九个维度，共计34道题目[②]，具体如表2–11所示。Mithat Elcicek采用该量表对大学生的数字公民素养进行了研究。

表2–11　数字公民素养特征维度观测点

观测类别	学生学习和学业成绩	学生环境和学生行为	学校环境外的学生生活
主要维度	数字准入	数字安全	数字法律
	数字通信	数字礼仪	数字健康
	数字素养	数字权责	数字商务

Abdulrahman Al–Zahrani基于迈克·瑞布[③]的数字公民素养的三维度、九要素，设计了包含尊重、教育、保护三个主题的量表，也分为数字礼仪、数字准入、数字法律、数字通信、数字素养、数字商务、数字权责、数字安全、数字健康九个维度。笔者等人采用了该维度划分的量表，进行了人际沟通能力和社交媒体能力与大学生数字公民素养关系的研究。

Nordin等在迈克·瑞布、Bailey等前人研究成果的基础上设计开发了一个包含数字礼仪、数字责任、数字健康、数字商务、数字安全五个维度、共计17个题

① Bailey G, Ribble M. Digital citizenship in schools [J]. Eugene OR: International Society for Technology in Education, 2007.

② Isman A, Canan Gungoren O. Digital citizenship [J]. Turkish Online Journal of Educational Technology-TOJET, 2014, 13(1): 73-77.

③ Ribble M S, Bailey G D, Ross T W. Digital citizenship: Addressing appropriate technology behavior[J]. Learning & Leading with technology, 2004, 32(1): 6.

目的数字公民素养量表，并通过实证研究验证了该量表的信效度[①]。

Jones等从数字公民教育和数字公民参与的视角设计开发了一个包含在线尊重和在线公民参与两个维度、共计11个题项的数字公民素养量表[②]，并利用验证性因子分析对量表进行了验证，结果显示量表信效度良好。该量表的设计开发为测量数字公民素养水平提供了有效的办法。

Kim等针对青少年特定群体开发了一个包含五个因素、共计18个题项的青少年数字公民量表，称为SAFE模型，其中S为数字环境自我认同，A为在线活动，包括合理活动和社会/文化参与，F为数字工具流畅使用，E为数字环境道德。该研究通过探索性因子分析和验证性因子分析进行了验证，信效度较好[③]。

Choi基于数字公民的概念分析和专家访谈设计开发了包含批判性视角、专业技能、人际网络、本地/全球意识、互联网政治活动等五个维度、共计27个题项的数字公民素养量表。该研究通过探索性因子分析和验证性因子分析进行了验证，信效度也非常好。

Torrent–Sellens等从公民在线身份和在线媒体使用学习教育的角度开发了一个包含自我公民身份和多样化媒体使用的两个维度、共计8个题目的量表，选取了544个有效样本对量表进行了内部一致性检验和可靠性检验，结果表明信效度良好[④]。

综合以上描述，笔者总结归纳了目前主流的数字公民素养测量工具。每个工具的名称、来源国家、文献来源、测量样本数、题项数、量表类型、克隆巴赫系数（α）[⑤]、因素、维度等总结归纳如表2–13所示。

---

① Nordin M S, Ahmad T B T, Zubairi A M, et al. Psychometric properties of a digital citizenship questionnaire[J]. International Education Studies, 2016, 9(3): 71.

② Jones L M, Mitchell K J. Defining and measuring youth digital citizenship [J]. New media & society, 2016, 18(9): 2063-2079.

③ Kim M, Choi D. Development of Youth Digital Citizenship Scale and Implication for Educational Setting [J]. Journal of Educational Technology & Society, 2018, 21(1): 155-171.

④ Martínez-Cerdá J F, Torrent-Sellens J. Empoderamiento mediático mediante e-learning. Diseño y validación de una escala [J]. El profesional de la información, 2016, 26(1): 43-54.

⑤ 克隆巴赫系数：基于量表所有可能的项目划分方法得到的折半信度系数的平均值.

表2-13 数字公民素养测量工具一览表

<table>
<tr><th>名称/国家</th><th>文献来源</th><th>测量样本数</th><th>题项数</th><th>量表类型</th><th>克隆巴赫系数</th><th>主要维度</th></tr>
<tr><td>数字公民量表/土耳其</td><td>Aytekin Isman, 2014①</td><td>229（大学生）</td><td>34</td><td>五点李克特量表原始量表</td><td>0.85</td><td rowspan="2">1. 数字素养
2. 数字法律
3. 数字权责
4. 数字通信
5. 数字安全
6. 数字商务
7. 数字准入
8. 数字礼仪
9. 数字健康</td></tr>
<tr><td>数字公民量表/土耳其</td><td>Mithat Elcicek et al., 2018②</td><td>143（大学生）</td><td>34</td><td>五点李克特量表复用量表</td><td>0.79</td></tr>
<tr><td>数字公民量表/沙特</td><td>Abdulrahman Al-Zahrani, 2015③</td><td>213（大学生）</td><td>46</td><td>五点李克特量表原始量表</td><td>0.92</td><td rowspan="3">1. 尊重自己/尊重他人
2. 教育自己/连接他人
3. 保护自己/保护他人</td></tr>
<tr><td>数字公民问卷/中国</td><td>Shun Xu et al., 2018④</td><td>905（大学生）</td><td>46</td><td>五点李克特量表复用量表</td><td>0.89</td></tr>
<tr><td>数字公民问卷/中国</td><td>Shun Xu et al., 2018⑤</td><td>712（大学生）</td><td>46</td><td>五点李克特量表复用量表</td><td>0.89</td></tr>
</table>

① Isman A, Canan Gungoren O. Digital citizenship [J]. Turkish Online Journal of Educational Technology-TOJET, 2014, 13(1): 73-77.

② Elcicek M, Erdemci H, Karal H. Examining the Relationship between the Levels of Digital Citizenship and Social Presence for the Graduate Students Having Online Education [J]. Turkish Online Journal of Distance Education, 2018, 19(1): 203-214.

③ Al-Zahrani A. Toward digital citizenship: Examining factors affecting participation and involvement in the Internet society among higher education students [J]. International Education Studies, 2015, 8(12): 203.

④ Xu S, Yang H H, MacLeod J, et al. Interpersonal communication competence and digital citizenship among preservice teachers in China's teacher preparation programs [J]. Moral Education, 2018: 1-20.

⑤ Xu S, Yang H H, MacLeod J, et al. Social media competence and digital citizenship among college students [J]. Convergence, 2018.

续表

名称/国家	文献来源	测量样本数	题项数	量表类型	克隆巴赫系数	主要维度
数字公民问卷/马来西亚	Mohamad Sahari Nordin et al., 2016①	391（大学生）	17	五点李克特量表原始量表	0.78	1. 数字礼仪 2. 数字责任 3. 数字健康 4. 数字商务 5. 数字安全
数字公民量表/美国	Lisa et al., 2015②	979（青少年）	11	五点李克特量表原始量表	0.70	1. 在线尊重 2. 在线公民参与
数字公民量表/韩国	Minjeong Kim et al., 2018③	200（专业人士）	18	五点李克特量表原始量表	0.75	1. 数字环境道德 2. 数字环境流畅 3. 合理活动 4. 数字世界自我认同 5. 社会/文化参与
数字公民量表/美国	Moonsun Choi et al., 2017④	508（大学生）	27	七点李克特量表原始量表	0.88	1. 批判性视角 2. 专业技能 3. 人际网络 4. 本地/全球意识 5. 互联网政治活动
数字公民量表/土耳其	Nuri Kara, 2018⑤	435（大学生）	26	五点李克特量表复用量表	0.89	
数字公民量表/美国	Moonsun Choi et al., 2018④	348（专业人士）	26	七点李克特量表复用量表	0.79	

① Nordin M S, Ahmad T B T, Zubairi A M, et al. Psychometric properties of a digital citizenship questionnaire[J]. International Education Studies, 2016, 9(3): 71.

② Jones L M, Mitchell K J. Defining and measuring youth digital citizenship [J]. New media & society, 2016, 18(9): 2063-2079.

③ Kim M, Choi D. Development of Youth Digital Citizenship Scale and Implication for Educational Setting [J]. Journal of Educational Technology & Society, 2018, 21(1): 155-171.

④ Choi M, Glassman M, Cristol D. What it means to be a citizen in the internet age: Development of a reliable and valid digital citizenship scale[J]. Computers & education, 2017 (107): 100-112.

⑤ Kara N. Understanding University Students' Thoughts and Practices about Digital Citizenship: A Mixed Methods Study [J]. Journal of Educational Technology & Society, 2018, 21(1): 172-185.

续表

名称/国家	文献来源	测量样本数	题项数	量表类型	克隆巴赫系数	主要维度
在线公民能力/西班牙	Joan Torrent-Sellens et al., 2017①	544（大学生）	8	五点李克特量表原始量表	0.94	1. 自我公民身份 2. 多样化的媒体使用

国内外学者基于对数字公民素养的内涵分析以及相关教育标准框架的梳理，在数字公民素养的实证研究方面已经编制了一些相对成熟的量表，并在实证调查中进行了相关的研究，取得了一定的研究成果。

Jones和Mitchell设计了网络尊重和公民在线参与两个维度、含11个题项的数字公民素养量表，对美国新英格兰区域的一个洲的11～17岁的979名学生进行了调查，结果显示高年级学生数字公民素养表现不佳，女生在数字公民素养方面比男生表现更好。网络尊重分数随着年龄的增长而下降，两个维度的分数都有所下降，但女生的得分高于男生。研究为后续数字公民素养的测评和差异分析提供了依据。

阮高峰结合美国国际教育技术协会发布的《美国国家教育技术标准（学生版）》、数字公民素养教育研究专家迈克·瑞布等人的定义和我国中小学生具体实际，从数字安全、规范交往、数字生存、数字学习四个维度对中小学数字公民素养教育现状进行调研，研究发现数字公民素养问题比我们想象的要严峻，不管是教育主管部门还是学术界都尚未有足够的重视，分析认为中小学教师有强烈的参与数字公民教育的意愿，强调数字公民教育需要社会多方力量的整合协同②。

孙小欢修订了Nordin等的大学生数字公民量表进行了青少年数字公民素养影响因素的研究，研究选取了华中地区三所学校七年级的397对学生和家长，一一进行调研，结果表明青少年的数字公民养成整体较好，男女生在数字公民养成上

① Martínez-Cerdá J F, Torrent-Sellens J. Empoderamiento mediático mediante e-learning. Diseño y validación de una escala [J]. El profesional de la información, 2016, 26(1): 43-54.

② 阮高峰. 中小学数字公民素养教育：现状与建议［J］. 中国信息技术教育，2016（19）：9-14.

存在显著性差异，女生略高于男生。研究还显示出家长的互联网态度、计算机自我效能感和家长与青少年学生的沟通交流频率等因素均影响其数字公民素养的养成，论证了家庭教育对数字公民素养教育的重要影响[①②]。

汪凡根据迈克·瑞布提出的数字公民素养基本理论体系，结合初中生的实际，设计开发了包含数字安全、数字健康、数字伦理、数字学习四个维度的初中生数字公民素养调查问卷，选取了某市城郊地区和农村地区学校的1170名初中生进行调研，结果发现初中生数字安全素养和数字伦理素养水平较为理想，初中生的数字健康素养和数字安全素养水平处于中等偏上，但群体内部存在很大差异。另外初中生数字公民素养的维度水平在性别、学校地理位置和父母学历等方面均有着显著差异[③]。

冈诗诗在整合数字公民素养概念和内涵的基础上，厘清数字公民素养的内涵，整合国内外相关量表，结合初中生的实际，设计了初中生数字公民素养影响因素测量问卷，选取了414名初中学生进行调研，主要分析了信息技术使用、计算机自我效能感和人际沟通能力对初中生数字公民素养的影响。研究结果表明初中生数字公民素养整体较高，女生比男生高，高年级比低年级高。信息技术的使用、计算机自我效能感和人际沟通能力都对初中生数字公民素养水平有显著的正向影响[④]。

笔者在自己的博士学位论文中总结归纳了目前主流的数字公民素养测量研究，分析了各种量表的优缺点之后，选择了涵盖面较广的数字公民素养测量量表，包含有批判性视角、专业技能、人际网络、本地/全球意识和互联网政治活动五个维度，共25道题目。研究选取了某地一所地方高校的634名大学生进行调研，结果显示大学生数字公民素养的整体水平为中等偏上，具有较高的数字公民素养水平。研究还表明大学生的计算机自我效能感、互联网态度、大学生感知的学校组织支持感、大学生的社交媒体能力、21世纪数字技能与大学生的数字公民素养水平呈显著正相关。

Martin等开发了包含网络欺凌、数字足迹、数字隐私、数字礼仪和数字身份

---

① 孙小欢．家长对青少年数字公民养成的影响研究［D］．华中师范大学，2017.

② Nordin M S,Ahmad T B T, Zubairi A M, et al. Psychometric properties of a digital citizenship questionnaire[J]. International Education Studies, 2016,9(3): 71-80.

③ 汪凡．初中生数字公民素养现状调查研究［D］．武汉大学，2018.

④ 冈诗诗．初中生数字公民素养影响因素研究［D］．华中师范大学，2019.

五个维度、20道题项的数字公民素养量表，对美国西南地区一所学校的237名中学生展开了调查，研究结果表明学生对移动设备的使用有所增加，这就需要家长对孩子上网行为进行监控。只有55.3%的被调查学生表示家长监控他们的互联网/社交网络使用媒体行为，只有37.1%的学生认同数字媒体作为数字公民素养的教学内容在学校里被教授。其中73%的学生表示从未受到过网络欺凌，只有55.7%的人表示在怀疑网络欺凌已经发生的情况下知道如何收集证据。57%的学生在交流时会使用数字网络礼仪或者在网上发帖，59.7%的学生与朋友共享密码。其他的在校学生缺乏对数字公民素养的理解和实践①。

综上可知，国内外学者基于自身对数字公民素养的不同理解，从多个维度对数字公民素养的测评内容进行了划分，并且针对不同的研究对象进行了实证研究，取得了一定的成果。总体来看，首先，我们可知青少年数字公民素养水平可以通过量表的形式进行较为准确的评价。其次，当前数字公民素养量表的设计主要集中在数字健康、数字安全、数字参与、数字责任四个维度，几乎未涉及数字商务、数字法律、数字准入等维度，大体上是基于迈克·瑞布的三维度、九要素进行改编而来，在研究对象上很多都是针对大学生开展研究，取得的研究结论可能跟青少年不一样。另外当前国内针对青少年数字公民素养的研究较少，且量表维度较窄，或许不符合青少年的实际情况，因此急需全面、系统的关于青少年数字公民素养评价指标体系的研究。

第三节　数字公民素养教育的理论与实践研究

“十四五”规划中指出，要加快数字化发展，建设数字中国。这一政策描绘了数字中国发展的宏伟蓝图。数字中国必然要求广大人民群众是合格的数字公民，合格的数字公民要求我们具备较高的数字公民素养，因此进行数字公民素养教育具有极强的重要性和紧迫性。围绕数字公民素养教育，专家学者进行了相关的理论研究和实践探索。由于国内目前关于数字公民教育的理论与实践研究较少，本节部分内容以国外的研究为重点展开论述。

---

① Martin F, Hunt B, Wang C,et al. Middle School Student Perception of Technology Use and Digital Citizenship Practices[J]. Computers in the Schools, 2020, 37(3):196-215.

一、数字公民素养教育的理论分析

（一）数字公民素养教育的必要性

1. 数字公民素养教育是数字社会和谐稳定发展的必要要求

构建和谐社会，就必然离不开公民素养。而在当今科技高速发展的数字社会中，数字公民作为新时代的主要力量，决定了数字社会能否和谐稳定发展。只有调节好个人行为，不断地加强数字公民素养教育，提高数字公民素养，才能够形成良好的社会道德风尚，真正意义上体现以人为本的精神理念。多元化的科技如果没有被正确地利用，就会出现严重的后果，如年轻人沉迷于网络，以寻求刺激与愉悦；不法分子通过网络诈骗获取不义之财；不良喜好与作风的传播，等等，这些都对数字社会的和谐稳定造成了严重的冲击。若数字公民素养低下，愚昧迷信，不明事理，不思进取，且沉迷网络当中，这个社会注定是动荡和混乱的。因此，加强全民的数字公民素养教育迫在眉睫，我们必须提高公民的审美能力，使其能够正确地鉴别接收到的信息，摒弃低级趣味，崇尚科学，反对迷信，并且遵守网络规则，合理地使用自己的权利，不盲目跟风，不投机取巧，从而成为一名有着良好的道德修养、文明、健康的数字公民。如此，大众文化的方向才是积极向上的，网络环境才能宽松清明，数字社会才能和谐稳定的发展。

2. 数字公民素养教育是数字社会高素质人才培养的客观需要

人们在享受科技网络带来的便利的同时，也受到其背后副作用的影响。尤其是青少年缺乏一定的信息辨析能力，易受到网上低质量、不良信息的影响，养成坏习惯和形成低素质心理，对自身的人生发展造成严重的危害。学生是教育的主体，必须通过一系列措施提高其数字公民素养水平，在当今的数字社会中，帮助他们树立正确和积极向上的人生观、价值观。学生通过数字素养教育的一系列培养手段，能够深入提升数字意识、数字权责、数字礼仪等能力，减少数字鸿沟。总之，大力开展数字公民素养教育，能培养有利于数字社会发展的高质量和高素质人才，适应当今快速发展的市场形势需求，推动数字经济的高速发展，也有助于完成立德树人的根本任务，促进个人的全面发展。

3. 数字公民素养教育是教育数字化转型的内在驱动力

教育数字化转型是当前数字经济与数字社会高速发展下的必然趋势，是我国教育改革发展的重要战略主题。我们要研发新兴的人才培养模式，优化数字化学习环境，加深人工智能与教育的融合，以应对人才需求的变化。而数字公民素养教育就是支撑教育数字化转型的内在驱动力，通过提高数字化意识，更新数字教育思维理念，提高数字工具的使用能力，遵守教育数字化标准规范，加强教育公平意识，有助于完善智慧教育体系，探索出新型的数字化教育评价模式，全面赋能信息化教育，推进全要素的数字化教育系统的建设。师生的数字公民素养越高，在推动教育数字化转型的过程中就越顺利，就能够为配合国家开展工作贡献出自己的一份力量，营造出更加以人为本、开放包容的教育新环境。

4. 数字公民素养教育是落实国家数字化教育政策的重要行动方案

“十四五”规划中提出要建设高质量的教育体系，加快数字化的发展，普及提升公民的数字素养。中央网络安全和信息化委员会印发的《提升全民数字素养与技能行动纲要》提出要“提升全民数字素养与技能”，除了开发设立信息课程之外，培养学生的数字素养也要融入学生的日常教育活动之中，对老师和学生都提出了新的要求。《“十四五”数字经济发展规划》提出要推进智慧教育，优化数字基础设施，稳步推动产业数字化转型，这都需要以提高公民数字素养为基础的开展。《“十四五”国家信息化规划》提出开展终身数字教育，全面提升数字公民素养，改善基础设施，做好数字资源分配，推进教育领域变革。《教育部2022年工作要点》明确提出实施教育数字化战略行动，提高数字公民素养，让教育领域数字化，培养出一批新型的数字人才。

（二）数字公民素养教育的内容

1.《美国国家教育技术标准》中面向学生的数字公民教育内容

美国随着数字技术的飞速发展和进步，对学生的数字技术要求也逐渐丰富和全面。该标准分为六部分，分别为基本操作与概念、社会道德人文的要求、技术作为提高学习效率的工具、技术作为交流的工具、技术作为研究的工具、技术作为解决问题与决策的工具。内容不仅要求学生学习技术，遵守法律和道德规范，并且规定了他们的权利和义务，旨在促进学生的全面、全要素发展。同时，各个学段的教育技术能力要求也是不同的：在基础年级（学前—2年级）要求能够对技术设备进行简单的操作和交流；在高小年级（3—5年级）要求能够熟练使用技术设备，同时学会使用不同工具解决不同的问题和任务；在初中年级（6—8年级）要求能够解决常见的软硬件问题，对信息技术能够合理化使用；在高中年级（9—12年级）要求能够将技术与日常生活和工作结合在一起，更加深入地合作交流与分析等。

2.《美国国家教育技术标准》中面向教育者的数字公民教育内容

美国的教师标准侧重对职前教师的培养，从技术的操作与概念，策划、设计学习环境和学习体验，教学学习与课程，评价与评估，工作实效和职业实践，社会伦理，法律人性等方面进行规范，旨在为教师的成长提供一个优质的环境，进而为学生提供一个健康的数字公民教育环境。各个阶段的教师教育技术能力要求也是不同的（分为四个阶段）：在一般预备阶段，学生需要形成和掌握基础的数字技术；在专业培训阶段，学生要学习技术与课程的整合内容；在学生教学或实习阶段，让学生学会与实践相结合，合理、合法地运用数字技术；在第一年教学阶段，要进行教学反思与指导改进等。

3.《美国国家教育技术标准》中面向管理者的数字公民教育内容

美国面向管理者的数字公民教育内容从领导能力与远见卓识、教与学、工作效率与专业实践、支持管理与运作、评价与评估、社会法制与道德问题六个方面制定，旨在通过法律约束、道德规范等，营造良好的数字社会环境。同时还对不同层次的管理者提出了不同的要求：教师要以身作则，中小学校长要解决数字教育环境、教师考核、学生培养等问题；学区项目总管要制定技术工具规章制度，监督数字技术资源分配，保证数字公民教育工作的顺利开展；教育总监要管理资金，全面整合数字教育资源等。

二、数字公民素养教育的实践探索

（一）美国常识组织的数字公民教育课程

美国公益社会组织“常识组织”提供的数字公民教育课程，内容丰富，知识广阔，形式多样，旨在帮助家长、教师等能够合理地使用数字技术，让孩子能够享受网络科技带来的好处，促进孩子的成长。其中在螺旋式教育理念的基础上，通过对孩子的年龄分级，采用不同的媒体，如视频、音乐、文章、动画和游戏等，以及含义深刻的教育内容，进行因材施教，同时每一个主题都包括家庭参与的环节，不仅使孩子学习到了数字公民素养的内容，家长也能够学习和提高。如美国一些社区会印发如何教育孩子上网的指导手册，目的是为了让孩子能够正确使用网络，同时在面对网络带来的一些负面影响的时候，能够与家长老师进行沟通，消除影响，健康成长。

（二）美国密歇根大学的数字公民教育项目

密歇根大学的数字公民教育项目起源于2013年，针对六、七、八三个年级，时间为四周，每个年级学习的数字公民教育的主题不同。六年级的主题为数字安全，除了学习网络的相关概念，更加侧重如何在网络上保护自己，合法地使用网络。七年级的主题为数字身份，侧重如何树立自己的网络形象，了解共享、版权等概念，八年级的主题为同理心，侧重认识网络的负面问题，如网络欺凌、网络暴力、诈骗、侵权等，以及在面对这些问题时如何正确地做出自己的选择，为维护健康和谐的网络环境做出贡献。课程形式多样，如组队、动画展示、演讲等，从而加深学生的理解。

（三）加拿大的数字公民教育实践

随着2015年加拿大数字与媒体素养中心发布“数字素养教育框架”，加拿大的各个地区开展了实践。

在教育政策上，加拿大西北地区提出了五个核心能力，包括明确各种情境中的身份、积极为集体贡献智慧和推动共同利益发展、培养基本素养和批判性思维、有道德地使用数字工具、进行线上线下有效沟通。纽芬兰省提出了“21世纪学习能力”，包括基本素养、生活和工作技能、学习和改革技能。不列颠哥伦比亚省规定了10项数字公民教育的目标，具体包括：网络安全、网络隐私、网络关系和网络交流、网络欺凌、数字足迹和数字声誉、个人形象和身份、创新信用和版权、法律和道德问题、对技术的态度、对技术在社会发展中作用的理解和认识。魁北克省从四个层面提出了培养学生的9种技能：①知识，包括使用信息、解决问题、批判性评价、创造力这4种技能；②方法，包括使用有效的工作方法、使用信息和通信技术这2种技能；③个性和社交，包括发挥潜能、与人合作这2种技能；④沟通，包括有效和合理沟通的技能。其中，使用信息和通信技术应融入其他技能的培养过程中，是一种跨学科的技能。

在教育模式上，马尼托巴省和西北地区采用融合模式，将数字素养教育融入各门课程的探究学习过程中。魁北克省、不列颠哥伦比亚省和萨斯卡彻温省采用跨课程模式。新不伦瑞克省采用整合模式，开设了信息和通信技术课程，安大略省和育空地区采用分散模式，将数字素养教育分散到某些具体的课程教学中。

（四）欧洲的数字公民教育实践

欧洲各国的数字教育技术较低，存在着数字教育模式陈旧、数字经验与技能不足、指导标准不统一等问题，为此，欧盟于2018年发布《数字教育行动计划》，以促进数字化教育的转型。该计划将数字技术与日常教育教学相结合，加强对基础设施与设备的资金投入，加强教材的编订、教学模式的优化升级，提高大数据分析能力，提升公民的数字技术能力，使其正确地应对网络上的负面问题。此后虽然取得了一些建树，但由于新冠疫情的影响，收效甚微，于是欧盟于2020年9月又发布了《数字教育行动计划（2021—2027）》，在数字化的转型过程中加入了可持续发展的理念，进行有效、高性能的数字教育生态系统建设和高容量的数字连接，部署了更多的数字技术设备，让更多的人享受到数字科技带来的便利，使欧盟各国之间加强了联系和合作；同时也致力于提高公民的数字技术能力，加强对青年人的数字信息化教育，通过制定欧洲数字技能证书等，全方面提升公民的数字技能。

（五）澳大利亚的国家网络安全教育计划

澳大利亚数字公民教育侧重于对学生的网络安全教育，建设健康、安全的网络环境，目的是使年轻人能够正确、安全地使用网络。该计划的内容主要从以下三点展开：第一，由政府部门组织实施各种网络安全教育项目。澳大利亚多个政府部门都曾参与网络安全教育的项目，如澳大利亚通信与媒体管理局（ACMA）实施的“网络机智”项目，通讯部实施的“网络安全求助按钮”项目，澳大利亚联邦警署开展的“思你所知”项目、教育与培训部实施的“安全学校国家框架”项目等。政府开展这些项目的出发点和内容大致如下：为学生建立健康的网络，使学生能够正确、合理地使用网络，行使正确的数字权利和义务，保护学生的安全，杜绝网络欺骗，暴力等不良事件；教育家长和教师如何教孩子使用网络，同时给予相关经验；教育社会公民提高信息的辨析能力，防止其受到欺骗，保护自己的隐私；为学校网络安全教育提供经费支持等。第二，在学校课程内加入网络安全教育。这一点在新南威尔士州最为典型，其课程与学习创新中心与数字教育改革团队合作，为中小学生开发了一套以网络安全为重点内容的数字公民教育课程，旨在教育中小学生如何正确使用互联网，了解互联网的危害，能够处理问题，培养其安全意识。第三，注重提升技术手段，加强网络教育。如加大对网络申请的查控、不良信息的检查和过滤、对网络游戏的未成年保护机制等。

（六）亚太地区的数字公民教育政策理念

联合国教科文组织曼谷办事处于2015年发布报告《安全负责任地使用ICT培

养数字公民——亚太地区现状回顾》，于2016年发布报告《政策回顾：安全有效和负责任地使用ICT建立亚太地区数字公民身份》。亚太地区的数字公民教育重点为未成年人，未成年人心智不成熟，在繁多的网络信息面前缺乏理性的判断力，犯错、受骗的概率较大，因此必须加强对未成年人的数字公民素养教育，在政策中具体规定学生的各项指标。具体来说，一是提升学生的自控力、辨别力、信息问题处理能力、数字技术设备的使用能力，注重网络的交流与合作，尽力避免或消除网络带来的负面影响。二是将数字公民素养教育与学校课程相结合，加大信息技术课程的学时比重，为学校配置电脑室。三是增强对教师信息技术的培养，确立标准和评价体系，以便更好地教育学生。四是不同国家参与数字公民教育的机构要多样化和多元化，大致可分为各成员国政府成立的机构、不同国家政府联合成立的机构、非政府组织、各级各类学校四类。各国之间也相互借鉴学习，以增强公民的数字化素养。

第三章　我国学生数字公民素养水平现状研究

第一节　中学生数字公民素养水平现状研究

一、研究背景

数字公民素养是数字社会公民学习、工作、生活应具备的基本素养，是数字获取、制作、使用、评价、交互、分享、创新、安全保障、伦理道德等一系列素质与能力的集合[①]。当前我国正处于建设网络强国、数字中国的关键时期，提升中小学生的数字公民素养是提升国民素质、促进人的全面发展的重要举措。2021年11月，中央网络安全和信息化委员会出台的《提升全民数字素养与技能行动纲要》中明确提出要培养数字公民。2022年4月，教育部在新修订的《义务教育信息科技课程标准（2022年版）》中也强调培养学生的数字公民素养，促进学生在数字世界与现实世界中健康成长[②]。在国外，美国国际教育技术协会、联合国教科文组织等组织机构也针对中小学生在数字技术应用上存在的风险和威胁，相继发布了《ISTE学生标准》《亚太地区数字儿童框架》，将数字公民素养视为中小学适应未来社会生存和发展的必备能力和关键素养。由此可见，培养中小学生的数字公民素养是数字时代人才培养的必然需求，也是全球教育改革发展的大势所趋。

调查中小学生数字公民素养水平现状可以精准掌握中小学生数字公民素养培育的成效与不足，是提升中小学生数字公民素养的关键环节，也是构建中小学生数字公民素养培育体系的重要一环。当前国外众多学者、组织机构已经先后针对

---

① 中国网信网．提升全民数字素养与技能行动纲要[EB/OL]．[2022-08-03]．http://www.cac.gov.cn/2021-11/05/c_1637708867754305.htm

② 中华人民共和国教育部．义务教育信息科技课程标准（2022年版）[S]．北京：北京师范大学出版社，2022.

中小学生开展了数字公民素养水平评价调查[①]，发现中小学生数字公民素养存在诸多问题，如网络尊重表现不佳等。国内虽然有学者尝试调查中小学生数字公民素养教育现状[②]，但是研究采用的调查工具的信效度未经过充分检验，可能导致研究结果与中小学生数字公民素养实际情况存在差异。此外，这些研究结果显示，相比国外数字公民素养教育与研究领域对网络欺凌、隐私泄露与账户安全等问题的担忧，国内教育工作者更加关注数字技术对健康的危害。

国内中小学生作为伴随网络技术发展而成长起来的一代人，通常被称为“数字原住民”，一方面，他们具备一定的数字技能，但是不会自发成为“数字公民”[③]，需要通过数字公民素养的培养实现转化，另一方面，中小学生正处于身心成长发育的关键期，尽管逻辑思维和辩证思维逐渐发展，但是思维品质的表现也隐含着矛盾[④]，这就造成了他们在使用数字技术时能表现出一些自制力和社会责任感，但也可能滥用技术，成为数字环境中的受害者或者施害者。因此，调查中小学生数字公民素养现状，为精准干预学生数字公民素养发展提供科学的决策依据，帮助教育工作者引导学生成为具备数字社会正确价值观、必备品格和关键能力的时代新人，是非常有必要的。

二、调查问卷设计及数据采集

（一）调查问卷设计

本次调查问卷根据迈克·瑞布提出的数字公民素养的九要素，结合中学生（本节特指普通初中生和高中生，不包括职校中学生）的认知特点、心理特点和生活实际进行设计。数字公民素养情况是本研究的唯一因变量。问卷包括两个部分：被调查者的基本情况、被调查者的数字公民素养水平。

第一部分，被调查者的基本情况，分别为性别、居住地、年级、接触电子设

---

① Jones L M, Mitchell K J. Defining and measuring youth digital citizenship[J]. New media & society, 2016, 18(9): 2063-2079.

② 阮高峰．中小学数字公民素养教育：现状与建议［J］．中国信息技术教育，2016（19）：9-14.

③ 任友群．新时代，中小学需要怎样的信息技术课［J］．人民教育，2019（01）：26-29.

④ 林崇德，李庆安．青少年期身心发展特点［J］．北京师范大学学报（社会科学版），2005（01）：48-56.

备的时间、父母是否限制使用电子设备、每日使用电子设备的时长，共6个题目。

第二部分，测量被调查者的数字公民素养，量表来源于迈克·瑞布提出的数字公民九要素的三个维度，其中尊重自己/尊重他人维度有24个题目，教育自己/连接他人维度有11个题目，保护自己/保护他人维度有11个题目，共46个题目。借助李克特五点量表法进行设计，每个问题都有五个答案，每个答案被赋予不同的分数值，非常不同意为1分、不同意为2分、中立为3分、同意为4分、非常同意为5分。

（二）数据采集

中学生是问卷调查的主体对象，样本收集包括两部分，分为线上电子档收集及线下纸质档收集。发放问卷226份（纸质档发放77份，电子档发放149份），回收共计226份，回收率为100%，其中有效份数为205份（纸质档回收73份，电子档回收132份），有效回收率为90.7%。

三、数据统计与分析

（一）描述性统计分析

为避免所选样本过于集中而影响调查结果，本调查采用随机抽样的方式选取样本，对前文所述的6个题项进行描述性统计分析，结果如表3–1所示。

表3-1 基本情况统计分析

因素名称	分类指标	样本个数	所占比例（%）
性别	男	97	47.3
	女	108	52.7
居住地	农村	57	27.8
	县镇	77	37.6
	中小城市	48	23.4
	大城市	23	11.2
年级	初一	33	16.1
	初二	54	26.3
	初三	43	21.0
	高一	25	12.2
	高二	29	14.2
	高三	21	10.2

续表

因素名称	分类指标	样本个数	所占比例（%）
接触电子设备的时间	初中	30	14.6
	高中	3	1.5
	其他	43	21.0
父母是否限制使用电子设备	不限制，随意用	43	21.0
	限制，父母在场可以用	72	35.1
	限制，每日使用特定时长	55	26.8
	其他	35	17.1
每日使用电子设备的时长	1小时左右	70	34.1
	1～3小时	68	33.2
	3～5小时	33	16.1
	5小时以上	34	16.6

样本中男生占比47.3%，女生占比52.7%。居住地在农村的占比27.8%，城镇的占比37.6%，中小城市的占比23.4%，大城市的占比11.2%。在年级分布中，初一的占比16.1%，初二的占比26.3%，初三的占比21%，高一的占比12.2%，高二的占比14.2%，高三的占比10.2%。这表明，大多数学生已接触电子设备。父母限制电子设备的共占比61.9%，其中35.1%表示父母在场可以使用电子设备，26.8%表示每日对于电子设备的使用有特定的时长。仅有21%的学生可以随意使用电子设备。这表明，大多数家长对于孩子使用电子设备是有所限制的。每日使用电子设备的时长中，1小时左右的占比34.1%，1～3小时的占比33.2%，3～5小时的占比16.1%，5小时以上的占比16.6%，表明每日使用电子设备的大多是在3小时以下。

对中学生的数字公民素养水平现状进行描述性统计分析，结果如表3-2所示。

表3-2 中学生数字公民素养水平描述性统计

维度	均值	标准差
数字公民素养	3.67	0.43
尊重自己/尊重他人	3.89	0.48
教育自己/连接他人	3.63	0.53
保护自己/保护他人	3.48	0.50

中学生数字公民素养的均值为3.67，偏向于4，表明中学生数字公民素养较好，在尊重维度的均值为3.89，表明中学生在这一维度水平较高。在教育维度的均值为3.63，表明学生在这一维度水平良好。在保护维度的均值为3.48，表明学生在这一维度水平一般，需要提升。

（二）方差分析

为了进一步了解中学生数字公民素养水平的差异，利用独立样本T检验、单因素方差分析法（ANOVA），分别分析了性别、年级、居住地、每日使用电子设备的时长这四个变量对中学生数字公民素养水平及其各维度的影响，分析结果如表3–3至表3–6所示。

表3–3　性别在中学生数字公民素养水平上的差异分析

因变量	均值		标准差		P	比较结果
	男生	女生	男生	女生		
数字公民素养	3.61	3.72	0.33	0.49	0.08	—
尊重自己/尊重他人	3.80	3.97	0.35	0.56	0.01	1<2
教育自己/连接他人	3.54	3.71	0.45	0.58	0.02	1<2
保护自己/保护他人	3.50	3.47	0.44	0.55	0.61	—

注：1、2分别表示男生、女生；$P<0.05$表示两组数据存在显著性差异。

从表3–3可知，性别在中学生数字公民素养以及保护维度上均不存在显著性差异，在尊重维度和教育维度上存在显著性差异。这可能是由于中学阶段的男生和女生心理素质及想法不同，女生较为注重尊重自己或尊重他人的隐私及行为习惯，因而更加懂得如何与他人进行沟通交流。

表3–4　年级在中学生数字公民素养水平上的差异分析

因变量	均值						标准差						P	比较结果
	初一	初二	初三	高一	高二	高三	初一	初二	初三	高一	高二	高三		
数字公民素养	3.58	3.50	3.62	3.68	3.92	3.97	0.28	0.40	0.42	0.41	0.50	0.35	0.00	1<5 1<6 2<5 2<6 3<5 3<6

续表

因变量	均值						标准差						P	比较结果
	初一	初二	初三	高一	高二	高三	初一	初二	初三	高一	高二	高三		
尊重自己/尊重他人	3.75	3.65	3.84	3.99	4.12	4.28	0.28	0.43	0.50	0.46	0.44	0.41	0.00	1<5 1<6 2<4 2<5 2<6 3<5 3<6
教育自己/连接他人	3.49	3.42	3.61	3.72	3.87	3.99	0.40	0.48	0.54	0.53	0.60	0.41	0.00	1<5 1<6 2<5 2<6
保护自己/保护他人	3.50	3.44	3.40	3.34	3.68	3.65	0.43	0.43	0.46	0.55	0.60	0.52	0.55	—

注：1、2、3、4、5、6分别表示初一、初二、初三、高一、高二、高三，$P<0.05$表示存在显著性差异。

从表3-4可知，年级在中学生数字公民素养及尊重维度、教育维度上存在显著性差异，在保护维度上不存在显著性差异。在数字公民素养上，学生得分呈现先下降后逐步上升的趋势，表明学生从初一过渡到初二，其数字公民素养水平会下降一点，后期逐步提升，且高二、高三学生的数字公民素养水平显著高于初一、初二、初三的学生。进一步分析，在尊重维度上，呈现先下降再上升的趋势，高二、高三学生的总体水平显著高于初一、初二、初三的学生。在教育维度上，呈现先下降再上升的趋势，高二、高三得分显著高于初一、初二学生。在保护维度上，学生在初一到高一得分逐步下降，高一过后，得分才呈现上升趋势，各年级得分没有显著性差异。总体来说，年级对中学生数字公民素养水平有显著性影响。

表3-5　居住地在中学生数字公民素养水平上的差异分析

因变量	均值				标准差				P	比较结果
	农村	县镇	中小城市	大城市	农村	县镇	中小城市	大城市		
数字公民素养	3.66	3.6	3.72	3.79	0.38	0.46	0.43	0.42	0.24	—

续表

因变量	均值				标准差				P	比较结果
	农村	县镇	中小城市	大城市	农村	县镇	中小城市	大城市		
尊重自己/尊重他人	3.82	3.78	4.02	4.16	0.43	0.51	0.44	0.44	0.00	1<4 2<3 2<4
教育自己/连接他人	3.64	3.53	3.71	3.77	0.43	0.52	0.59	0.62	0.14	—
保护自己/保护他人	3.53	3.5	3.42	3.43	0.51	0.5	0.43	0.42	0.65	—

注：1、2、3、4分别表示农村、县镇、中小城市、大城市，$P<0.05$表示存在显著性差异。

从表3-5可知，居住地在中学生的数字公民素养及教育维度、保护维度上不存在显著性差异，在尊重维度上存在显著性差异。进一步分析，在尊重维度的得分可以看出，大城市中学生的得分明显高于农村及县镇中学生的得分，中小城市中学生得分显著高于县镇中学生，这可能与当地的信息化建设、信息设备的使用密切相关。

表3-6　每日使用电子设备的时长在中学生数字公民素养水平上的差异分析

因变量	均值				标准差				P	比较结果
	1小时	1~3小时	3~5小时	5小时以上	1小时	1~3小时	3~5小时	5小时以上		
数字公民素养	3.60	3.58	3.76	3.89	0.31	0.41	0.45	0.55	0.00	1<4 2<4
尊重自己/尊重他人	3.79	3.79	4.05	4.14	0.32	0.47	0.52	0.61	0.00	1<4 2<4
教育自己/连接他人	3.52	3.51	3.77	3.98	0.43	0.47	0.55	0.62	0.00	1<4 2<4
保护自己/保护他人	3.49	3.45	3.47	3.57	0.39	0.48	0.51	0.68	0.71	—

注：1、2、3、4分别表示每日使用电子设备的时长为1小时、1~3小时、3~5小时、5小时以上，$P<0.05$表示存在显著性差异。

从表3-6可知，每日使用电子设备的时长对中学生的数字公民素养及尊重维度、教育维度存在显著性影响，在保护维度上无显著影响。进一步分析，在数字公民素养及尊重维度、教育维度上，每日电子设备使用时长为1小时和1～3小时的中学生，其数字公民素养与每日电子设备使用时长为5小时以上的中学生有显著性差异。但每日使用电子设备时长在3～5小时的中学生与5小时以上的中学生，其数字公民素养及三个维度并无显著性差异。

四、研究结论与讨论

（一）研究结论

1. 中学生数字公民素养整体处于中等水平

依数据分析可知，中学男生数字公民素养得分均值为3.61，女生为3.72，均处于中等以上水平，不存在显著性差异。这可能是当前我国数字公民教育的主要来源是信息技术课程，中学阶段的女生在学习策略和认知策略等方面显著高于男生[①]，女生具有的学业优势导致其在数字公民素养表现方面比男生略高。但我国中学阶段的信息技术课程当前存在过于注重传授基础数字技能、忽视创新能力等高阶思维能力培养的问题[②③]，导致女生的学业优势相对不明显，故无法产生显著性差异。

在二级维度上，女生在尊重维度和教育维度的得分均值显著高于男生。这可能是由于中学阶段，女生生理发育相对男生较早，且更加细心，善于言语表达和交际[④]，因此在使用数字技术时的"尊重"和"教育"上表现更好。在保护维度，男生得分均值略高于女生，但不存在显著性差异，这可能是由于男生通常比女生有着更好的数字技能[⑤]，因此比女生更擅长应对使用数字技术时的风险与威胁。

---

① 郭少榕，阳妙艳．初中生学习动机与学习策略的性别差异研究——基于福建省的调查［J］．上海教育科研，2017（04）：35-41.

② 代朝霞，王会霞．中小学信息技术课程实施的现状、问题与对策研究［J］．现代教育科学，2008（12）：93-95.

③ 王吉．高中信息技术课程的现状、问题与对策［J］．现代教育技术，2011，21（01）：52-55.

④ 丁桂凤，赵国祥．中学生的适应特征及其影响因素［J］．心理与行为研究，2008（02）：89-93.

⑤ 梁林梅，李逢庆．苏南地区中学生网络应用行为调查研究［J］．中国远程教育，2012（10）：86-92.

2. 中学生数字公民素养存在显著的年级差异

依数据分析可知，中学生除初二年级外，随着年级上升，数字公民素养逐渐呈现上升趋势。高二和高三年级学生的数字公民素养得分均值显著高于初中年级学生。这可能是由于我国数字公民教育的主要来源是信息技术课程，随着学生年级上升，学生身心发展更加成熟，且课程涉及的信息技术学科核心素养更加深入，因此高年级学生的数字公民素养往往表现更好。本调查中，初二年级学生表现低于初一年级学生，但不存在显著性差异，这可能是由于，初一年级学生是从小学刚升入初中，对学习环境和内容更加好奇，加上初一学习内容相对简单，因此学生有更好的学习适应力[①]。到了初二，随着学习难度上升以及青春期身心变化带来的焦虑，可能导致学生学习适应力下降，间接降低学生数字公民素养水平。

在二级维度上，除初二年级外，随着年级上升，中学生在尊重和教育维度的得分均值逐渐呈现上升趋势。高二和高三年级学生的数字公民素养得分均值显著高于初中年级学生，这可能是由于高年级学生在身心发育和课程学习上更具优势。在保护维度，中学生得分均值呈现先下降后上升、再下降的趋势，且不存在年级上的显著性差异。这可能是由于我国学校教育对数字安全方面缺乏足够重视，教师和家长对学生使用数字技术缺乏足够支持造成的[②]。

3. 中学生数字公民素养存在显著的区域差异

依数据分析可知，除县镇中学生外，随着中学生居住地的城市化程度上升，其数字公民素养水平逐渐上升，且不存在显著性差异。在二级维度上，大城市和中小城市中学生在尊重维度得分均值显著高于县镇中学生。在教育维度上，大城市和中小城市中学生得分均值略高于农村和县镇中学生，但不存在显著性差异。在保护维度上，农村和县镇中学生得分均值略高于大城市和中小城市中学生，但不存在显著性差异。这可能是由于城市学生享受到了更加优质的学校教学资源和社会资源，如优质师资、配套的数字基础设施等，且受到城市文明氛围的影响，因此在尊重维度的表现上显著优于非城市学生。但随着我国近些年大力推行乡村

---

① 刘艳艳．初中生青春发动时相对学习适应的影响［J］．中国学校卫生，2021，42（03）：426-429.

② 田丽，葛东坡．儿童数字风险及影响因素研究［J］．青年记者，2022（12）：43-46.

振兴和教育公平等相应战略和措施，通过建设优质共享教育资源，有效弥补了非城市地区教育资源不足的问题，因此非城市学生仅在教育维度得分均值略低于城市学生，不存在显著性差异。且由于城市学生具备较好的数字公民教育环境，保护意识薄弱，因此他们在保护维度得分均值相比非城市学生更低。

此外，从每日电子设备的使用时长来看，除保护维度以外，每日使用时长在5小时以上的中学生在数字公民素养以及各维度得分均值显著高于每日使用时长在0～3小时的中学生。这可能是由于电子设备使用时间越长，学生参与数字社会的机会越多，越容易融入数字社会。但是在提升学生数字公民素养的同时，也需要合理控制学生使用电子设备的时长，保证他们在数字社会健康成长。

（二）讨论：中学生数字公民素养提升策略

1. 开足开好信息技术课程，培养学生数字公民素养

随着数字技术与教育教学的融合发展，传统信息技术课程在培养目标、培养内容和培养方式上均难以满足培养学生成为合格数字公民的目标要求。但作为学校数字公民教育的主阵地，开足、开好信息技术课程至关重要。具体而言，需要从以下三方面着手：首先，明确培养目标。教育部近些年先后颁布了学生核心素养框架以及新修订的信息技术课程标准，为培养学生数字公民素养提供了指导性文件，但是核心素养以及信息技术学科核心素养在目标上与数字公民素养尚有一定差异。因此需要学校以及教师借鉴国外数字公民教育的培养目标，如欧洲委员会的《数字公民教育手册》明确划分了数字公民素养的三大维度和九要素，可以为我国数字公民素养培养目标提供可靠借鉴。其次，优化培养内容。当前国内缺乏数字公民教育的相关教材以及可执行的课程，导致学生数字公民素养发展不完全、不均衡。笔者认为可以参考加拿大数字与媒体素养中心等相关组织及机构开发的数字公民素养课程，并进行本土化改造，编制地方、校本教材，助力学生数字公民素养全面发展。这也符合我国《义务教育课程方案（2022年版）》[①]提倡的“国家—地方—校本”课程三级体系。最后，变革培养方式。主要体现在需要以“大概念”[②]重组课程教学内容，创新教育教学模式，培养学生的“专家思维”。数

① 中华人民共和国教育部．义务教育课程方案（2022年版）［S］．北京：北京师范大学出版社，2022：6-10.

② 刘徽．大概念教学：素养导向的单元整体设计［M］．北京：教育科学出版社，2022.

字公民素养是价值观、能力与行为的统一[①]，这就意味着传统的讲授式或灌输式教学难以促进学生数字公民素养的内涵式增长。大概念是指反映专家思维方式的概念、观念或论题，是将素养落实到具体教学中的锚点，具有生活价值。围绕大概念重组教学内容，整合跨单元学习内容，有助于促进学生实现所学内容的迁移与应用，提升学生的学科思维品质和分析处理复杂问题的素养水平；利用数字技术实现教育教学模式的创新，则有助于实现学生的个性化和差异化教学，弥补学生性别和个体差异对数字公民素养的影响，最终实现数字公民素养的高质量发展。

2. 共建共享优质教育资源，提高教师数字公民素养

当前教育公平的热点问题就是城乡优质教育资源的不均衡，这也是城乡学生数字公民素养存在差异的主要原因。近些年，国家通过推广双师课堂、教师借调以及建设智慧教育平台等系列举措，有效促进了教育资源的共享，提升了中小学教育教学的质量。然而国内数字公民素养研究不多，很多教师甚至不知道数字公民素养的概念[②]，这导致他们难以合理利用教育资源开展数字公民教育，严重阻碍了我国培养数字公民战略目标的执行。因此需要以高校及科研机构为指导，系统梳理数字公民素养的内容、结构等，设计符合本土的数字公民素养指标体系及教育框架；以国家、地方政府为支撑，提供政策支持、建设优质的教育资源；以学校为主体，采用名校带普校的方式，促进数字公民素养教育资源的高效应用和数字公民素养课程的有序开展。此外，教师的数字公民素养是教师顺利执行数字公民素养课程的前提，因此可以通过国培计划、搭建名师工作室，以培训和"传帮带"等形式促进教师数字公民素养的全面提升，增加学生数字公民素养发展的教师支持。

3. 打造家校社协同育人环境，关注家长的数字公民素养

迈克·瑞布认为培养数字公民需要一个"村庄"[③]，即学生数字公民素养的培育需要家庭、学校和社会通力合作，营造良好的数字环境。其中，家庭育人环境是数字公民教育的重中之重，有研究表明，父母文化水平较高的学生往往具备

---

① 徐顺. 基于社会认知理论的大学生数字公民素养影响因素及提升策略研究［D］. 华中师范大学，2019.

② 阮高峰. 中小学数字公民素养教育：现状与建议［J］. 中国信息技术教育，2016（19）：9-14.

③ Ribble M. Digital citizenship in schools: Nine elements all students should know[M]. Virginia: International Society for Technology in Education, 2015.

更高的数字公民素养[①]，这反映了家庭教育在学生数字公民素养培育中的重要作用。然而，农村地区的家长从事农业相关职业的比例远高于城市家长，受教育程度比例远低于城市家长，导致农村地区家长往往时间、精力以及文化素养不足，难以参与数字公民素养的协同育人工作中。因此在打造家校社协同育人环境时，需要着重考虑提升农村地区家长的数字公民素养，如通过短视频平台发布数字公民素养相关短片等，让农村地区家长在使用数字技术的同时，以简洁、省时、明了的方式获取数字公民素养相关知识，提升自身数字公民素养，更好地参与到家校社协同育人工作中来。

第二节　职校学生数字公民素养水平现状研究

一、研究背景

当前，我国正处于数字化转型、智能化升级的关键时期，职校生作为未来直接参与数字中国建设的数字产业技术技能人才，其数字公民素养对于支撑数字经济发展、数字中国建设意义重大。教育部颁布的《中等职业学校信息技术课程标准》[②]和《高等职业教育专科信息技术课程标准（2021年版）》[③]明确指出，要培养学生成为高素质技术技能人才。2020年6月，教育部印发《职业院校数字校园规范》[④]，强调在发展“互联网+职业教育”的新形势下，职校生应成为数字公民，进而成为信息化高素质技术技能人才。2022年1月，国务院印发《“十四五”数字经济发展规划》[⑤]，提出了“加强职业院校（含技工院校）数字技术技能类人才培养”的明确要求。在职业教育享誉全球的德国，数字技术技能被视为未来劳动

---

① 秦威．中学生数字公民素养水平评估模型构建及其应用研究［D］．黄冈师范学院，2021.

② 中华人民共和国教育部．关于发布《中等职业学校数学课程标准》等5门课程标准的公告[EB/OL]．http://www.moe.gov.cn/jyb_xxgk/s5743/s5744/A07/202001/t20200120_416131.html.

③ 中华人民共和国教育部．教育部办公厅关于印发高等职业教育专科英语、信息技术课程标准（2021年版）的通知［EB/OL］．http://www.moe.gov.cn/srcsite/A07/moe_737/s3876_qt/202104/t20210409_525482.html.

④ 中华人民共和国教育部．教育部关于发布《职业院校数字校园规范》的通知［EB/OL］．http://www.moe.gov.cn/srcsite/A07/zcs_zhgg/202007/t20200702_469886.html.

⑤ 中华人民共和国中央人民政府．国务院关于印发“十四五”数字经济发展规划的通知［EB/OL］．http://www.gov.cn/zhengce/content/2022-01/12/content_5667817.htm.

者的关键能力[①]，如果缺少具备数字技术技能的劳动者，那么其工业4.0战略将不可能实现[②]。可见，职校学生的数字公民素养关乎国家数字经济发展命脉，培养职校学生的数字公民素养是支撑数字中国建设的关键。

根据教育部2022年5月发布的信息，目前我国已建成世界规模最大的职业教育体系，共有职业学校1.12万所，在校生超过2915万人[③]。在现代制造业、战略性新兴产业和现代服务业等领域，一线新增从业人员70%以上都是职业院校毕业生。尽管我国职业教育高度重视数字技能的培养，但对数字公民素养的关注度不多，在日常教育中忽视了学生关于正确使用信息技术以及情感态度价值观等高阶能力的培养，导致学生的数字公民素养表现不佳。如2014年浙江女大学生被中专生广告诈骗[④]、2019年四川一中专生利用假刷单进行网上诈骗[⑤]等典型案例便直接反映了这一问题。此外，相比普通教育的学生，职校学生普遍存在自控力差、文明礼仪素养不足等问题[⑥⑦]，这导致他们虽然具备较高的数字技术，但难以规范使用，且数字公民素养发展不均衡、不充分。随着我国发展进入新阶段，职业教育与普通教育同等重要已经成为教育界的共识[⑧]，培养职校学生“德技并修”成为新时代对职业教育人才培养提出的目标要求。数字公民素养是合理使用技术的规范，是对职校学生在数字社会“德”与“技”的最好回应。因此，有必要针对职校学生开展数字公民素养方面的调研，全面了解职校学生的数字公民

---

① Bundesministerium für Bildung und Forschung. Berufsbildung 4.0[EB/OL]. https://www.bmbf.de/bmbf/de/home/_documents/berufsbildung-4-0.html.

② 陈莹．德国职业教育对工业4.0的回应：提升劳动者数字能力［J］．比较教育研究，2019，41（06）：90-97.

③ 中华人民共和国教育部．我国建成世界规模最大职业教育体系［EB/OL］．http://www.moe.gov.cn/fbh/live/2022/54487/mtbd/202205/t20220530_632545.html.

④ 浙江在线．为给自家微店打广告 女大学生被中专生骗走7000元［EB/OL］．https://zjnews.zjol.com.cn/system/2015/01/22/020477710.shtml

⑤ 澎湃新闻．四川一中专生用“刷单返利”诈骗，四个月获利三千余元被刑拘［EB/OL］．https://www.163.com/dy/article/EMMAF0J30514R9P4.html

⑥ 褚春兰．针对职校学生特点构建职校心育模式［J］．思想政治课教学，2002（10）：59-61.

⑦ 朱敏芳，何君丽．职校生社会交往的主要特点、存在问题及成因分析［J］．继续教育研究，2008（10）：107-109.

⑧ 中华人民共和国教育部．学习贯彻新修订的职教法 保障职业教育高质量发展［EB/OL］．http://www.moe.gov.cn/fbh/live/2022/54414/sfcl/202204/t20220427_622402.html.

素养，为有效制定数字公民素养全面提升战略、推动我国数字中国建设奠定基础。

二、调查问卷设计及数据采集

（一）调查问卷设计

本次调查问卷是在迈克·瑞布提出的数字公民素养九要素基础上，结合中职学生（本节特指职业初中、职业高中的学生）的认知特点、心理特点和生活实际进行设计。数字公民素养情况是本研究的唯一因变量。问卷包括两个部分：被调查者的基本情况、被调查者的数字公民素养水平。

第一部分包括年级、性别、居住地、使用数字化设备的频率、平均每天上网的时间，共5个题项。

第二部分采用Al–Zahrani开发的数字公民素养量表进行测量，并对其中的部分题项进行适当调整，在不改变原意的基础上使其表述符合中职学生的实际情况，包括尊重、教育和保护三个维度，共46个题项。量表均采用李克特五点量表法来设置，从“非常不同意”到“非常同意”，按照1到5，依次计分。

（二）数据采集

2020年，教育部等九部门印发《职业教育提质培优行动计划（2020—2023年）》，其中明确指出要提升职业教育信息化建设水平、推动信息技术与职业教育教学深度融合[①]。信息化作为职业教育提升行动的一个重要方面，数字公民素养的提升是其中关键一环，因此本研究选择中职学生作为研究对象是基于这样的考虑。值得一提的是，本研究选择的部分中职学生所在的学校正在进行信息化教学试点改革，人才培养面向信息时代的需要，适应数字社会的发展，因此样本具有一定的典型性和普适性。研究者本次调查的学生性别比例基本符合样本学校性别分布情况，涵盖了不同居住地和不同年级的学生。此次共抽取了490个中职学生，剔除不规范问卷和同质性问卷21份，回收有效问卷469份，回收率达95.7%。在开展调查之前，通过访谈获悉大部分中职学生倾向于采用电子问卷进行调研。为了确保问卷回收的有效率和准确率，研究者利用上课前的准备时间来组

---

① 教育部等九部门关于印发《职业教育提质培优行动计划（2020—2023年）》的通知［EB/OL］. http://www.moe.gov.cn/srcsite/A07/zcs_zhgg/202009/t20200929_492299.html.

织学生集中填写问卷。调查结束后导出数据文件，并导入到SPSS软件中进行统计分析。

三、数据统计与分析

（一）描述性统计分析

1. 基本情况统计分析

为避免所选样本过于集中而影响调查结果，本次调查采用随机抽样的方式选取样本，并进行描述性统计分析，结果如表3-7所示。

表3-7 基本情况统计分析

因素名称	分类指标	样本个数	所占比例（%）
年级	一年级	170	35.4
	二年级	138	28.7
	三年级	172	35.8
性别	男	220	45.8
	女	260	54.2
居住地	城市	154	32.1
	县镇	258	53.8
	农村	68	14.2
使用数字化设备的频率	从不使用	12	2.5
	一个月一次	28	5.8
	一个月两到三次	58	12.1
	一周一次	80	16.7
	一周两到三次	68	14.2
	一周四到五次	34	7.1
	几乎每天	200	41.7

续表

因素名称	分类指标	样本个数	所占比例（%）
平均每天上网的时间	—	16	3.3
	0～1小时	98	20.4
	1～2小时	120	25
	2～3小时	90	18.8
	3小时以上	156	32.5

从表3–7可知，在年级分布中，一年级中职生占比35.4%，二年级占比28.7%，三年级占比35.8%。在性别上，男生占比45.8%，女生占比54.2%。居住地城市占比32.1%，县镇占比53.8%，农村占比14.2%。在使用数字化设备的频率上，2.5%的学生表示从不使用数字化设备，41.7%的学生表示几乎每天都要使用数字化设备，表明大多数学生使用数字化的频率是较高的。在平均每天上网时长上，3.3%的学生表示从不使用网络，32.5%的学生表示平均每天上网时间超过3小时。

2. 数字公民素养水平分析

对样本的数字公民素养水平进行描述性统计分析，结果如表3–8所示。

表3–8　中职生数字公民素养水平描述性统计

维度	均值	标准差
数字公民素养水平	4.07	0.61
尊重自己/尊重他人	4.22	0.78
教育自己/连接他人	4.07	0.76
保护自己/保护他人	3.92	0.75

从表3–8可知，中职生数字公民素养水平均值为4.07，在尊重、教育和保护三个维度上的均值分别为4.22、4.07、3.92，说明中职生数字公民素养整体水平较高，在尊重和教育两个维度上得分均处于良好水平，在保护维度上得分接近良好水平。这也说明样本地区整体信息化教育条件良好，具备提升学生数字公民素养的培育环境。

（二）方差分析

为了进一步了解中职生的数字公民素养差异，同样利用独立样本T检验、单因素方差分析法，分别分析性别、年级、居住地这三个变量对中职生数字公民素养水平及各维度的影响，分析结果如表3–9至表3–11所示。

表3-9　性别在中职生数字公民素养水平上的差异分析

因变量	均值		标准差		P
	男生	女生	男生	女生	
数字公民素养	4.10	4.04	0.59	0.62	0.32
尊重自己/尊重他人	4.29	4.16	0.68	0.84	0.06
教育自己/连接他人	4.07	4.11	0.78	0.74	0.92
保护自己/保护他人	3.93	3.90	0.75	0.76	0.71

从表3–9可知，不同性别的中职生在数字公民素养整体水平以及各维度上，在统计学上无显著差异。

表3-10　年级在中职生数字公民素养水平上的差异分析

因变量	均值			标准差			P	比较结果
	中一	中二	中三	中一	中二	中三		
数字公民素养	4.06	4.10	4.05	0.62	0.60	0.59	0.75	—
尊重自己/尊重他人	4.11	4.27	4.28	0.87	0.70	0.72	0.09	—
教育自己/连接他人	4.07	4.05	4.09	0.82	0.74	0.72	0.90	—
保护自己/保护他人	4.01	3.99	3.77	0.71	0.72	0.80	0.01	1<3、2<3

注：1、2、3分别表示中职一、二、三年级；$P<0.05$表示存在显著性差异。

从表3–10可知，不同年级的中职生在数字公民素养水平以及尊重和教育维度上均不存在显著性差异，但在保护维度上存在显著性差异。在数字公民素养上，学生得分呈现先上升后下降的趋势。进一步分析可知，在尊重维度上，学生得分随着年级的上升也呈现上升趋势，这可能是由于高年级学生学习到了更多知识，且思想更加成熟，因此在数字世界中彼此尊重的意识和行为逐渐增强。在教育维度上，随着年级上升，学生得分呈现先下降后上升的趋势，这可能是由于学生在入学期间和即将升学期间为了应对学习挑战对教育维度比较重视，而在二年级的过渡期产生了懈怠。在保护维度上，中职一年级学生和二年级学生的得分均显著高于三年级学生，且学生得分随着年级上升呈现下降趋势，这可能是高年级学生学业任务较重而在数字世界追求放松、有所懈怠的缘故。

表3-11　居住地在中职生数字公民素养水平上的差异分析

因变量	均值			标准差			P	比较结果
	城市	县镇	农村	城市	县镇	农村		
数字公民素养	4.21	4.07	3.74	0.51	0.61	0.64	0.00	1>2>3
尊重自己/尊重他人	4.35	4.20	4.01	0.64	0.81	0.86	0.01	1>3
教育自己/连接他人	4.20	4.10	3.63	0.66	0.72	0.93	0.00	1>3、2>3
保护自己/保护他人	4.08	3.90	3.59	0.66	0.78	0.74	0.00	1>2>3

注：1表示城市，2表示县镇，3表示农村；$P<0.05$表示存在显著性差异。

从表3-11可知，不同居住地的中职生在数字公民素养整体水平以及各维度上均存在显著性差异。在数字公民素养水平得分上，城市学生显著高于县镇和农村学生，县镇学生显著高于农村学生。在尊重维度上，城市学生显著高于农村学生，县镇学生得分位居第二，但是与城市、农村学生不存在显著性差异。在教育维度上，城市学生得分最高，城市、县镇学生得分均显著高于农村学生。在保护维度上，城市学生显著高于县镇和农村学生，县镇学生显著高于农村学生。综合分析可以发现，城市学生在各个维度得分均最高，农村学生得分最低，且农村学生在各个指标的得分均显著低于城市学生；农村学生与县镇学生的得分，除尊重维度以外，农村学生均显著低于县镇学生。这可能是由于我国经济发达的城市地区往往具备较好的信息化教学水平，县镇地区可能部分教育条件与城市相近，因此未出现显著性差异。此外在各项维度得分上，城市、县镇学生得分均在良好水平，而农村学生在尊重维度以外的得分均处于及格水平，更是说明了样本地区农村的信息化教育条件可能不佳。总的来说，居住地对学生数字公民素养有着显著性影响。

四、研究结论与讨论

（一）研究结论

1. 中职生数字公民素养整体处于良好水平

依数据分析可知，中职生数字公民素养整体处于良好水平。其原因可能是，数字技术是数字公民素养的重要组成部分①，职校学生作为国家着力培养的高素质技术技能人才，在日常学习中能够掌握较高的数字技能。中职生的数字公民素养以及各维度得分均不存在显著的性别差异，但是除教育维度外，男生得分均值均略高于女生。这可能是由男生相比女生，更加擅长数字技能等的实践操作②，女生则在认知策略、学习策略等方面更具优势③造成的。从职校学生得分均值来看，总分以及各维度均值得分均较高，这可能是由于职校学生的男生和女生均具备较强的数字技能，因此性别差异造成的数字公民素养得分差异不显著。

2. 中职生数字公民素养整体不存在显著的年级差异

依数据分析可知，中职生数字公民素养整体不存在显著的年级差异，中职二年级学生数字公民素养得分均值最高，中职三年级学生数字公民素养得分均值最低。这可能是随着年级上升，中职生对数字技能掌握逐步加深，但是在三年级时因为毕业与就业的双重压力，将更多精力投入自身毕业与就业当中，或者使用数字技术进行娱乐和发泄，从而导致数字公民素养较低。同时也导致在保护维度上中职三年级学生得分均值显著低于其他年级学生。在尊重维度，随着年级上升，中职生得分均值逐渐上升，但不存在显著性差异。这可能是高年级学生在身心发展上更加成熟，因此在使用数字技术时会更加懂得尊重自己和他人。

3. 中职生数字公民素养存在显著的区域差异

从数据分析结果看，中职生数字公民素养存在显著的区域差异。居住地城市化程度越高，中职生数字公民素养水平越高。一方面，城市化程度较高的地区具

---

① Choi M, Glassman M, Cristol D. What it means to be a citizen in the internet age: Development of a reliable and valid digital citizenship scale[J]. Computers & education, 2017（107）: 100-112.

② 梁林梅，李逢庆．苏南地区中学生网络应用行为调查研究［J］．中国远程教育，2012（10）：86-92.

③ 郭少榕，阳妙艳．初中生学习动机与学习策略的性别差异研究——基于福建省的调查［J］．上海教育科研，2017（04）：35-41.

备更好的数字化环境，会潜移默化地对学生数字公民素养产生正向、积极的影响。另一方面，从教育部公布的数据来看[①]，职校学生大多会选择本地就业，而城市化程度高的地区对数字化人才要求越高，间接导致学生会努力提升自身的数字公民素养。

在数字公民素养的各维度得分上，城市学生得分均值均显著高于农村地区学生。在尊重维度，县镇学生和农村学生得分均值不存在显著差异，县镇学生得分略高于农村学生。在教育和保护维度，农村地区学生得分显著低于城镇学生得分。这可能是我国长期存在着职业教育质量不高的偏见，学生大多被迫就读职业学校，从而导致学生群体可能存在较为严重的厌学现象[②③]。相比城市学生，农村的学生在家庭环境上缺乏足够的支持，因此在数字公民素养整体水平以及各维度上表现不佳。

（二）讨论：中职生数字公民素养提升策略

1. 落实课程标准要求，培养学生高阶能力素养

随着数字时代对高素质技术技能人才提出越来越高的要求，单一的数字技能培养已经不能适应职校人才培养的需要，为此我国相继颁布了学生核心素养框架以及针对职校学生的信息技术课程标准，清晰界定了职校学生应掌握的能力素养，包括信息意识、计算思维、数字化学习与创新以及信息社会责任，这与数字公民素养的指向基本一致。通过上述目标的培养，可以有效增强职校学生在保护维度的不足，提升学生的问题解决能力等高阶思维能力，直接促进学生数字公民素养的提升。此外，在学业质量水平上，职业教育相比普通教育的特色在于，学生学业质量水平由水平1和水平2两个等级构成，分别对应学生应该达到的合格要求和适应学生职业发展需求的要求。因此，在培养学生数字公民素养时，需要基于学生的职业发展需求，提炼、组织符合学生职业发展需要的数字公民素养内容，培养职校学生的基础数字公民素养和专业发展数字公民素养，促进职校学生更好地适应数字时代。

---

① 中华人民共和国教育部．2015年全国中职就业率达96.3%［EB/OL］．http://www.moe.gov.cn/jyb_xwfb/s5147/201602/t20160226_230668.html.

② 沈有禄．谁上职校？为什么上职校？有何差异？［J］．教育学术月刊，2016（07）：57-66.

③ 张祖岩．关于职业学校学生厌学心理现象的思考［J］．教育与职业，2011（23）：84-85.

2. 改革学业表现评价，促进学生素养全面发展

教育评价改革是当前教育改革领域的热点，尤其对于以实践操作学习为主的职校学校，普通的纸笔测试或表现性任务很难全面评价职校学生的能力素养水平，导致教师无法基于评价结果制定精准的提升策略来促进学生数字公民素养的成长。利用数字技术创新学生素养评价已经成为教育评价的新趋势①，具体而言，教师可以通过采集分析职校学生在线上学习平台的表现数据以及学生线下完成任务时的视频数据等多模态数据，采用机器学习、视频识别等数据分析及挖掘方法，提取符合学生数字公民素养特征的数据表征，从而实现对职校学生数字公民素养的全面、精准评价，为学生数字公民素养的全面发展及职业发展制定针对性的提升策略，提供科学、有效的数据支持。

3. 扭转职业教育偏见，支持职校学生健康成长

与普通教育相比，社会对职业教育长期存在偏见和歧视，导致职校学生学习不积极，同时家庭支持往往不够，进一步造成职校学生数字公民素养水平不高。虽然我国已经通过修订《职业教育法》等形式多次强调职业教育与普通教育同等重要②，但上述措施多是停留在政策层面，收效不显著。笔者认为，扭转职业教育偏见可以从实践层面出发，如根据市场的人才需求，通过校企合作的方式促进产教融合，提升人才培养的精准度，以职校学生的高质量就业情况赢取社会口碑、增加职校学生的学习信心。或由学校设置专门的升学指导课程，帮助学生明确从职校到本科的升学路径，提升学生就读职业学校的积极性，为学生树立普职同等的意识，解决学生存在的自卑、自闭等问题，为学生创造健康的成长环境，从而促进他们愿意参与社会、在社会中发展，进而成为合格的数字公民。

第三节　高校学生数字公民素养水平现状研究

一、研究背景

随着数字技术的迭代升级，以及它在政治、经济、文化和社会等领域的应用

① 袁建林，刘红云．核心素养测量：理论依据与实践指向［J］．教育研究，2017，38（07）：21-28+36.

② 中华人民共和国教育部．新职业教育法为职业与普通教育平等地位“撑腰”［EB/OL］．http://www.moe.gov.cn/fbh/live/2022/54414/mtbd/202204/t20220428_623069.html.

拓展，传统公民身份逐渐难以适应数字化社会的发展，培养合格的数字公民已经成为全球各国的共识。澳大利亚、欧盟等西方国家和组织相继发布了相应的数字公民素养框架，力图推动高校学生成为合格的数字公民①②。我国也高度重视数字公民的培养，先后颁布了《教育信息化2.0行动计划》③《关于发展数字经济稳定并扩大就业的指导意见》④《中国教育现代化2035》⑤等文件，明确将信息素养、数字素养等高阶能力素养列入我国高校人才的培养目标。然而国内尚未形成系统的高校学生数字公民培育体系，信息素养、数字素养等指标不能完全涵盖合格数字公民所需的素养，因此，全面提升我国高校学生的数字公民素养水平成为当下我国高等教育发展的迫切需求。

据CNNIC发布的第49次《中国互联网络发展状况统计报告》显示，截至2021年12月，我国网民规模达10.32亿，其中20～29岁的网民占整个群体比例高达17.3%，高校阶段的本科生、硕士生和博士生大多属于这类网民群体。然而已有研究显示，高校学生的数字公民素养存在诸多问题，如数字技术使用偏向娱乐化⑥、群体内存在较为严重的数字鸿沟⑦⑧等。此外，高校学生相比中学生和职校学生，虽然在文化素养方面更具优势，身心发展更加成熟，但是受高校政策、文化环境等多重因素的影响，在不同群体和不同维度都呈现不同的特点⑨。因此，

---

① The Department of Education and the Department of Employment and Workplace Relations. Digital Literacy Skills Framework[EB/OL]. https://www.dese.gov.au/foundation-skills-your-future-program/resources/digital-literacy-skills-framework.

② European Commission. DigComp[EB/OL]. https://joint-research-centre.ec.europa.eu/digcomp_en.

③ 中华人民共和国教育部. 教育部关于印发《教育信息化2.0行动计划》的通知［EB/OL］. http://www.moe.gov.cn/srcsite/A16/s3342/201804/t20180425_334188.html.

④ 中华人民共和国中央人民政府. 关于发展数字经济稳定并扩大就业的指导意见［EB/OL］. http://www.gov.cn/xinwen/2018-09/26/content_5325444.htm.

⑤ 中华人民共和国中央人民政府. 中共中央、国务院印发《中国教育现代化2035》［EB/OL］. http://www.gov.cn/xinwen/2019-02/23/content_5367987.htm.

⑥ 凌征强. 我国大学生数字素养现状、问题与教育路径［J］. 情报理论与实践，2020，43（07）：43-47+53.

⑦ 侯斌英. 高校“数字鸿沟”个案研究及对策探讨［J］. 新闻界，2011（04）：15-17.

⑧ 侯斌英. 高校“数字鸿沟”成因分析及对策探讨［J］. 新闻界，2011（06）：139-142.

⑨ 耿荣娜. 信息化时代大学生数字素养教育的关键影响因素研究［J］. 情报科学，2020，38（09）：42-48.

要全面提升高校学生的数字公民素养，必须开展针对高校学生的数字公民素养现状调查，以了解其整体水平以及在各维度的表现差异，为培养符合国家发展需要和适应未来世界发展的高质量人才提供科学的决策辅助。

二、调查问卷设计及数据采集

（一）调查问卷设计

本次调查问卷主要结合高校学生（本科学生）的认知特点、心理特点和生活实际进行设计，同样包括被调查者基本情况和数字公民素养水平两部分。

其中第二部分也是采用Al-Zahrani的数字公民量表和迈克·瑞布提出的数字公民九要素的三个维度，共46道题目。所有项目均采用李克特五点量表法设置，从“非常不自信”到“非常自信”依次按1~5计分。

（二）数据采集

本次通过问卷星平台制作完成调查问卷，被调查者为某师范院校大一至大四的学生。为了使问卷的结果更加精准，采用的是群体抽样调查，包括线上及线下两部分。网上群体抽样调查的样本搜集过程是抽取部分的班级群，将调查问卷链接发送到班级群中，统计班级的人数和回收的份数；线下群体抽样是将调查问卷的电子二维码打印为纸质二维码，抽取部分班级，由班级学生扫描二维码填写问卷。总发放份数430，回收份数415，有效份数415，回收率为96.5%。

三、数据统计与分析

（一）描述性统计分析

1. 基本情况统计分析

样本统计结果如表3-12所示。

表3-12 人口情况统计分析

因素名称	分类指标	样本个数	所占比例（%）
性别	男	135	32.53
	女	280	67.47

续表

因素名称	分类指标	样本个数	所占比例（%）
居住地	农村	242	58.31
	县镇	128	30.84
	城市	45	10.84
年级	大一	116	27.95
	大二	107	25.78
	大三	71	17.11
	大四	121	29.16
专业	文科	249	60
	理科	166	40
平均每天使用计算机设备的时间	1小时以下	12	2.89
	1～3小时	100	24.10
	3～5小时	102	24.58
	5小时以上	201	48.43

据表3-12中数据显示，样本中男生占比32.53%，女生占比67.47%，由于是师范院校，女生比例远多于男生。其居住地来自农村、县镇、城市的分别占比58.31%、30.84%、10.84%。居住地来自农村的学生略多于县镇和城市。年级中，大一、大二、大三、大四分别占比27.95%、25.78%、17.11%、29.16%。专业中，文科、理科分别占比60%、40%，文科生多于理科生。大部分高校学生平均每天使用计算机设备的时间在5个小时以上，占比48.43%，上网时间大于1个小时的，占97%，说明高校学生每天处于网络环境中，数字经验比较丰富。

2. 数字公民素养水平分析

对高校学生数字公民素养水平进行描述性统计分析，统计结果如表3-13所示。

表3-13　高校学生数字公民素养水平描述性分析

维度	均值	标准差
数字公民素养	3.81	0.62

续表

维度	均值	标准差
尊重自己/尊重他人	3.98	0.68
教育自己/连接他人	3.86	0.67
保护自己/保护他人	3.57	0.73

表3-13中，数字公民素养平均值为3.81，表明高校学生整体数字公民素养较高。在尊重自己/尊重他人、教育自己/连接他人、保护自己/保护他人三个维度上的均值分别为3.98、3.86、3.57，且在尊重自己/尊重他人这一维度得分最高，在保护自己/保护他人这一维度得分最低。

（二）方差分析

为了进一步了解高校学生数字公民素养差异，再次利用独立样本T检验、单因素方差分析法，分别分析性别、年级、居住地这三个变量对高校学生数字公民素养水平及其各维度的影响，分析结果如表3-14至表3-16所示。

表3-14　性别在高校学生数字公民素养水平上的差异分析

因变量	均值		标准差		P
	男生	女生	男生	女生	
数字公民素养	3.77	3.83	0.71	0.57	0.40
尊重自己/尊重他人	3.90	4.02	0.79	0.63	0.13
教育自己/连接他人	3.81	3.89	0.73	0.64	0.26
保护自己/保护他人	3.62	3.55	0.78	0.71	0.43

从表3-14可知，不同性别的高校学生在数字公民素养整体水平以及各维度上均不存在显著性差异。这可能与所选样本的比例，以及在大学借助信息化设备进行学习、人际交往等有关。

表3-15　年级在高校学生数字公民素养水平上的差异分析

因变量	均值				标准差				P
	大一	大二	大三	大四	大一	大二	大三	大四	
数字公民素养	3.81	3.74	3.89	3.83	0.57	0.67	0.54	0.67	0.41
尊重自己/尊重他人	3.99	3.90	3.99	4.03	0.62	0.75	0.63	0.72	0.56

续表

因变量	均值				标准差				P
	大一	大二	大三	大四	大一	大二	大三	大四	
教育自己/连接他人	3.82	3.80	3.97	3.89	0.62	0.70	0.62	0.71	0.36
保护自己/保护他人	3.58	3.50	3.70	3.56	0.69	0.77	0.65	0.78	0.33

从表3-15可知，不同年级的高校学生在数字公民素养整体水平以及各维度上均不存在显著性差异。在数字公民素养及各维度得分上，大致呈现的趋势为：大一数字公民素养水平略微高于大二，大二以后，其各维度得分均呈现上升趋势。大一时期，由于初入大学校园，高校学生对于新鲜事物比较感兴趣，这包括数字化的设备，会积极借助数字化设备参与各项活动，而到了大二，他们已经渐渐习惯借助数字化设备进行日常的学习与交往，会偶尔感觉疲惫与厌倦，且学习压力较一年级较大，可能会造成其数字公民素养水平降低。到了大三，他们已经能逐渐从倦怠感中走出来，能以更好、更积极的心态面对学习与人际交往，数字公民素养及各维度得分便呈现上升趋势。而到了大四，他们的得分略有下降，但整体水平良好。

表3-16　居住地在高校学生数字公民素养水平上的差异分析

因变量	均值			标准差			P	比较结果
	农村	县镇	城市	农村	县镇	城市		
数字公民素养	3.73	3.89	4.02	0.57	0.71	0.54	0.00	1<3
尊重自己/尊重他人	3.92	4.04	4.13	0.66	0.73	0.65	0.07	—
教育自己/连接他人	3.79	3.91	4.10	0.62	0.75	0.66	0.01	1<3
保护自己/保护他人	3.47	3.70	3.80	0.69	0.80	0.66	0.00	1<2 1<3

注：1表示农村，2表示县镇，3表示城市；$P<0.05$表示存在显著性差异。

从表3-16可知，不同居住地的高校学生在数字公民素养整体水平以及教育自己/连接他人维度、保护自己/保护他人维度上均存在显著性差异，在尊重自己/尊重他人维度并无任何差异。在数字公民素养得分上，城市学生显著高于农村学生。在教育维度上，城市学生显著高于农村学生，县镇学生得分位居第二，县镇学生与农村学生、城市学生得分并无明显差异。在保护维度，县镇学生与城市学生得分显著高于农村学生。综合分析可以发现，城市学生在各个维度得分均最高，农村学生得分最低，且农村学生各个指标得分均显著低于城市学生。但在各项维度得分上，县镇学生与城市学生并没有显著性差异，可能是城乡加快融合，城市与县镇地区在教育条件及教学基础设施上相近所致。

四、研究结论与讨论

（一）研究结论

1. 高校学生数字公民素养整体处于良好水平

依数据分析可知，高校学生数字公民素养整体处于良好水平，但在保护维度上表现相对较差。高校学生数字公民素养以及各维度不存在显著的性别差异，与已有研究结果相似[①]。这可能是由于大学阶段，学生身心发育基本成熟，此时性别差异对学生数字公民素养差异的影响有限。

2. 高校学生数字公民素养不存在显著的年级差异

依数据分析可知，高校学生数字公民素养以及各维度均不存在年级上的显著性差异。这可能说明，当前高校各年级的课程对数字公民教育涉及不多，导致各年级学生差异不明显。除尊重维度外，大四年级学生得分均值均较低，这可能是由于大四学生基本完成了本科学业，形成了相对稳定意识态度价值观，但是由于就业压力，在教育和保护维度表现较差，如大学生网上求职被诈骗[②]等新闻就在一定程度上反映了该问题。

3. 高校学生数字公民素养存在显著的区域差异

依数据分析可知，高校学生数字公民素养存在显著的区域差异，城市学生在数字公民素养以及教育和保护维度的得分均值显著高于农村学生。这一定程度反映了我国当前城乡教育资源分布不均的现状。但是在尊重维度上，城市学生得分略高于县镇学生和农村学生，农村学生得分均值最低，但不存在显著性差异，这

① 徐顺. 基于社会认知理论的大学生数字公民素养影响因素及提升策略研究［D］. 华中师范大学，2019.

② 安顺网警巡查执法. 警惕！互助一大学生网上求职落入刷单陷阱被骗8万余元［EB/OL］. https://baijiahao.baidu.com/s?id=1738601606030199798&wfr=spider&for=pc.

可能是由于近些年国家出台了一系列网络净化活动①，在大学生群体中树立了正确使用信息技术的意识。县镇学生在数字公民素养以及各维度得分均值上则与城市学生不存在显著性差异，仅略低于城市学生，这可能是我国推进城镇化高质量发展②的行动取得了一定效果，县镇学生也能享受较为优质的教育资源。此外，在保护维度，农村学生得分均值仅为3.47，在所有维度得分最低，这可能是由于农村地区在网络条件等基础设施方面较差③，一定程度上制约了学生数字技能的发展，导致其数字保护维度表现不佳。

（二）讨论：高校学生数字公民素养提升策略

1. 研制高校学生数字公民素养指标体系，指导教师教学实践

数字公民素养指标体系是指导数字公民教育有序开展的前提，虽然我国当前缺乏符合中小学、职业学校和高等学校的指标体系，但是中小学和职业学校的信息技术课程标准明确了学科核心素养与数字公民素养取向基本一致，在课堂教学实践上为教师提供了一些参考。而我国高等教育阶段则缺乏相应的课程标准，不同专业培养目标也存在差异，导致大学教师难以开展数字公民教育实践，这也可能是导致高校学生数字公民素养不存在显著年级差异的原因。因此，研制高校学生数字公民素养指标体系尤为迫切。具体而言，首先可以从我国本土教育实情出发，系统梳理我国公民教育以及国际数字素养教育研究，制定符合我国公民培育需求的高校学生数字公民素养基础指标体系；然后基于不同专业人才培养需求研制高校学生数字公民素养专业发展指标体系。综合采用两套指标体系，为高等教育培养学生的基础数字公民素养以及专业数字公民素养提供有效的支撑。

2. 推进智慧校园信息基础设施建设，支持高校学生数字素养发展

数字公民素养是物理空间和数字空间交互融合的产物④，其培养势必离不开物理空间和数字空间的双重作用。2021年，教育部等部门发布的《关于推进教育

---

① 中国网信网. 2022年“清朗”系列专项行动举行新闻发布会［EB/OL］. http://www.cac.gov.cn/2022-03/17/c_1649125522577850.htm

② 中华人民共和国国家发展和改革委员会.“十四五”新型城镇化实施方案［EB/OL］. https://www.ndrc.gov.cn/fggz/fzzlgh/gjjzxgh/202207/t20220728_1332050_ext.html

③ 赵宏，蒋菲，汤学黎，等. 在线教育：数字鸿沟还是数字机遇？——基于疫情期间在线学习城乡差异分析［J］. 开放教育研究，2021，27（02）：62-68.

④ 徐顺. 基于社会认知理论的大学生数字公民素养影响因素及提升策略研究［D］. 华中师范大学，2019.

新型基础设施建设构建高质量教育支撑体系的指导意见》[①]明确指出要支持有条件的学校利用信息技术升级教学设施、科研设施和公共设施，促进学校物理空间与网络空间一体化建设。推进智慧校园信息基础设施建设既符合我国教育高质量发展的现实需求，也有助于进一步培养高校学生的数字公民素养。具体而言，可以重点关注智慧教学设施建设，通过完善通用教室多媒体教学设备、部署教学实验室、研制符合技术标准和学习需要的个人学习终端，为开展高效互动、生动、直观的线上线下相结合的教学提供良好的环境，为教师培养学生的数字公民素养、学生理解物理空间和数字空间的差异与联系提供支撑，促进学生数字公民素养的全面发展。此外，加强教育新型基础设施建设也有助于弥补教育资源分布不均衡的问题，改善区域差异对高校学生数字公民素养的影响。

3. 完善数字社会法律法规，终身培养学生素养

数字公民素养包含“数字”和“公民”两个方面[②]，然而已有研究多关注“数字”，即将数字公民素养作为一种使用技术的规范或能力品格[③]。简要分析数字公民素养的发展历程可知，早在数字技术发展的初期，部分学者就开始强调不掌握数字技术，就很难在数字社会生存[④]，但这种观点主要是将数字技术当作一种提高生产力的方式和手段。随着数字技术与政治、经济、文化和社会等各领域的深度融合，公民需要享受与承担数字技术带来的权利和义务，传统公民逐渐被发展为数字公民。然而，相比传统公民，数字公民的权责缺乏明确的法律法规定义，概念仅停留在学术界，导致数字公民教育通常被简单地认为是数字技术教育或计算机教育。完善数字社会法律法规，能从国家层面明确数字公民的权责，为数字公民教育回归正轨、数字公民素养融入学校教育提供根本上的支持，从而实现学生数字公民素养的终身培养，帮助学生成为合格的数字公民，促进社会发展。

---

① 中华人民共和国教育部. 教育部等六部门关于推进教育新型基础设施建设构建高质量教育支撑体系的指导意见［EB/OL］. http://www.moe.gov.cn/srcsite/A16/s3342/202107/t20210720_545783.html.

② 朱敬. 终身教育视角下我国数字公民教育的形态与逻辑［J］. 现代远距离教育，2021（04）：76-82.

③ 郑云翔，钟金萍，黄柳慧，杨浩. 数字公民素养的理论基础与培养体系［J］. 中国电化教育，2020（05）：69-79.

④ 尼葛洛庞帝. 数字化生存［M］. 胡泳，范海燕，译. 海口：海南出版社，1997.

第四节　我国学生数字公民素养水平总体现状分析

通过对当前各阶段学生数字公民素养实证调研结果的分析，发现其数字公民素养整体水平有待提升，数字公民素养水平在群体间和区域上存在显著差异。

一、学生数字公民素养整体水平有待提升

从整体上看，我国学生数字公民素养的整体水平处于中等，其中职校学生数字公民素养水平处于良好。这可能是我国职业教育重视高素质技术技能人才的培养的缘故。在尊重维度，中学、中职学生和高校学生表现均较好，表明我国学生在使用数字技术时具备较好的数字礼仪。在教育维度，高校学生的表现明显高于中职学生和中学生，这可能是由于在知识积累和身心发展方面，高校学生更具优势。在保护维度，中学生、中职学生和高校学生表现相对较差，这可能是我国在数字环境治理上的有限措施，导致学生不太注意数字安全，也侧面反映了当前我国学生在数字健康、数字安全等方面的不足。总之，我国学生数字公民素养的整体水平有待提升。

二、学生数字公民素养水平存在显著的群体差异

从我国男女学生数字公民素养及其各维度得分可知，中学生的数字公民素养及教育维度、保护维度存在性别上的显著性差异，女生得分均值显著高于男生。中职生和高校学生的数字公民素养不存在性别上的显著性差异，这可能是在中小学阶段，女生发育期相比男生提前，因此在数字公民素养表现上更具优势，也符合女生具有学业优势的现象；而对于职校和高校学生，此时男女身心发育基本成熟，因此性别差异带来的数字公民素养差异不显著。

从我国不同年级数字公民素养及其各维度得分可知，高中生的数字公民素养显著高于初中生，毕业期中职学生的数字公民素养在保护维度显著低于其他年级的中职学生，高校学生的数字公民素养不存在年级上的显著性差异。这可能是由于中学阶段，学生处于发育期，高年级学生相比低年级学生在身心发育上更具优势，因此数字公民素养表现更好。毕业期中职学生可能受毕业压力影响，导致在数字保护上表现不佳。同时中职学生和高校学生的数字公民素养整体上不存在显著的年级差异，也可能说明我国中等职业教育和高等教育阶段数字公民教育相对缺失，导致不同年级学生数字公民素养差异不显著。

三、学生数字公民素养水平存在一定的区域差异

依数据分析可知，大城市中学生的数字公民素养在尊重维度高于农村学生。这可能是中小学生数字公民素养的养成主要依赖教师，且在一定程度上受到家庭良好氛围的影响，而农村学生的父母文化水平通常不高，难以在数字尊重方面给予足够指导，导致农村学生在该维度的表现显著低于城市学生。

城市的中职学生在数字公民素养及其各维度上的得分均高于农村学生，城市的高校学生在数字公民素养以及教育和保护维度的得分也高于农村学生。这可能是由于进入职校或高校后，学生接触数字技术的成本相对提升，来自农村地区的学生缺乏家庭的数字技术支持以及生活环境基础设施的支持，导致其在多个维度的表现低于城市学生。在尊重维度上，农村高校学生与城市高校学生不存在显著性差异，可能是由于高校学生基本形成了相对稳定的数字技术情感态度与价值观。

此外，在中学生、中职生和高校生群体中，县镇学生的数字公民素养仅略低于城市学生，不存在显著性差异，这可能是我国高质量推进城镇化的结果，县镇学生能享受到和城市学生相近的教育资源和相关支持。随着我国乡村振兴战略的大力推进，农村学生在数字公民素养上存在的区域差异或有可能改善。

第四章　数字公民素养影响因素实证研究

第一节　社会认知理论在影响因素研究中的应用

一、社会认知理论的内涵

社会认知理论是美国当代著名心理学家、斯坦福大学教授阿尔伯特·班杜拉（Albert Bandura）20世纪80年代初提出的心理学、教育学经典理论之一。传统的行为主义理论受限于动物实验研究，从而忽视社会变量对人类行为的影响。班杜拉主张在自然社会的情境中研究人的行为，他批判并继承了传统行为主义人格理论，且加入了认知成分，形成了社会认知理论。社会认知理论的主要观点是交互决定论、观察学习和自我效能，其中交互决定论是该理论的核心观点，本节重点介绍社会认知理论的三元交互决定论。

长期以来，学者们侧重于个体的行为是由单因素决定的观点，即个人决定论与环境决定论。班杜拉为解释说明人类行为，批判其中的环境决定论和个人决定论，提出了交互决定论，即在社会行为中探讨个人、环境和行为三者之间的交互关系。他将个人（指认知和其他个人因素）、环境（指各种环境，包括事件等）、行为（事件产生的结果）视为既独立又相互决定的理论实体。在交互决定论中，首先，个人通过主观期待、能动性来引导支配行为，行为结果又反过来影响个人的主观期待。其次，环境会影响潜在行为倾向转化为实际行为，行为也可影响实际环境。最后，个人通过主观特征来引起或激发环境反应，不同的环境也可以影响个人的认知和行为。行为扮演人与环境之间的中介，是个人适应环境、改造环境的手段，行为受个人和环境的制约。三元交互关系如图4-1所示。

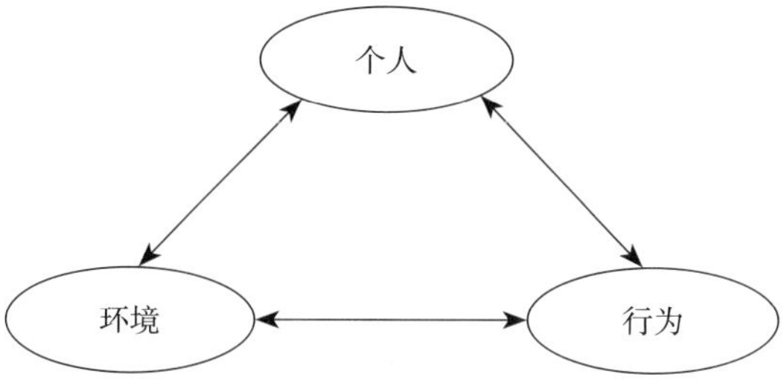

图4-1 三元交互关系

二、社会认知理论的相关研究

社会认知理论自提出以来，经过学界的不断研究与发展，现已广泛应用于虚拟社区、知识共享、教育、新闻与传媒、心理学、经济学等多个研究领域。其中最主要的研究体现在两方面：一是个人和环境因素影响行为；二是个人、环境、行为三方面相互影响。

（一）个人和环境因素影响行为的研究

高洁基于社会认知理论，采用在线学业投入量表、在线学习投入量表及学习效能感量表，对386名大学生进行在线学习问卷调查，以探索在线学业情绪对学习投入的影响，并分析学习效能感在其中的作用。调查结果发现：学习效能感在在线学习投入影响过程中起中介作用；在线学习者的积极学业情绪、消极学业情绪、学习效能感与在线学习投入两两之间显著相关，在线学业情绪是影响在线学习投入的重要心理因素[①]。

周军杰基于社会认知理论，将其他用户的参与行为作为环境因素，自我效能及期望收益作为认知因素，分析了环境因素与认知因素对退休人员知识贡献行为的影响。结果表明：自我效能、期望收益及其他用户参与行为会直接影响退休人员的知识贡献行为，并且期望收益和自我效能还会对环境因素起到双向调节作用[②]。

---

① 高洁. 在线学业情绪对学习投入的影响——社会认知理论的视角［J］. 开放教育研究，2016，22（02）：89-95.

② 周军杰. 虚拟社区退休人员的知识贡献：基于社会认知理论的研究［J］. 管理评论，2016，28（02）：84-92.

黄昱方、庄静基从组织环境出发，基于社会认知理论，研究企业内部社会网络对知识共享行为的影响机制，发现企业内部社会网络直接影响知识共享行为，且结果预期和自我效能感对知识共享行为产生间接影响[①]。赵呈领等借鉴社会认知理论设计问卷，着重分析了学生个体因素、知识共享行为和信任三方面的相互影响，得出学生个体因素（自我效能和结果预期）、知识共享行为及信任之间均呈正相关，评价顾忌与知识共享行为之间呈低度负相关[②]。

赵蕾以社会认知理论为基础，从电商平台环境、产品环境、消费者认知三个方面，对感知风险和感知收益两个指标进行分析，研究发现：消费水平、售后质量、价格、产品质量与感知危险呈负相关；感知收益与农鲜产品网购意愿呈正相关；感知风险与网购意愿呈负相关[③]。

赵文军基于社会认知理论，探讨虚拟社区成员知识共享持续行为的影响机理，他通过采取内容分析法、访谈法等研究方法，经过实证研究，发现信任、社区规范、满意度、感知价值、知识自我效能、利他价值和情感价值对感知价值具有正向影响[④]。

金辉以社会影响、高校教师教育博客知识共享和个体认知构建了理论模型。实验表明，社会影响类因素及个体认知类因素均与高校教师教育博客知识共享意愿正相关[⑤]。

综合上述研究，我们发现社会认知理论中个人因素和环境因素对行为因素均产生了较多的影响，有的是直接影响，有的是通过中介产生间接影响。

（二）个人、环境、行为三方面相互影响的研究

晏齐宏基于社会认知理论，以个人—环境—行为为模型，探讨用户算法感知

---

① 黄昱方，庄静．企业内部社会网络对知识共享行为的影响机制研究［J］．图书情报工作，2011，55（20）：121-125.

② 赵呈领，梁云真，刘丽丽，蒋志辉．基于社会认知理论的网络学习空间知识共享行为研究［J］．电化教育研究，2016，37（10）：14-21+41.

③ 赵蕾．基于社会认知和感知价值的生鲜农产品网购意愿影响因素研究［J］．四川农业大学学报，2022，40（01）：137-144.

④ 赵文军．虚拟社区知识共享可持续行为研究［D］．华中师范大学，2012.

⑤ 金辉．个体认知、社会影响与教育博客知识共享——基于社会认知理论［J］．远程教育杂志，2015，33（05）：80-87.

对反馈行为的影响。研究发现：算法影响用户的媒介实践；接收的信息受到环境限制；个体心理因素与环境的相互作用会影响个体行为①。

金帅岐等借助三元交互模型，构建了健康信息搜索、个人因素、环境因素的三维交互模型。运用结果方程模型检验，结果表明，自我效能、感知易用性、感觉迷失、健康素养会影响用户对健康信息的搜索行为②。

朱阁等人采用相互决定论的理论框架，结合价值理论和自我效能感的概念提出个人接受度的模型，研究发现，个人的自我效能感会影响个人对服务或产品的价值感知，进而直接影响消费者的采买意图。值得注意的是，当消费者缺乏基本的使用经验时，自我效能感将呈现更为显著的作用③。

冯钰茹、邓小昭基于社会认知理论中的相互决定论，讨论用户弹幕评论行为的影响因素，以国内Bilibili网站用户为样本，选取个体因素（结果期望和自我效能感）和环境因素（社会临场感和信任），构建弹幕评论行为的影响因素模型。分析发现，信任和自我效能感对弹幕评价行为有显著的正向影响④。

Grigg从社会认知理论视角，研究了早期和中期青少年数学自我效能、兴趣、抱负和成就之间相互作用的综合模型。结果表明：①数学兴趣和意图随着时间的推移相互关联；②先前的数学成绩正向预测数学自我效能的基础水平；③数学自我效能正向预测数学成绩；④先前的数学兴趣正向预测随后的数学自我效能，相反则不然⑤。

Chan等人以社会认知理论为基础，调查影响中国台湾地区体育管理专业学生职业意向的因素。696名大学生参与完成了衡量社会支持、自我效能、结果预期、职业兴趣和职业意向的调查。分析结果表明，自我效能有助于职业兴趣、结

---

① 晏齐宏．用户算法感知对反馈行为的影响机制研究——基于社会认知理论的分析［J］．新闻与写作，2022（07）：76-87.

② 金帅岐，李贺，沈旺，代旺．用户健康信息搜寻行为的影响因素研究——基于社会认知理论三元交互模型［J］．情报科学，2020，38（06）：53-61+75.

③ 朱阁，马龙，吕廷杰，等．基于社会认知理论的消费者采用模型与实证研究［J］．南开管理评论，2010，13（03）：12-21.

④ 冯钰茹，邓小昭．弹幕视频网站用户弹幕评论行为的影响因素研究——以Bilibili弹幕视频网站为例［J］．图书情报工作，2021，65（17）：110-116.

⑤ Grigg S, Perera H N, McIlveen P, et al. Relations among math self efficacy, interest, intentions, and achievement: A social cognitive perspective[J]. Contemporary Educational Psychology，2018 (53): 73-86.

果预期和职业意向。社会支持与自我效能相关，结果期望与职业兴趣相关。然而，研究结果并不能证明社会支持和结果预期有助于职业意向①。

Ratten基于社会认知理论，意在研究影响美国和澳大利亚消费者对云计算态度的因素，她将环境影响下的消费者个体特征（消费者创新、安全问题、绩效、期望和社交网络）与其对云计算服务的态度进行假设和检验分析，结果表明，美国和澳大利亚的消费者对于云计算服务的态度和运用行为并无显著差异②。

综上所述，研究者们通过社会认知理论来分析影响因素，利用个人、环境、行为三个方面的因素构成了影响因素研究的模型，这为其他研究者提供了便利与思考雏形。

目前，学界关于数字公民素养的实证研究不多，尤其是数字公民素养影响因素的研究偏少。本书将与数字公民素养相关的概念，即数字素养、信息素养、21世纪数字技能等纳入了文献检索、分析与探讨的范畴，旨在更全面地探讨可能对数字公民素养产生影响的关键因素。基于社会认知理论的框架，通过对大量相关文献的梳理，我们发现：在个人影响因素方面，学生的计算机自我效能感、互联网态度最可能影响其数字公民素养；在行为因素方面，学生的人际沟通能力、社交媒体能力和21世纪数字技能是最可能影响数字公民素养的关键因素；在环境因素方面，教师的个人背景、信息技术应用、互联网自我效能感和焦虑感以及家长的教育背景和社会经济地位、学校的组织支持感等是影响数字公民素养的关键因素。

第二节　数字公民素养个人影响因素及实证分析

一、ICT自我效能感

自我效能感是指“人们对其组织和执行行动过程的能力的判断，这些行动过

① Chan C C, Chen S C, Lin Y W, et al. Social cognitive perspective on factors influencing Taiwanese sport management students' career intentions[J]. Journal of Career Development, 2018, 45(3): 239-252.

② Ratten V. International consumer attitudes toward cloud computing: A social cognitive theory and technology acceptance model perspective[J]. Thunderbird International Business Review, 2015, 57(3): 217-228.

程需要达到指定的表现类型”[①]。它围绕着诸如“我能解决这个问题”之类的问题展开，且需要强调的是，实际技能和自我效能感在含义上并不是同义词，自我效能感是指人们感知到的能力，反映了个人认为可以利用所拥有的技能做些什么，而实际技能是指客观衡量的能力。换句话说，自我效能感是对自己能够做什么或学习什么的信念，并不等同于知道该做什么。班杜拉的自我效能理论的核心是个人信念，是个人行为和行动的主要基础和直接决定因素。ICT自我效能感源于班杜拉提出的社会认知理论中的自我效能感，是个体对其自身使用信息通信技术的能力的感知，包括计算机自我效能感和网络自我效能感。

已有学者研究表明，影响数字公民素养的因素是计算机经验、日均信息技术使用水平、自身对互联网的态度和计算机自我效能感。ICT自我效能感可影响高校学生的数字公民素养水平，具有较高计算机经验的学生会更多地参与自我教育和在线与他人联系相关的活动。此外，与技术使用水平较低的学生相比，信息技术使用水平较高的学生更倾向于在网上保护自己和他人。此外，学生更高水平的互联网态度和计算机自我效能感与更高水平的尊重自己和他人、教育自己和他人以及总体数字公民意识相关[②]。

Compeau等研究发现计算机自我效能感对个人对使用计算机结果的期望、对计算机的情绪反应（情感和焦虑）以及实际的计算机使用产生重大影响。个人的自我效能感和结果预期受到工作组中其他人的鼓励以及其他人对计算机的使用的积极影响[③]。Eastin等认为，正如社会认知理论所暗示的那样，互联网自我效能感与互联网使用、先前的互联网体验和结果预期呈正相关，反之呈负相关。使用互联网时间短的新用户在网上遇到的压力更大，并且对自己的互联网技能的满意度更低，被称为是低自我效能感的用户[④]。已有研究还发现计算机自我效能感与个

---

① Bandura, A. Social foundations of thought and action: A social cognitive theory. Englewood Cliffs[J]. New Jersey: Prentice-Hall, 1986: 391.

② Al-Zahrani A. Toward digital citizenship: examining factors affecting participation and involvement in the Internet society among higher education students[J]. International Education Studies, 2015, 8(12): 203-217.

③ Compeau D R, Higgins C A. Computer self-efficacy: Development of a measure and initial test[J]. MIS quarterly, 1995: 189-211.

④ Matthew S. Eastin, Robert LaRose, Internet Self-Efficacy and the Psychology of the Digital Divide[J]. Journal of Computer-Mediated Communication, 2000，6(1).

人使用计算机的意愿和兴趣呈正相关，同时个人信息技术信心与信息系统的使用也呈正相关，高计算机自我效能感的个人比低计算机自我效能感的个人适应计算机技术变化的能力要强，且前者更容易接受新技术；更高水平的计算机自我效能感的个人拥有更健康的心理，甚至计算机作业表现评价影响倦怠，而有研究者发现倦怠可能是个体自我效能感较低的结果①。

由此可见，计算机自我效能感与技术教育、信息素养、计算机技术接受度各方面紧密联系。将计算机自我效能感作为影响数字公民素养的主要个人因素，有助于探索ICT自我效能感对数字公民素养的影响。

二、互联网态度

关于互联网态度，Fishbein 认为它是个体对互联网喜好的一种情感表达，而Jackson 认为它是个体使用网络后的评价②。数字时代，已有许多学者研究发现互联网用户的态度对信息素养及数字公民素养有显著的影响作用。

Imhof对48名大学生（其中23名男学生）样本进行访问调查，结果表明就自我效能感而言，性别差距正在缩小，这与男性学生与女性学生在学习中使用计算机的数量密切相关，此外家长对互联网的支持有利于学生的计算机能力③。散国伟等在构建中学生信息素养影响因素模型的基础上，通过数据验证分析发现，家长的ICT态度对学生的信息素养有积极影响④。Chen考察了家长的ICT态度以及家长对学校使用软件的期望程度，结果显示，家长对互联网的态度越积极，越有助于学生信息素养的发展⑤。

Al-Zahrani通过研究大学生数字公民素养的关键性影响因素发现，受过高等

---

① Salanova M, Ma Grau R, Cifre E, etal. Computer training, frequency of usage and burnout: the moderating role of computer self-efficacy[J]. Computers in Human Behavior, 2000 (16): 575-590.

② 彭常玲．基于家庭环境视角的中学生信息素养影响因素研究［D］．华中师范大学，2019.

③ Imhof M, Vollmeyer R, Beierlein C. Computer use and the gender gap: The issue of access, use, motivation, and performance[J]. Computers in human behavior, 2007, 23(6): 2823-2837.

④ 散国伟，余丽芹，梁伟维，等．中学生信息素养的多层影响因素及提升策略研究［J］．中国电化教育，2018（08）：86-93.

⑤ Chen R S, Tu C C. Parents' attitudes toward the perceived usefulness of Internet-related instruction in preschools[J]. Social Psychology of Education, 2018, 21(2): 477-495.

教育的学生的互联网态度与数字公民素养中的“尊重自己/尊重他人”“教育自己/连接他人”方面的素养水平呈显著正相关①。亦有学者认为网上技术使用态度与能力有显著的关系，同时可以预测能力。研究发现，所使用的工具在ICT的教学使用方面可能有所不同，然而显著预测能力的态度成分是情感和感知有用性，这意味着提高ICT能力的态度因素是摆脱ICT焦虑以及ICT助力他们工作的程度。

同样，当计算机被认为有用时，人们就会有更好的学习技能的冲动。例如，教师会认为计算机在他们的教学事业中很有用，兴趣被激发，反过来又有助于他们的计算机技能②。Çiftci等调查了职前小学教师对数字技术的态度与数字公民素养水平之间的关系。他提出，数字技术态度的分数不受职前教师使用互联网年限的影响，而同样的变量会影响他们的数字公民素养分数。当分析相关性时，可以看出数字态度和数字公民素养之间的关系是积极且显著的，即随着参与者的数字态度得分增加，他们的数字公民素养得分也会增加③。

综上所述，互联网态度对信息素养或数字公民素养有直接或间接的显著影响，有学者认为积极的互联网态度会给予正面影响，亦有学者发现并不是所有的互联网态度都与信息素养呈正相关。而从目前的研究来看，互联网态度与数字公民素养呈积极正相关，即积极的互联网态度会有助于数字公民素养水平的提高。

三、个人层面影响因素实证分析

（一）研究模型的呈现与假设

根据以上分析，我们提炼了个人层面最核心的两个影响因素：计算机自我效能感和互联网态度，并建立了初始模型，如图4-2所示。

---

① Al-Zahrani A. Toward digital citizenship: examining factors affecting participation and involvement in the Internet society among higher education students[J]. International Education Studies, 2015, 8(12): 203-217.

② Philip O J, Odusola O D O, Matthew O I. Relationships between ICT competence and attitude among some Nigerian tertiary institution lecturers[J]. Educational Research and Reviews, 2007, 2(7): 172-175.

③ Çiftci S, Aladag S. An Investigation of Pre-Service Primary School Teachers' Attitudes towards Digital Technology and Digital Citizenship Levels in Terms of Some Variables[J]. International Education Studies, 2018, 11(1): 111-118.

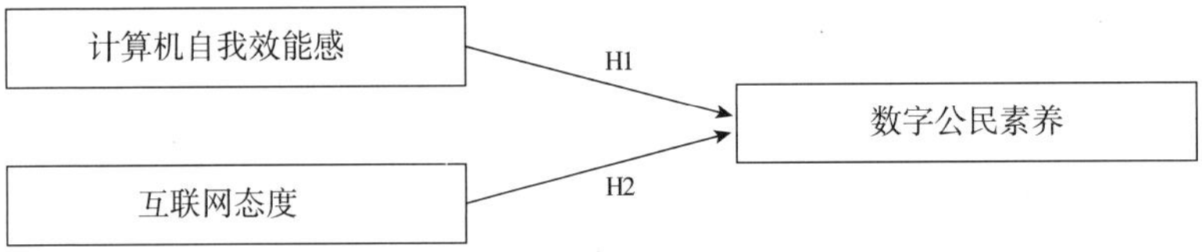

图4-2 个人层面数字公民素养影响因素初始模型

根据模型中的变量关系提出以下假设：

H1：计算机自我效能感对其数字公民素养水平有正向显著影响。

H2：互联网态度对其数字公民素养水平有正向显著影响。

（二）问卷设计与数据回收

在初始模型的基础上，笔者团队根据模型中的所有研究变量，设计了数字公民素养个人层面影响因素调查问卷，问卷分为教师卷和学生卷。其中教师卷由四个部分组成，包括教师个人基本情况和教师信息技术应用、教师计算机自我效能感、教师互联网焦虑感三个子量表。学生卷由八个部分组成，包括学生个人基本情况和学生计算机自我效能感、学生互联网态度、学生人际沟通能力、学生社交媒体能力、学生21世纪数字技能、学生感知的学校组织支持感、学生数字公民素养七个子量表。

个人层面的数字公民素养影响因素问卷主要由学生卷的两个量表构成。第一个是测量学生的计算机自我效能感，编码为SE，共13道题目，采用李克特五点量表法设置题项，由学生根据ICT技术使用情况勾出最符合自己实际的选项。第二个是测量学生的互联网态度，编码为IA，共7道题目，采用李克特五点量表法设置题项，由学生根据互联网态度的描述勾出最符合自己实际的选项。

问卷设计好后，进行了测试，根据测试结果的情况反馈，又对问卷进行修改，将修改后的版本发布到问卷星平台，以便于统计。问卷发布后选择了某市本科一年级到三年级的学生作为发放对象，进行为期两周的调研。此后共回收问卷682份，通过自动筛选和手动筛选，剔除部分无效问卷，最终回收有效问卷634份，回收率93%。

（三）结构方程模型检验

1. 信效度检验

信度检验用于评价问卷或量表测量结果的一致性或稳定性的程度，是反映问卷或量表结果准确性的重要指标。本研究中采用内部一致性信度来检验，一般使用克隆巴赫系数α来表示。α值越大表示量表测量的误差越小。经计算，个人层面问卷信度检验如表4–1所示。效度检验用于评价问卷或量表测量结果有效性的程度，是反映问卷或量表结果有效性的重要指标。效度越高表明量表对测量对象的反映越真实可靠。本研究中采用聚合效度来检验，聚合效度的检验主要包含两个标准：一是各个潜变量的平均方差抽取量（AVE）在0.5以上；二是各个潜变量的测量变量的因子载荷系数在0.5以上。经计算，个人层面问卷效度检验如表4–2所示。

表4–1 个人层面问卷信度检验

潜变量	α
计算机自我效能感	0.91
互联网态度	0.88

表4–2 个人层面问卷效度检验

潜变量	观测变量	因子载荷系数	AVE
计算机自我效能感	SE1	0.82	0.61
	SE2	0.80	
	SE3	0.86	
	SE4	0.81	
	SE5	0.80	
	SE6	0.83	
	SE7	0.76	
	SE10	0.66	
	SE11	0.70	
互联网态度	IA1	0.78	0.63
	IA2	0.83	
	IA4	0.70	
	IA5	0.86	
	IA6	0.79	
	IA7	0.78	

2. 个人层面影响因素模型的结构模型和测量模型计算结果

利用SmartPLS 3.0软件对数字公民素养个人层面影响因素模型的结构模型和测量模型进行计算，步骤如下：①加权方案选择“路径”；②终止迭代的标准采用“1.0E–7”；③初始权重的赋值设为1。需要说明的是，在数字公民素养个人层面影响因素模型中，数字公民素养是潜变量，数字公民素养的各维度均值是该潜变量的观测变量。通过SmartPLS 3.0软件运算得到的个人层面结构测量模型因子载荷系数和外部权重如表4–3所示。

表4–3 个人层面测量模型的因子载荷系数和外部权重

观测变量	因子载荷系数	外部权重	观测变量	因子载荷系数	外部权重
CP	0.90	0.27	SE11	0.68	0.15
IA1	0.75	0.18	SE2	0.80	0.16
IA2	0.81	0.21	SE3	0.86	0.16
IA4	0.73	0.21	SE4	0.81	0.14
IA5	0.88	0.24	SE5	0.81	0.17
IA6	0.81	0.22	SE6	0.85	0.17
IA7	0.76	0.21	SE7	0.76	0.15
IPA	0.63	0.18	TS	0.86	0.28
LGA	0.80	0.25	SE1	0.82	0.16
NA	0.82	0.25	—	—	—

个人层面结构模型的路径系数和总体效应如表4–4所示。个人层面结构模型的总体影响系数是由直接影响和间接影响的类似叠加效应的计算方式得到的最终结果，反映了潜变量之间的影响大小。从该表可知，大学生的计算机自我效能感和互联网态度与大学生的数字公民素养存在直接影响，且互联网态度对大学生的数字公民素养的影响更大。

表4–4 个人层面结构模型的路径系数和总体效应

变量	DC	IA	SE
DC	—	—	—
IA	0.40	—	—
SE	0.21	—	—

（四）个人层面影响因素模型检验

模型拟合度检验主要通过平均方差抽取量、组合信度、拟合系数、共性方差和拟合优度这五个指标来判定。在数字公民素养个人层面影响因素模型检验中，所有潜变量的AVE值均大于0.62（见表4-2），大于0.5的临界值，所有潜变量的CR值均大于0.9，内生变量的拟合系数均在0.3以上，模型中每一个潜变量的共性方差均在0.62以上，模型的拟合优度为0.44，说明模型构建合理，各项指标均达到合理要求，具有较好的预测效果。根据上述计算结果，绘制出了个人层面影响因素模型路径分析结果，如图4–3所示。

SmartPLS 3.0分析软件中模型的检验以Bootstrapping方法为基础。这种方法检验模型的基本思路为：无须其他假设或者增加新样本，直接再次从给定的样本中随机抽取一定数量的样本组成新的样本，然后根据新组成的样本运算出估计值，

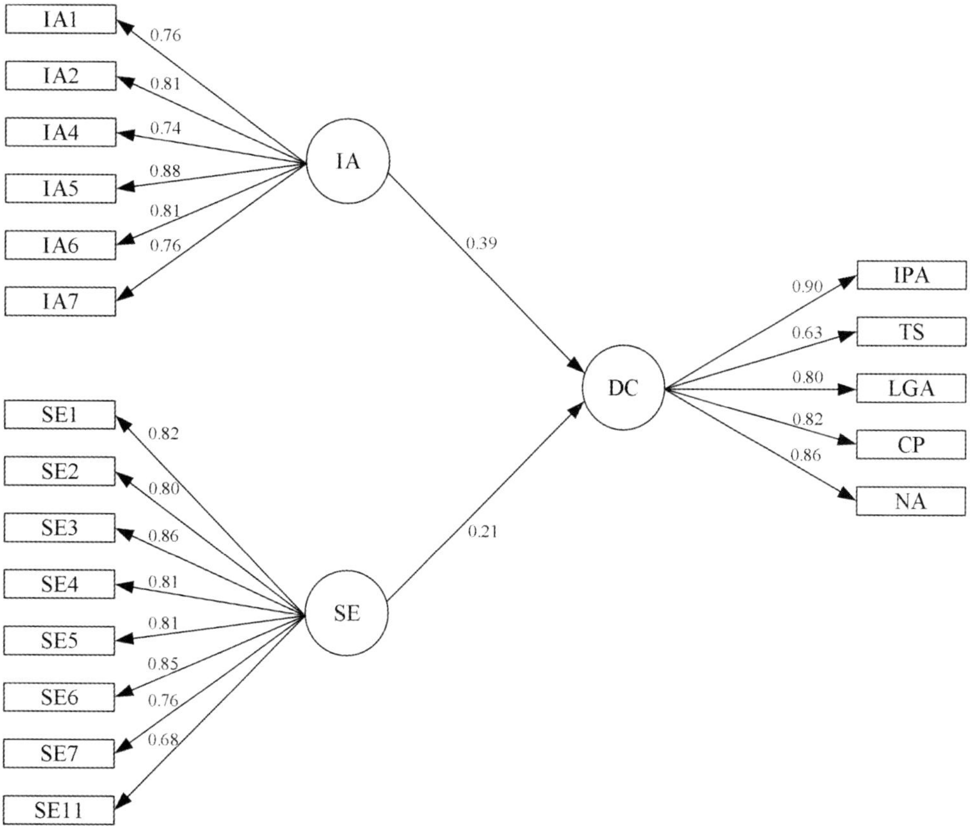

图4–3　数字公民素养个人层面影响因素模型路径分析结果

不断重复上述步骤，最后，将所有估计值重新组成一个数据集来反映抽样的分布情况，便于开展后续分析①。通过运行SmartPLS 3.0软件的Bootstrapping方法，得到结构模型的显著性检验结果如表4-5所示。根据检验结果，我们发现学生计算机自我效能感和互联网态度均能显著影响其数字公民素养，故假设成立。

表4-5　个人层面Bootstrapping显著性检验结果

编号	路径	原始样本	样本均值	标准差	标准误差	p
1	IA→DC	0.40	0.40	0.05	8.30	0.000**
2	SE→DC	0.21	0.21	0.05	4.68	0.000**

注：*P<0.05，**P<0.01，***P<0.001

第三节　数字公民素养行为影响因素及实证分析

一、人际沟通能力

国内对人际沟通能力的研究大多限于言语层面的表达能力，然而其具有复杂性，且体现在综合性能力上，其沟通机制受外部条件（情境、人际关系和文化背景）和内部条件（个体认知、主观目的、情感等）的影响，导致学界对其内涵和构成要素的理解尚未统一②。从情境论的角度，Katheleen将人际沟通能力定义为："个人行为适应情境，并帮助实现个人或关系目标的程度"；从状态论的角度，Ronald认为沟通能力并非人所特有，而是一种状态，人际沟通能力具有情境性特征且需要关系的维系，无法断言存在理想的沟通技能③。然而人际沟通能力作为现代信息社会背景下人才必备的重要能力，依然引起学者的高度关注。

关于数字公民素养和人际沟通能力关系的研究，有学者通过一些中介行为决定因素对数字公民素养进行探索，但尚未涉及人际沟通能力的关键影响因素。

Anders为了探讨人际沟通能力在依恋与社会支持之间的中介作用，以104名

① 张琪．e-Learning环境中大学生自我效能感与深度学习的相关性研究［J］．电化教育研究，2015，36（04）：55-61.

② 张淑华．人际沟通能力研究进展［J］．心理科学，2002（04）：503-505.

③ 马湘桃．大学生人际沟通能力调查研究［D］．湖南科技大学，2009.

18～23岁年龄段的本科生作为对象，进行了依恋风格、人际沟通能力、社会支持和人口统计信息的测量，分析发现，人际沟通能力的缺陷可能导致更多的焦虑型依恋或更多的回避型依恋。随后进行的深入分析发现，社交媒体能力中的自信缺乏是个体更为焦虑的原因，而对于多数回避型依恋的个体而言，网络规模会影响自我表露从而影响人际沟通能力。换言之，人际沟通能力作为中介行为，与数字公民素养之间存在互相影响的可能①。为了检验人际沟通能力对青少年发展的贡献，Shah等研究发现，所有的社交媒介（家庭、学校、新闻媒体和同伴）对青少年的数字公民素养培养都发挥着重要作用，而它们的作用都是通过沟通间接产生的。笔者为了证明人际沟通能力在未来社会数字公民素养培养中的重要作用，以905名高等教育职前教师为样本，调查了人际沟通能力与数字公民身份之间的关系，结果发现人际沟通能力与其数字公民素养水平呈显著正相关关系，10种人际沟通技能——移情作用、即时性、环境控制、表现力、支持力、过分自信、社会消遣、交互管理、交替中心主义、自我表露，对数字公民有积极的预测作用。在所调查的技能中，环境控制和即时性被认为是数字公民的最强预测因素。这些结果从理论上强调了人际沟通能力在中介行为中的重要性。也就是说，个人的语言和非语言的平易近人的注意力（即时性）对涉及合作和冲突情境的互利管理（环境控制），是影响中国高等教育职前教师数字公民身份的重要因素②。

总之，人际沟通能力作为中介间接或直接影响着数字公民素养，关于数字公民素养与人际沟通能力的关系亟待进一步深入探讨。

二、社交媒体能力

安东尼·梅菲尔德在其著作《何为社交媒体?》一书中首次提出“社交媒体”（Social Media）一词，他认为社交媒体区别于传统媒体的最大特点在于给予用户极大的自由体验。他还归纳了社交媒体的六个特点：参与、交流、互动、公开、对话和社区化。卡普兰·安德烈亚斯和迈克尔·海恩莱认为

① Anders S L, Tucker J S. Adult attachment style, interpersonal communication competence, and social support[J]. Personal Relationships, 2000, 7(4): 379-389.

② Xu S, Yang H H, MacLeod J, et al. Interpersonal communication competence and digital citizenship among pre-service teachers in China's teacher preparation programs[J]. Moral Education, 2019, 48(2): 179-198.

社交媒体是以Web2.0为基础衍生出的新型网络应用，而Facebook、Twitter、YouTube、WeChat、Tik Tok等不同社交媒体平台则是其具体表现形式[①]。在社交媒体的帮助下，现在的用户不仅是观众，而且是活跃的表演者，在社会中的直接或间接影响他人方面发挥着重要作用。每个用户，无论是男性还是女性，都有不同的使用社交媒体平台的能力。Sharma通过结构化问卷对445名社交媒体用户的样本进行研究比较，发现男性与女性在技术能力、知名度意识能力、知识能力、影响评估能力和社交媒体传播能力等方面均存在较大差异[②]。

现如今，社会各类社交媒体使用的普及率逐年增高，人们享受着社交媒体带来的便利的同时，也受到很多困扰，尤其年轻一代出现的依赖和成瘾问题为学界所关注。例如，荷兰的一项研究发现，社交媒体上瘾程度之大堪比尼古丁，会持续影响青少年的健康成长，而德国约有10万青少年社交媒体成瘾[③]。我国学者刘千才、张淑华认为，社会主体在变革和使用社交媒体的同时，也受到社交媒体的“反向驯化”。一是带来视野窄化：例如大数据、算法带来的“过滤器”及“兴趣推送”，久而久之使人被禁锢在社交媒体的囚牢之中。二是带来人的本能隐抑：当用户产生精神依赖后，一旦脱离则会感到生理和心理上的不适。三是带来人的媒介化：人逐步沦为机器，直至丢失本我[④]。

新媒体的出现和社会变革引起了人们对数字公民话题的关注。现今国内关于社交媒体能力与数字公民素养的研究较少，以前的文献研究了个人的数字公民身份以及技术使用的一些决定因素。然而，个人的社交媒体能力水平尚未在与数字公民相关的情况下进行检验。为了增加对教育计划可能提高个人数字公民身份重要成分的了解，笔者调查了772名大学生的社交媒体能力和数字公民身份，分析

---

① 詹雅婷．社交媒体使用与依赖对大学生现实社交的影响研究［D］．上海外国语大学，2020.

② Sharma S, Sharma M. Social Media Competence: An Assessment of Male and Female Users in India[M]//Managing Disruptions in Business. Palgrave Macmillan, Cham, 2022: 103-119.

③ 李园．德国10万青少年社交媒体“上瘾”政府高度关注［EB/OL］．［2019-08-16］．http://finance.sina.com.cn/stock/usstock/c/2018-03-05/doc-ifxipenn2205550.shtml.

④ 刘千才，张淑华．从工具依赖到本能隐抑：智媒时代的“反向驯化”现象［J］．新闻爱好者，2018（04）：13-16.

了722名大学生的社交媒体能力与其数字公民素养之间的关系。其中，社交媒体能力包括社交媒体经验、社交媒体自我效能感、表现期望、努力期望、社会影响和促进条件六个维度。研究结果表明，六种社交媒体能力中有五种是个人数字公民身份的预测指标，社交媒体经验、社交媒体自我效能感、促进条件、努力期望与其数字公民素养水平呈显著正相关关系，表现期望与其数字公民素养水平呈显著负相关关系，这些发现提供了社交媒体能力与数字公民身份之间关系的经验证据[①]。

社交媒体的许多负面影响及其背后的成因值得关注，国内外的研究趋向于社交媒体的长期依赖会带来生理和心理上的负面影响，这无疑是不利于数字公民的培养和数字公民教育的，社交媒体能力与数字公民素养的关系，虽然目前已找到经验证据，但还需要进一步研讨。

三、21世纪数字技能

20世纪末，以美国为首的许多发达国家和国际组织就年轻一代需要哪些技能来应对新挑战展开积极探索。美国和欧盟开始开展各项研究，尝试探究21世纪人们所需的技能。美国教育部成立了“21世纪技能合作组织”（Partnership for 21st Century Skills），并且制定了框架，提出学习与创新、媒体与技术、生活与职业三个维度的技能框架[②]。澳大利亚发起了名为“21世纪能力的评价与教学”（Assessment& Teaching of 21st—Century Skills）的研究项目，提出了21世纪技能框架。它包括四个类属：思维方式（元认知、批判性思维、团队合作、创造性思维、学会学习）；工作方式（协作工作、书面和口头沟通、团队合作）；应用工具；适应全球化（承担个人和社会责任、参与社区活动、做世界公民和国家公民）[③]。2006年欧盟牵头发起了“关键能力计划”，认为未来学生需要八个关键能力，即语言沟通能力（母语及非母语）、基本的学科技术能力（主要指数学和科

① Xu S, Yang H H, MacLeod J, et al. Social media competence and digital citizenship among college students[J]. Convergence, 2019, 25(4): 735-752.

② 张淑萍，范国睿．以数字故事促进学生21世纪技能发展—基于对芬兰“数字故事”研究的分析［J］．开放教育研究，2015，21（06）：53-61.

③ ACT 21s. White paper defining 21st skills [EB/OL]. [2015-08-06]. http://atc21s.org/index.php/resources/white—papers.

学）、学习能力、数字素养、公民素养、社会交往、创造精神和企业家精神，以及文化意识和表达能力、解决问题能力、创造力、主动性、决策力、风险评估力、情绪管理力七个技能[①]。

以上各国及组织提出的21世纪数字技能与数字公民素养存在紧密联结关系。在信息技术背景之下，已有学者认识到将数字公民素养纳入大学环境的重要性，这将成为塑造21世纪公民的必要条件[②]。

四、行为层面影响因素实证分析

（一）研究模型的呈现与假设

我们根据以上行为层面最核心的三个影响因素：人际沟通能力、社交媒体能力和21世纪数字技能，建立了初始模型，如图4–4所示。

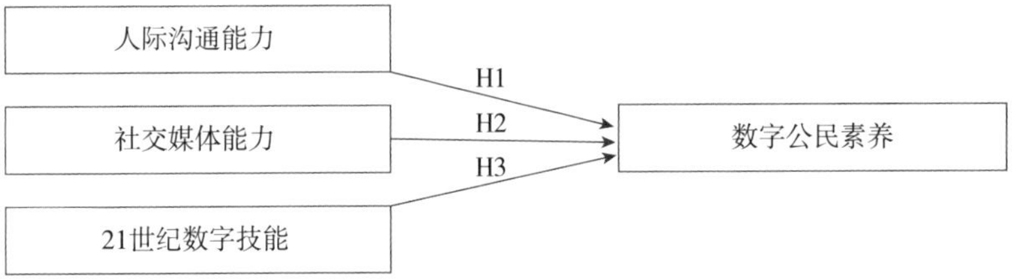

图4–4 行为层面数字公民素养影响因素初始模型

根据模型中的变量关系提出以下假设：

H1：人际沟通能力对数字公民素养水平有正向显著影响。

H2：社交媒体能力对数字公民素养水平有正向显著影响。

H3：21世纪数字技能对数字公民素养水平有正向显著影响。

（二）问卷编制与数据回收

在初始模型的基础上，我们根据模型中的所有研究变量，以大学生为调查

---

① Harper A.Teacher guide: Using project — based learning to develop students'key competences [EB /OL]. http://keyconet.eun.org/c/document_library/get_file?uuid=d2e33016-9c19-4901-aa00-5d25c5d734f2&groupId=11028.

② Mengual-Andrés S, Roig-Vila R, Mira J B. Delphi study for the design and validation of a questionnaire about digital competences in higher education[J]. International Journal of Educational Technology in Higher Education, 2016, 13(1): 1-11.

对象，设计了数字公民素养行为层面影响因素调查问卷，问卷主要由四个量表构成。一是测量学生的人际沟通能力，编码为ICC，共30道题目，同样采用李克特五点量表法设置题项，由学生根据题目中与人际沟通相关的描述勾选最符合自己实际的选项。二是测量学生社交媒体能力，编码为SMC，共28道题目。三是测量学生21世纪数字技能，编码为DS，共49道题目。四是测量学生数字公民素养水平，编码为DC，共25道题目。

问卷设计好后，发布到问卷星平台。同样选择某市本科一年级到三年级的学生作为发放对象，进行为期两周的调研。此次调研共回收问卷682份，剔除部分无效问卷，最终回收有效问卷634份，回收率93%。

（三）结构方程模型检验

1. 信效度检验

经计算，行为层面问卷信度检验如表4-6所示，效度检验如表4-7所示。

表4-6　行为层面问卷信度检验

潜变量	α
人际沟通能力	0.90
社交媒体能力	0.85
21世纪数字技能	0.92

表4-7　行为层面问卷效度检验

量表	潜变量	观测变量	因子载荷系数	AVE
21世纪数字技能	信息	IMA1	0.85	0.72
		IMA2	0.84	
		IMA3	0.85	
	信息评价	IE1	0.77	0.69
		IE2	0.86	
		IE3	0.87	
	沟通表现力	CE1	0.91	0.83
		CE2	0.91	
	沟通共享	CS1	0.89	0.81
		CS2	0.92	
		CS3	0.90	

续表

量表	潜变量	观测变量	因子载荷系数	AVE
21世纪数字技能	协作	CO1	0.77	0.65
		CO2	0.81	
		CO3	0.84	
		CO4	0.84	
		CO5	0.83	
		CO6	0.76	
		CO7	0.85	
		CO8	0.84	
		CO9	0.79	
		CO10	0.80	
		CO11	0.75	
	批判性思维	CT1	0.81	0.68
		CT2	0.85	
		CT3	0.85	
		CT4	0.87	
		CT5	0.83	
		CT6	0.82	
		CT7	0.85	
		CT8	0.85	
		CT9	0.82	
		CT10	0.76	
		CT11	0.74	
	创造性	CR1	0.83	0.75
		CR2	0.87	
		CR3	0.89	
		CR4	0.88	
		CR5	0.88	
		CR6	0.84	
	问题解决	PS1	0.83	0.69
		PS2	0.83	
		PS3	0.83	

续表

量表	潜变量	观测变量	因子载荷系数	AVE
21世纪数字技能	问题解决	PS4	0.84	0.69
		PS5	0.85	
		PS6	0.81	
		PS7	0.86	
		PS8	0.81	
人际沟通能力	自我表露	SD1	0.83	0.70
		SD2	0.84	
		SD3	0.83	
	移情作用	EM1	0.83	0.72
		EM3	0.87	
	社会消遣	SR1	0.91	0.83
		SR2	0.91	
	过分自信	AS1	0.77	0.65
		AS3	0.85	
	交替中心主义	AL2	0.90	0.56
		AL3	0.55	
	交互管理	IN1	0.79	0.65
		IN2	0.84	
		IN3	0.79	
	表现力	EX1	0.83	0.72
		EX3	0.88	
	支持力	SU1	0.75	0.63
		SU2	0.78	
		SU3	0.84	
	即时性	IM1	0.85	0.71
		IM2	0.84	
		IM3	0.84	
	环境控制	EC1	0.91	0.78
		EC2	0.86	
社交媒体能力	技术使用	TU1	0.89	0.76
		TU2	0.87	

续表

量表	潜变量	观测变量	因子载荷系数	AVE
社交媒体能力	技术使用	TU3	0.89	0.76
		TU4	0.85	
		TU5	0.86	
	内容解析	CI1	0.85	0.72
		CI2	0.84	
		CI3	0.85	
		CI4	0.85	
		CI5	0.85	
	内容生成	CG1	0.81	0.66
		CG2	0.83	
		CG3	0.83	
		CG4	0.81	
		CG5	0.79	
		CG6	0.81	
		CG7	0.81	
	预期反馈	AR1	0.69	0.61
		AR3	0.72	
		AR4	0.80	
		AR5	0.82	
		AR6	0.80	
		AR7	0.82	0.61
		AR8	0.81	
		AR9	0.78	
		IS2	0.86	
		IS3	0.84	

2. 行为层面影响因素模型的结构模型和测量模型计算结果

需要说明的是，在数字公民素养行为层面影响因素模型中，21世纪数字技能、人际沟通能力、社交媒体能力、数字公民素养是潜变量，21世纪数字技能、人际沟通能力、社交媒体能力、数字公民素养的各维度是各潜变量的观测变量。通过SmartPLS 3.0软件运算得到行为层面结构测量模型因子载荷系数和外部权重如表4–8所示。

表4-8 行为层面测量模型的因子载荷系数和外部权重

观测变量	因子载荷系数	外部权重	观测变量	因子载荷系数	外部权重
AL	0.69	0.13	IE	0.77	0.14
AR	0.85	0.29	IM	0.79	0.15
AS	0.63	0.11	IMA	0.69	0.13
CE	0.78	0.15	IN	0.78	0.14
CG	0.87	0.29	IPA	0.66	0.21
CI	0.93	0.29	LGA	0.79	0.24
CO	0.89	0.17	NA	0.82	0.25
CP	0.90	0.27	PS	0.83	0.18
CR	0.84	0.16	SD	0.71	0.14
CS	0.74	0.13	SR	0.74	0.13
CT	0.89	0.17	SU	0.76	0.14
EC	0.79	0.15	TS	0.85	0.27
EM	0.76	0.13	TU	0.87	0.27
EX	0.79	0.13	—	—	—

行为层面结构模型的路径系数和总体效应如表4-9所示。大学生的21世纪数字技能、人际沟通能力和社交媒体能力对数字公民素养这个潜变量存在直接影响，且社交媒体能力对数字公民素养的影响较大。

表4-9 行为层面结构模型的路径系数和总体效应

变量	DC	DS	ICC	SMC
DC	—	—	—	—
DS	0.21	—	—	—
ICC	0.06	—	—	—
SMC	0.60	—	—	—

（四）行为层面影响因素模型检验

在数字公民素养行为层面影响因素模型检验中，所有潜变量的AVE值均大于0.55（见表4-7），大于0.5的临界值，所有潜变量的CR值均大于0.9，内生变量的拟合系数均在0.64以上，模型中每一个潜变量的共性方差均在0.65以上，模型的拟合优度为0.65，说明模型构建合理，各项指标均达到合理要求，具有较好的预测效果。根据上述计算结果，绘制出了行为层面影响因素模型路径分析结果，如图4–5所示。

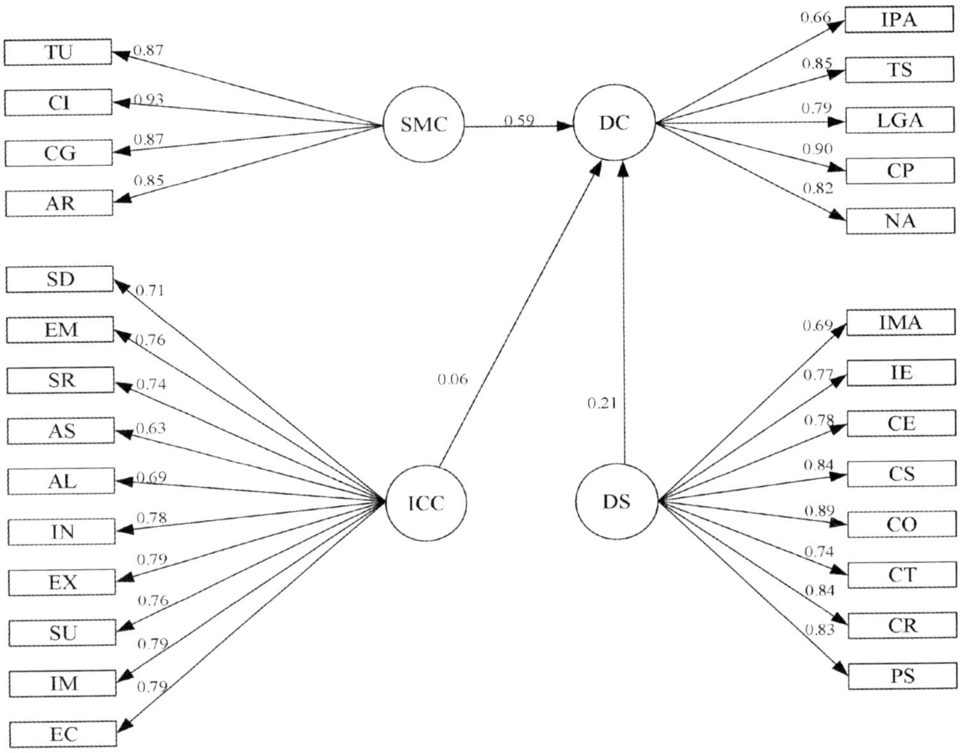

图4–5 数字公民素养行为层面影响因素模型路径分析结果

通过运行SmartPLS 3.0软件的Bootstrapping方法，得到结构模型的显著性检验结果，如表4–10所示。根据检验结果，我们发现学生社交媒体能力和21世纪数字技能均能显著影响其数字公民素养，而人际沟通能力对数字公民素养无显著性影响，故假设H1不成立，H2、H3成立。

表4–10 行为层面Bootstrapping显著性检验结果

编号	路径	原始样本	样本均值	标准差	标准误差	*P*
1	DS→DC	0.21	0.21	0.04	4.93	0.000***
2	ICC→DC	0.06	0.06	0.05	1.22	0.22
3	SMC→DC	0.60	060	0.05	13.17	0.000***

注：*P<0.05，**P<0.01，***P<0.001

第四节　数字公民素养环境影响因素及实证分析

一、教师因素

有学者提出，教师与数字公民素养呈正相关关系，教师的个人背景（年龄、性别、工作年限、教学经历、学科背景、教学水平等）对其数字公民素养有显著影响，其中工作年限能预测其数字公民素养水平，年龄和性别能显著反映其数字公民素养水平，学科背景和教学水平也被认为有影响。拥有较低水平的媒体和信息技术的教师，数字公民素养水平较低。任何人如果没有掌握互联网中更复杂的、包含数字公民基本要素的这些技能，就不可能正确实践自身的数字公民身份[①]。

另外，有学者通过研究发现与教师自身相关的几个因素会影响教育中ICT创新使用的实施。对于教师来说，将ICT融入教育教学非常重要。事实证明，教师的互联网态度会影响学生的互联网态度，进而间接影响学生的信息素养[②]。Li等研究发现教师对学生的在线行为的影响高于家长的影响，影响学生信息素养的关键在于教师对学生使用ICT的支持与鼓励[③]。也有研究者指出，教师在授课中使用ICT的水平与学生的ICT水平呈正相关，教师的计算机自我效能感对学生的信息沟通与处理水平有积极影响[④]。

综上所述，教师的互联网态度、个人背景、计算机自我效能感是影响其数字公民素养的主要因素。

二、家长因素

数字公民的一个重要方面，被定义为“关于技术使用的适当、负责任的行为

---

① Choi M, Glassman M, Cristol D. What it means to be a citizen in the internet age: Development of a reliable and valid digital citizenship scale[J]. Computers & education, 2017 (107): 100-112.

② Drent M, Meelissen M. Which factors obstruct or stimulate teacher educators to use ICT innovatively?[J]. Computers & Education, 2008, 51(1): 187-199.

③ Li Y, Ranieri M. Educational and social correlates of the digital divide for rural and urban children: A study on primary school students in a provincial city of China[J]. Computers & Education, 2013, 60(1): 197-209.

④ Aesaert K, Van Nijlen D, Vanderlinde R, et al. The contribution of pupil, classroom and school level characteristics to primary school pupils' ICT competences: A performance-based approach[J]. Computers & Education, 2015 (87): 55-69.

规范”，即加强道德行为并阻止冒险行为。有研究者调查了父母的参与情况和社会经济地位对青少年数字公民身份的影响，包含数字准入、数字礼仪和数字安全几个方面，发现父母更多参与技术使用和在线活动的青少年在数字礼仪和数字安全方面水平更高；父母的社会经济地位较高的青少年在数字访问、数字礼仪和数字安全方面水平更高。总体而言，父母参与情况和社会经济地位可以积极预测青少年的数字公民身份[①]。

另外，一些研究积极探索了家庭背景、ICT使用经验、ICT使用兴趣等因素对孩子数字公民素养的影响。自2003年以来，挪威开展了两年一次的全国国际电联监测调查，以收集学校中关于ICT使用情况的信息，调查对象包括学生、教师和学校领导。在2009年的调查中，除了有关于他们在学校使用ICT 的时间和频率的问题外，还专门针对学生进行了一项评估，研究了学生的数字素养与在校内和校外使用计算机的时间、家庭背景和学校的优先事项之间的关系，以衡量他们的数字素养。结果显示使用计算机和支持ICT环境的学校学生的数字素养和家庭因素（例如家庭背景和成绩）相关。例如，母亲的受教育水平与学生的ICT技能呈显著正相关；家庭的藏书量、家长的教育背景与学生的数字素养呈显著正相关[②]。Vélez等就儿童的数字素养进行研究，发现家长在儿童数字素养的三个主要方面发挥着非常重要的作用：一是儿童数字素养的直接负责人；二是促进网络欢乐行为模式的推动者；三是儿童可以寻求帮助的成人参照物。家长的兴趣和经验对儿童ICT的使用兴趣和经验都有一定的影响[③]。

三、学校因素

信息技术的飞速发展，大大改进了21世纪人们的生活。近年来，学习平台和

---

① Wang X, Xing W. Exploring the influence of parental involvement and socioeconomic status on teen digital citizenship: A path modeling approach[J]. Journal of Educational Technology & Society, 2018, 21(1): 186-199.

② Hatlevik O E. How to identify and understand digital literacy among 9th grade Norwegian students: Examining the influences from school and home on students digital literacy[J]. Nordic Journal of Digital Literacy, 2009, 4 (03-04): 159-175.

③ Vélez A P, Olivencia J J L, Zuazua I I. The role of adults in children digital literacy[J]. Procedia-Social and Behavioral Sciences, 2017 (237): 887-892.

学习辅助工具的利用和开发已然成为热门话题。当学生在学习中遇到困难，可以从中受益。有效的学习平台或辅助工具可以减少教师的工作量，并为落后的学生提供个人指导。研究者发现，利用学习平台为学生提供适当的帮助和及时的反馈，能够引导和启发他们完成分配的任务，还可以提高学生的ICT素养，帮助学生克服困难[①]。

Zhong基于2003年和2006年的PISA 数据，开发了一个模型来识别青少年数字技能鸿沟的解释变量。研究发现，学校的ICT接入与学生的数字技能正相关[②]。

此外，学校的组织支持感也是学者比较关注的。学校的组织支持感是指个人能感知到的学校的支持度，包括基础设施、资源平台、技术应用、机制保障等方面。尽管目前针对学校的组织支持感与学生的数字公民素养之间关系的研究较少，但学校的组织支持感对学生的数字素养、信息素养有显著影响，这点已有许多研究者证实。

四、环境层面影响因素实证分析

（一）研究模型的呈现与假设

根据以上影响因素：教师信息技术使用、教师互联网自我效能感、教师互联网焦虑感和学生感知的学校组织支持，建立初始模型，如图4-6所示。

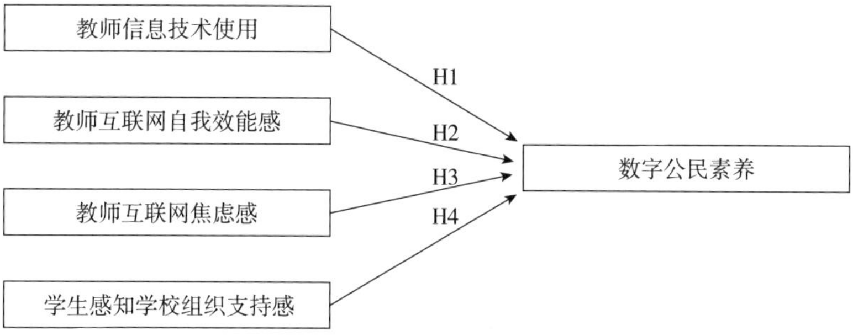

图4-6　环境层面数字公民素养影响因素初始模型

① Huang C J, Liu M C, Chang K E, et al. A learning assistance tool for enhancing ICT literacy of elementary school students[J]. Educational Technology & Society, 2010, 13(3): 126-138.

② Zhong Z J. From access to usage: The divide of self-reported digital skills among adolescents[J]. Computers & Education, 2011, 56(3): 736-746.

根据模型中的变量关系提出以下假设：

H1：教师信息技术使用对学生数字公民素养水平有正向显著影响。

H2：教师互联网自我效能感对学生数字公民素养水平有正向显著影响。

H3：教师互联网焦虑感对学生数字公民素养水平有反向显著影响。

H4：学生感知的学校组织支持感对其数字公民素养水平有正向显著影响。

（二）问卷编制与数据回收

环境层面的数字公民素养影响因素的问卷主要由教师卷的三个量表和学生卷的两个量表构成。这些量表同样采用李克特五点量表法设置题项。一是测量教师的信息技术使用情况，编码为TPCL，共13道题目，由教师根据使用信息技术促进学生交流与学习的情况勾出最符合自己实际的选项。二是测量教师互联网自我效能感，编码为TISE，共17道题目，由教师根据关于互联网使用的一些描述勾出最符合自己实际的选项。三是测量教师互联网焦虑感，编码为TIAI，共20道题目，由教师根据互联网使用的心理状态描述勾出最符合自己实际的选项。四是测量学生感知的学校组织支持感，编码为POS，共16道题目，由学生根据关于学校信息化建设的一些组织支持描述勾出最符合自己实际的选项。五是测量学生数字公民素养水平，编码为DC，共25道题目，由学生根据题目中与数字公民相关的一些描述勾出最符合自己实际的选项。

此次共回收学生问卷682份，剔除部分无效问卷，最终回收有效学生问卷634份，回收率93%；教师问卷122份，剔除部分无效问卷，最终回收有效教师问卷120份，回收率98%。

（三）结构方程模型检验

1. 信效度检验

经计算，环境层面问卷信度检验如表4–11所示，效度检验如表4–12所示。

表4–11　环境层面问卷信度检验

潜变量	α
教师信息技术使用	0.96
教师互联网自我效能感	0.95
教师互联网焦虑感	0.89
学生感知的学校组织支持感	0.89

表4-12　环境层面问卷效度检验

潜变量	观测变量	因子载荷系数	AVE
教师信息技术使用	TPCL1	0.50	0.67
	TPCL2	0.58	
	TPCL3	0.79	
	TPCL4	0.68	
	TPCL5	0.71	
	TPCL6	0.88	
	TPCL7	0.93	
	TPCL8	0.92	
	TPCL9	0.86	
	TPCL10	0.90	
	TPCL11	0.94	
	TPCL12	0.86	
	TPCL13	0.91	
教师互联网自我效能感	TISE3	0.62	0.66
	TISE6	0.67	
	TISE7	0.93	
	TISE8	0.94	
	TISE9	0.92	
	TISE10	0.76	
	TISE11	0.66	
	TISE12	0.85	
	TISE13	0.71	
	TISE14	0.81	
	TISE15	0.80	
	TISE16	0.92	
	TISE17	0.86	
教师互联网焦虑感	TIAI6	0.83	0.73
	TIAI8	0.93	
	TIAI9	0.91	
	TIAI12	0.68	

续表

潜变量	观测变量	因子载荷系数	AVE
教师互联网焦虑感	TIAI14	0.92	0.73
	TIAI16	0.84	
学生感知的学校组织支持感	II1	0.86	0.78
	II4	0.91	
	IR1	0.77	0.62
	IR2	0.72	
	IR4	0.82	
	IR5	0.81	
	IR6	0.82	
	IS1	0.85	0.72
	IS2	0.86	
	IS3	0.84	

2. 环境层面影响因素模型的结构模型和测量模型计算结果

在数字公民素养环境层面影响因素模型中，教师信息技术使用、教师互联网自我效能感、教师互联网焦虑感、学生感知的学校组织支持感、数字公民素养是潜变量，其中，学生感知的学校组织支持感和数字公民素养的各维度是各潜变量的观测变量。通过SmartPLS 3.0软件运算得到环境层面结构测量模型因子载荷系数和外部权重如表4-13所示。

表4-13 环境层面测量模型的因子载荷系数和外部权重

观测变量	因子载荷系数	外部权重	观测变量	因子载荷系数	外部权重
CP	0.90	0.28	TISE13	0.76	0.16
II	0.53	0.21	TISE14	0.89	0.14
IPA	0.63	0.18	TISE15	0.89	0.16
IR	0.90	0.53	TISE16	0.94	0.12
IS	0.87	0.48	TISE17	0.93	0.15
LGA	0.80	0.25	TISE7	0.95	0.15
NA	0.81	0.23	TISE8	0.85	0.07
TIAI14	0.95	0.32	TISE9	0.83	0.07
TIAI16	0.74	−0.01	TPCL1	0.92	0.38

续表

观测变量	因子载荷系数	外部权重	观测变量	因子载荷系数	外部权重
TIAI6	0.75	0.08	TPCL2	0.87	0.29
TIAI8	0.91	0.22	TPCL3	0.78	0.17
TIAI9	0.98	0.45	TPCL4	0.63	−0.01
TISE10	0.73	0.08	TPCL5	0.96	0.29
TISE12	0.78	0.05	TS	0.86	0.29

环境层面结构模型的路径系数和总体效应如表4–14所示。教师信息技术使用、教师互联网焦虑感、教师互联网自我效能感、学校组织支持感对大学生的数字公民素养这个潜变量存在直接影响。其中，教师互联网焦虑感对大学生的数字公民素养有负向的影响，学校组织支持感对其数字公民素养的影响相对较大。

表4–14 环境层面结构模型的路径系数和总体效应

变量	DC	POS	TIAI	TISE	TPCL
DC	—	—	—	—	—
POS	0.58	—	—	—	—
TIAI	−0.04	—	—	—	—
TISE	0.10	—	—	—	—
TPCL	0.02	—	—	—	—

（四）环境层面影响因素模型检验

在数字公民素养环境层面影响因素模型检验中，所有潜变量的AVE值均大于0.6，大于0.5的临界值（见表4-12），所有潜变量的CR值均大于0.8，内生变量的拟合系数均在0.6以上，模型中每一个潜变量的共性方差均在0.65以上，模型的拟合优度为0.49，说明模型构建合理，各项指标均达到合理要求，具有较好的预测效果。根据上述计算结果，绘制出的环境层面影响因素模型路径分析结果，如图4–7所示。

通过运行SmartPLS 3.0软件的Bootstrapping方法，得到结构模型的显著性检验结果，如表4–15所示。根据检验结果，我们发现教师互联网自我效能感和学生感知的学校组织支持感均能显著影响其数字公民素养，而教师信息技术使用和教师互联网焦虑感对学生数字公民素养无显著影响，故假设H1、H3不成立，H2、H4成立。

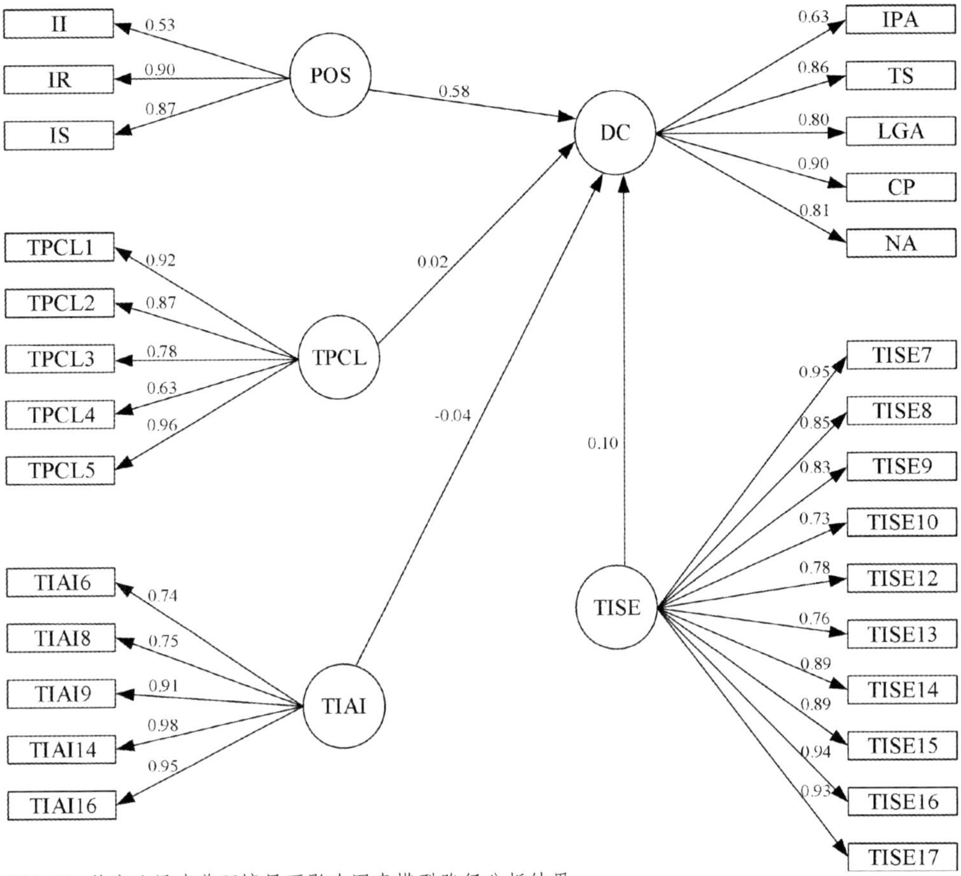

图4-7　数字公民素养环境层面影响因素模型路径分析结果

表4-15　环境层面Bootstrapping显著性检验结果

编号	路径	原始样本	样本均值	标准差	标准误差	*P*
1	POS→DC	0.58	0.58	0.03	18.74	0.000*
2	TIAI→DC	−0.04	−0.04	0.05	0.80	0.43
3	TISE→DC	0.10	0.10	0.04	2.32	0.021*
4	TPCL→DC	0.02	0.02	0.04	0.39	0.70

注：*$P<0.05$，**$P<0.01$，***$P<0.001$

第五章　数字公民素养的多维提升策略

第一节　个人层面的数字公民素养提升策略

一、个人层面数字公民素养的重点内容

近年来，随着科技高速发展，网络化和虚拟化成为主要潮流。在幅员辽阔、自由开放的虚拟空间里，数字公民素养不仅对个人在数字社会中的发展起决定性作用，也直接影响到数字社会的健康有序发展，还间接影响现实社会的发展情况。然而，并不是所有的数字公民都具备高素养，有的数字公民在这个过程中无法肩负自己在数字社会中的责任，没有正确的意识和相关能力，甚至对数字社会的安全、和谐、稳定发展造成了不同程度的危害，如实施网络暴力、传播负能量讯息、盲目跟风造谣等，因此提高数字公民素养，对个人提出一些规范措施迫在眉睫。

二、个人层面数字公民素养的提升策略

（一）学习理论知识，提高公民意识与态度

要提升数字公民在社交媒体中的公民责任意识和态度，必须抓牢理论与实践两个方面，将理论与实际结合起来。对于数字公民来说，学习公民责任的相关理论知识必不可少。通过对理论知识的学习，全面、充分地了解公民责任的来龙去脉，从源头上对责任的内容、原则、目的和意义等进行把握，同时不断地深化学习，了解新时代赋予数字公民责任的内涵和要求，严于律己，在数字社会的实践中时刻回想所学的理论知识，真正做到在具体行动中实践真理，才能有效提升数字公民的责任意识，提高数字公民社会的发展水平，进而推动社会的发展进程[①]。

---

① 孙龙．大学生应用社交媒体的公民责任研究［D］．浙江师范大学，2015.

（二）学会自我反思，努力提升改善自我

一个优秀的数字公民往往会进行自我反省与评价。他们可以制定与公民责任相关的主题，互相进行交流沟通，通过比较其他数字公民在数字媒体过程中的行为和态度与自身的行为，了解自己的不足之处，找出自己的缺点，同时也收获他人对自己的评价，为正确认识自我提供有力的基础。自我反思是一个长期的过程，需要我们不断去坚持和努力，不断地完善和提高自己在使用数字媒体过程中的公民意识和态度，提高自我认识，增强自我责任意识，从而成为一个符合数字社会发展和时代进步的良好公民。

（三）积极参与数字建设

维护公平正义是社会建设的第一要务，在数字社会中也同样如此，唯有公平与正义，才能使每个数字公民安心地参与数字建设，使用自己的数字权力，履行数字义务，更加诚信地参与数字社会活动。比如对于学生而言，从事的主要活动是学习，而数字社会带来的技术创新为学生提供了便利，快速发展的网课给学生带来了更加便捷的学习体验，学生通过各种各样的学习工具提升自己，也通过互联网了解国家大事，了解世界趋势，成为紧跟时代潮流的新青年。由此可见，数字公民在使用数字媒体技术过程中应当积极地参与和传播数字资源，肩负起共享知识与传播文明的重任。

（四）规范数字社会行为

当下，数字媒体的发展日新月异，人们在享受数字媒体带来的快捷的同时，也可能会受到不良信息的影响，稍加不注意，就会造成严重的危害，因此，在使用数字媒体时要严格规范自身的行为，不做危害他人利益、违背社会道德、违反法律的行为。在数字社会中，学生对数字产品的接受能力尤为突出，这是由于学生们具有较强的对新鲜事物的接受能力、吸收能力和学习能力。因此一个新的数字媒体出现后必然会先流行于学生群体中，而数字媒体中的一些行为表现将会成为学生模仿的对象，积极向上、健康的行为，就会有利于学生数字公民素养的提高和和谐数字社会的建立，消极、负能量的表现，就会导致一些不可控且具有破坏力的事情发生，严重威胁数字社会的和谐健康发展。减少这种负能量行为的产生，需要我们具备良好的公民责任意识，从规范自身行为做起，进而影响身边人，最终规范整个数字社会的生态。

（五）维护数字社会秩序

良好的数字社会秩序有利于数字公民素质的提升。而良好数字社会秩序的建立需要每位数字公民都行动起来，这不是一个人的努力就能够实现的，而是需要每个人都尽到自己的数字义务，明确自身的责任所在，在数字社会中做出合理、正确的行为，尤其是在面对破坏数字社会秩序的行为时，勇于站出来贡献自己的力量，与恶势力坚决抗争，维护公平正义，让数字技术成为造福我们的工具，而不是迫害社会稳定的源头。当一个良好的数字社会秩序被建立起来，在这个环境下的数字公民素养也会显著提高，大家耳濡目染，亲身经历，身体力行，在实践中体会到公民素养带来的益处。

（六）努力提升自己的数字生产和创新能力

当前数字社会中，我们需要努力去学习如何使用数字工具和数字技术，同时学会应用它们来解决具体的实际问题，提升自己的数字能力。如短视频的分享，内容要体现正能量、积极向上，给大众带来正面的影响；如数字化产品的开发，要通过研发，将自身的产品与数字化技术相结合，做出自己的创新，从而提高竞争力。

（七）善于比较

这里的比较并不是盲目的攀比和炫耀，而是与其他数字公民相互学习和提高，取长补短，增强比较意识。如想要从事短视频的创作，在这个领域中就先要学习前人的创造方式、优秀的作品内容、拍摄方式、表现手法等，取长补短，不断提高自身的数字化能力水平。当然，也要注重规范自己的行为，保护创作者的权益，切勿直接摘抄，侵犯他人的利益。拥有比较意识之后，我们能时刻处于谦虚学习的状态，从而不断地提高、完善自己的数字能力。

（八）提高自己的数字实践能力和认知能力

在学习过数字公民素养相关理论后，应在具体的行动中去实践，切身体会，从而提高数字认知能力。在数字实践中，要客观认识和评价自己的所作所为，更充分地了解自己的优势和薄弱点。注重发扬优势，这有利于自身数字生涯的发展，能够在以后从事数字化相关工作时更有竞争力。要及时发现自己的薄弱点，继续深化学习，补足短板，增强自己的能力。同时也要通过社会实践认识到数字社会下不同职业的发展前景及其变化，如工作内容的更替革新、市场的数字融入行情和未来趋势，再挑选合适的职业。当然，进行数字实践的时候并不是一帆风顺的，难免遇到挫折，我们也要提高自己的抗打击能力，调节自身心态，锻炼意志，以更好的面貌参与数字社会竞争。

（九）提高数字沟通能力

信息的高速发展拉近了人与人之间的距离，让人与人之间的交往和沟通更加便捷和方便。互联网并不是孤军奋战的地方，一个人的能力终究是局限的，而是需要很多人的协作才能实现交流，而提高数字沟通能力就至关重要了。如何合理地进行沟通、如何实现沟通有效化都是需要去学习的。人们隔着网络进行虚拟沟通，要建立在平等与尊重的基础上，尤其对于学生而言，要注意辨别，提高警惕性，切勿被不法分子钻孔，从而上当受骗，造成自己的财产损失和心理伤害。要学会保护自己，如可以学习相关的互联网法律法规，了解常见的网络聊天陷阱，掌握基本的网络骗局应对手段等。同时也需要去学习沟通技巧，在没有实际见面、单纯在互联网上进行文字沟通的情况下，技巧的重要性不言而喻，而最重要的技巧就是学会用最简洁明了的话语从别人那里获取有效信息。当人人能够有效地进行交往沟通之后，网络就会呈现出清明、和谐、健康的氛围，网络也就真正意义上成为有利于人们学习、交流、工作的工具。

第二节　家庭层面的数字公民素养提升策略

一、家庭层面数字公民素养的重点内容

家庭对于个人成长来说是很重要的，在潜移默化中对个人做出影响。良好的家庭教育可以帮助孩子树立正确的人生观、世界观和价值观，提升孩子辨别是非的能力，以保证孩子在互联网这个虚拟社会中很好地进行自我保护[①]。家长作为孩子的第一任老师，对孩子的引导非常关键，因此要努力提高自身网络素养，规范自身网络行为，以身作则，同时还要培养孩子在使用各类电子设备时的自控力，帮助孩子探索网络的更多益处，做孩子网络行为规范的引路人。家庭环境的

① 李文婷．“互联网+”时代社会治理转型背景下我国数字公民教育研究［D］．南京邮电大学，2017.

尊重、安全、责任意识会对孩子起到潜移默化的影响①。

二、家庭层面数字公民素养的提升策略

传统的家庭教育方式是自上而下的，是父辈对子辈进行教育，但在数字公民素养教育这一方面，因为家长自身可能与时代脱轨，无法快速地适应高速发展的数字社会，缺乏相关知识与经验，在大部分情况下不能独立教授孩子完备的数字信息知识。所以，家庭的数字公民素养教育需要家长和孩子一起学习，共同进步，共同成长②。

（一）家长应建立良好的家庭氛围

肯学、有兴趣学永远是学习的第一步，良好的家庭氛围有利于孩子以轻松的状态适应和学习数字技术。充分发挥家庭教育职能，强化家庭教育功能，建立良好的家庭关系和氛围是非常重要的。作为家长，需要在尊重孩子认知方式和行为方式的基础上，以孩子能够接受的合理手段开展家庭教育，减少与孩子在认知和行为方式理解上的代沟和差异。家长要改进教育方式，提高教育质量，不能是旧式的管教，而是以和谐为基础的新型的教育，使孩子能更好接受教育③。

（二）家长需进行自我提升

在信息时代日益变革的环境下，家长也要紧随时代的脚步，提高自己的适应能力，尽可能地去了解和掌握各种新媒体的应用，培养网络文化意识和安全意识，学会理解并尊重孩子对新兴事物的兴趣，学会用新颖的方法提高孩子的兴趣。不仅要利用数字技术让孩子获得更多的、良好的优质教育资源，而且要通过网络礼仪规范的学习来使得自身行为得体、正确④。

（三）家长要学会以身作则

在日常生活中，孩子会把自己的父母看作是第一榜样，并且会下意识地模仿父母的行为举止。健康、积极向上的榜样形象，就会给孩子带来正面的影响，促进孩子数字素养的正确发展，并且这种影响是持续一生的；消极负面的家长形

---

① 张春华，白晓晶，吴莎莎．提升学生数字公民素养的必要性与策略分析［J］．中小学信息技术教育，2018（06）：42-44.

② 孙小欢．家长对青少年数字公民养成的影响研究［D］．华中师范大学，2017.

③ 孙小欢．家长对青少年数字公民养成的影响研究［D］．华中师范大学，2017.

④ 孙龙．大学生应用社交媒体的公民责任研究［D］．浙江师范大学，2015.

象，带给孩子的是错误的理念和方法，容易导致孩子在数字公民素养的这条路上走很多弯路，产生迷茫和无助，更有甚者会误入歧途，毁了孩子的一生，因此，父母的榜样作用至关重要。父母日常生活中的言传身教是家庭教育极为重要的一部分。教孩子使用数字技术时，首先家长自己要做到遵纪守法、诚实守信、友爱礼貌，并且将这些观念传输给孩子。在孩子们犯错误的时候，要用合理的惩罚方式纠正错误，这样才能在潜移默化中给孩子树立起好的榜样。孩子通过父母的榜样教育，责任心和是非观也会加强，最终成为一名合格的数字公民。

（四）家长需进行正确的提醒、引导与监督

网络世界并不是一番净土，也充斥着大量虚假、不健康的信息，而孩子作为未成年人，思绪心理都还未成熟，缺乏明辨是非和消除网络负面影响的能力。因此，对于一些不良信息，家长要以此为基础展开安全知识的教育，告知孩子什么是不良信息，什么是健康有益的信息，面对不良信息的时候要如何处理，针对不良信息造成的负面伤害要及时跟父母沟通等，从而防止网络环境对孩子产生负面影响。家庭监督措施可以帮助孩子规避风险，但如何合理地利用信息技术和正确的沟通方法也是需要思索的问题。比如在孩子刚接触网络时，家长就应该提醒孩子网络安全问题，告知孩子或者跟他们讨论网络安全保护的一些基本知识，比如通过设置密码来保护账户安全，安装一些自带过滤功能的杀毒软件等，保障孩子能有一个干净的上网环境①。

（五）家长要从小对孩子进行教育，促成良好习惯形成

家庭教育对孩子的一生有着直接影响。信息化时代下的孩子，很早就接触到了社交媒体、电子设备，因此必须对孩子的上网行为加以规范和干涉。家长可以与孩子约定上网时长，也可以陪同孩子玩一些开发智力的游戏。在玩的同时对孩子进行一些数字公民教育，对正确的上网方式进行强化，对错误的方式进行纠正，促使孩子养成上网的良好习惯。采用合理的亲子沟通方式，可以加深家庭在青少年数字化成长过程中的干预，使孩子成为一名合格的网民，承担相应的公民责任。在教导孩子的过程中，也要与时俱进，更新学习内容和教育方法，使孩子平等、快乐的学习，同时随着孩子的年龄增长，也要逐步加深难度和深度，教孩子更多具有实际意义的知识，学习不同的数字技术，从而提高自身和孩子的数字

① 王丹迪．网络时代的数字公民素养教育［J］．中小学信息技术教育，2014（06）：20-26.

公民素养水平。

（六）家长要保护孩子的身心健康

在家中，应尽量将电子设备放在公共区域，让孩子在自己视线范围内和光线充足的地方使用。这样不仅可以保护孩子视力，督促孩子在使用电子产品的过程中充足休息，防止眼睛疲劳，还可以教导孩子使用正确的坐姿，避免因为久坐而影响骨骼健康。此外还要教导孩子合理安排上网时间，不沉溺于网络游戏和网络社交，避免疏离现实的人际交往；学会遵守网络规则，知道如何应对不良的网络信息，避免受其诱惑误入歧途。在使用网络媒体时，最好的状态是家长和孩子一起参与，不仅可以有效帮助孩子培养好的兴趣和习惯，也可以让自己在新领域中学习，跟上新媒体时代[①]。

第三节　学校层面的数字公民素养提升策略

一、学校层面数字公民素养的重点内容

随着数字技术不断地融入我们的学习、工作和生活中，数字公民素养水平的高低显得尤为重要。学校的课堂是培养学生学习习惯、提升认知的重要途径之一，如在信息技术课程的课堂上，应正确引导他们规范使用信息技术。学校应将数字公民教育的内容纳入教育规划与育人目标中，充分发挥其教育的引领作用。

首先，学校可以对信息技术课程内容进行补充与完善，在授予基础信息知识与技能的基础上，加入与其相匹配的数字化礼仪和数字公民素养教育的内容，使得数字技术能够在学生的手里得到最大限度的发挥，从而推动学生思想意识的提高。此外，在进行课程内容编订的时候，选取的实例，需要贴近学生生活，不仅便于学生理解和吸收，还能够培养学生的实践能力，有助于其将来在社会实践中得心应手地处理数字化问题。培养学生的数字公民责任意识也是至关重要的，学生树立健全的思想意识、具备良好的行为能力，能促使其不断提高自己，为终身学习以及适应信息社会奠定基础。

---

① 张立新，范晶晶．青少年数字公民素养教育的目标与内容［J］．中国信息技术教育，2016（19）：5-8.

其次，教师要教会学生安全、创造性地使用数字技术，要突破单一学科的限制，结合数学、物理等，在跨学科的教学活动中强调数字公民素养的重要性。此外教师在利用数字技术与他人交往的过程中，自己也要养成良好的道德言行，做到对他人尊重与宽容，诚实守信，养成对自己言行负责的美德，从而影响和教育学生在网络空间中践行积极的道德行为，将学生塑造成一个具有健全人格的良好数字公民；教育学生在网络交往中保护自己，不伤害他人，避免遭受来自他人的恶意中伤；教会学生在网络世界里如何做合理、正确的决定；鼓励学生利用信息技术进行学习，培养学生在学习中使用数字工具的自觉意识和在网络时代的自主学习能力，为以后的数字学习打基础。

最后，学生要学会借助数字工具浏览、搜集信息，对信息进行过滤、保存，学会正确评估信息价值；要学会借助数字工具与他人沟通，并进行信息共享，通过网络参与社会活动，不断规范自己的网络行为；在使用数字技术时要能有效避免风险，学会保护个人隐私，增强网络安全意识及判断信息真伪的能力；要能根据数字信息需求，合理选择和使用数字工具，并能进行创新；要具备良好的信息思维，能适应信息化社会的发展要求，运用数字化的手段来解决生活、学习和工作中的实际问题；诚信参加数字社会活动，积极传播有价值的数字资源，主动帮助他人解决网络与现实中的数字化难题。

二、学校层面数字公民素养的提升策略

（一）教师的提升策略

加强教师数字公民教育方面的知识和能力的培养任重道远。学生的知识、技能的学习大多来自教师的传道、授业、解惑，因此教师的数字公民素养水平的高低在一定程度上决定学生的数字公民素养水平，这就要求教师具备学习能力，能够主动获取知识、处理信息，能适应数字时代的步伐。由于年龄结构偏大或在教学中使用现代信息技术的意识不强，能将信息技术恰当用于教学过程的教师较少，真正做到教育智能化、数字化的更是少之又少，因此，教师应有针对性地参加数字技术培训，通过专业的培训机构系统、深入地学习理论知识，提升信息技能、革新教育理念、完善教学方法。在日常教学中，要进一步提高自身数字技术的使用能力，从而推动教育信息化的发展。

（1）转变传统观念，创造与传播数字资源。数字公民素养水平与运用数字技

术的能力有关，教师要转换传统观念，接受新的教育信息和教学方式，积极地将数字技术应用到日常的教学中。使用数字技术传递知识，不要仅停留在技术层面，一味追求技术的使用，而不考虑如何利用数字技术来开展学习、教学和研究，忽视了信息技术的教学应用。在教学实践过程中，可以将不同学科的特点，不同的知识体系与不同的数字工具相互结合在一起，如可以制作形象、生动的视频、别具特色的改编歌曲等，用新颖的方式促进学生知识的吸收。同时在学生遇到技术化难题时，也应该积极地给予帮助。

（2）给予学生正确使用信息技术的指引与锻炼。教师不应给学生贴标签，要善于发现学生的长处，鼓励他们建立起使用数字技术的自信。教师可以通过网络开展一些教学活动，或者通过班级群弥补不在校时师生之间沟通的缺失等问题，不仅让学生体会到信息技术带来的个人学习发展的成就感，而且也在一定程度上减少出现数字技术使用失范行为的概率。另外教师在日常教学过程中，应有意识地通过学习任务训练学生自我监控、调节，以及自主做计划的能力。

（3）以数字技术为教学工具，设计各种教学活动解决实际问题。教师可以观看有关数字技术在生活、学习等中应用的正反案例，领悟数字公民素养的相关知识、技能，在潜移默化中形成对数字技术的信心，并掌握相关能力；引导学生思考什么样的行为是合理的，在分析思考、思维碰撞的同时，让学生增长知识、提高认识、增强道德判断能力，如设计主题讨论活动，展开“如何保护个人信息的安全”“如何合理合法地应用技术”等问题的讨论。

（4）充分发挥学生的潜力，共同制定行为准则。在对学生进行数字公民教育时，要尊重学生的想法，让学生在数字环境中获得更加自主性的发展；要相信学生的能力，通过课堂教学和实践活动，强化学生对数字公民的认识，将公民责任感由情感体验发展为责任体验，同时及时进行反馈评价，激励积极行为；要依靠学生的力量加强校园数字文化建设，促使学生以负责任的态度参与数字社会的活动。

（5）注重学生的参与，强调学习过程的完整性。通过教师对学生的数字公民素养教育，学生应不断地内化知识、指导自身实践，不主动发起网络欺凌行为，且能保护自己免受网络暴力的危害。教师理应引导学生学会辨识网络欺凌的各种形式，用自己的数字公民素养帮助维持良好的在线秩序；应将传统课堂教学的知识传授与案例分析、榜样示范结合起来，在做好理论学习的同时，兼顾实践和应用能力的培养。此外还可以让学生参与到班级日常事务的管理中，培养学生合理行使自己权利、履行自身义务的行为习惯。

（6）以身作则，培养学生的数字公民意识和责任。教师在设计、实施和评估教学过程中，应有效示范数字公民意识和责任，展现出高度合法、有道德的行为，倡导、示范并传授如何安全、合法、规范地使用数字技术，包括尊重版权、知识产权及文献来源，传授并示范与信息和技术使用相关的数字礼仪和社交责任，通过使用数字时代的沟通和协作工具与不同文化背景的师生沟通、协作，培养学生尊重不同文化的意识和全球意识等。教师要通过自身行为来影响学生，要认真解读数字公民的身份要求，指引学生成为积极的、富有责任感的、具有贡献能力的数字公民。

（7）激发学生对网络资源的好奇意识和批判思维能力，加强学生的安全意识和个人保护能力。教师要教导学生保护好个人账户和密码，在公共平台不要将自己的个人信息泄露出去；要选择正规的途径上网，对自己的文件要及时备份；要保护好自己的网络以及计算机等设备，做好病毒防护和防火墙管理，及时更新防护软件，防止恶意软件、计算机病毒等的入侵。

（二）学校的提升策略

（1）创设信息化校园环境。作为主要环境的构建者，学校应创设和谐的校园信息化环境。要提升学生的数字公民素养，信息化环境尤为重要。例如，可以将学校传统的图书馆与现代信息技术相结合，提供给学生更加便利和快捷的服务：数字化的知识能够丰富图书馆的资源，抛开传统的纸质书籍，学生可以浏览到更全面的信息；数字化图书馆也能够侧面提高学生使用数字技术的能力，帮助学生掌握如何快速地检索文献、查询信息，如何最大化整合利用这些资源等。此外，图书馆还可以通过定期开展有关数字公民素养教育的讲座，传递给学生正确的数字技术价值观，让学生认识到数字技术不是可以滥用的工具，在使用的过程中必须遵守法律规则、数字礼仪等，同时可以为学生展示在破坏法律规则之后的严重后果，从反面教育学生。这样不仅能教授学生使用数字资源的方法，也能使学生深刻认识到数字公民素养的重要性。

（2）做好安全防护，培养学生道德观念。学校有必要建立信息防火墙，以保护信息的安全，并不断增加防火墙的级别和升级服务器，减少和消灭网络漏洞，大大提升校园网络的安全性。同时，也可以通过讲座、视频播放、专题活动等多种形式有意识地培养学生的信息伦理道德观念，如不主动地盗取他人的信息和侵害他人的知识产权，就是必须教给学生的知识。作为学生，也需要提高自身分辨和处理不良信息的能力，明白不良信息所带来的危害，在使用网络工具的时候也要注重维护和尊重他人的隐私，与他人进行和谐的交流和沟通，遵守道德规范，培养良好的道德意识，力求成为一名合格的数字公民。此外还应鼓励学生勇于去跟网上的不良信息作斗争，若碰到可随手点击举报，从而营造良好、健康的网络氛围。

（3）家校联合，做好家长的数字公民素养教育工作。学校也应该针对家长进行数字公民素养教育，如在周末开展数字公民素养特色化的专题讲座，邀请专家来为家长讲解其对孩子在数字社会下发展的重要性和必要性，教授家长一些如何在生活和家庭中帮助孩子提高数字公民素养的方法和技巧，使学校和家庭联合在一起，共同培养合格又具有个性的未来数字公民，从而推动数字社会整体素养的提高。

（4）加强教师数字公民素养的考查和培训。除了对信息技术课程更新之外，学校也要加强对信息类课程教师的考查和培训，以便能够培养出一批高素质、高水平的新型教师。即教师不仅有实施数字公民素养教育的能力，同时也拥有高超的教学能力，能够通过不同形式的课堂来激发学生学习数字信息相关知识的兴趣，调动学生对该方面的积极性和主动性，从而在潜移默化中培养他们的数字公民素养。

（5）充分利用资源，创设网络学习环境。现如今很多学校已在课堂中配备了电脑、电子白板等，应充分利用这些网络设备对学生进行教学，让他们提前适应未来的社会环境。学校不仅仅是教授知识，更重要的是教会学生如何处理信息及如何通过数字工具与他人交流和协作，实现便捷式的学习。学生在网络上进行课堂学习、课外辅导等，充分体会到信息技术与课程整合的优势和校园文化生活的丰富，也促使他们以负责任的态度参与数字社会的活动，进而积极维护数字社会的秩序，促进数字社会和谐发展。

（6）开设数字公民素养课程，优化学生知识结构。学校要健全数字公民素养的培养机制，将数字公民素养课程纳入必修课课程体系之中，并根据学生的身心发展特点、认知能力、性格特征等制定具体而详细的数字公民素养培养标准，使数字公民素养教育工作有章可循。比如针对低年级学生，可以向其讲授与数字公民素养教育相关的理论知识，定期开展以规范使用数字技术为主题的班会。针对高年级学生，可以开展数字公民素养养成的专题讲座，提升他们使用数字技术的责任意识。此外，作为数字公民素养提升策略之一，计算机自我效能感能够显著影响大学生的计算机应用水平、网络学习质量和深度学习的能力，即信息技术应用能力和技能。基于此，高校可以加强计算机网络环境的搭建，设计合理的计算机技术应用平台，以培训大学生的计算机技能，如开设计算机类实习实训课程。

（7）结合德育、智育、美育来提升学生使用网络的思想道德品质，创新思想政治教育课程。教师在课程教学中起到的作用至关重要，平时传授知识时可以将数字素养教育融入自己的课堂中，逐步引导学生，并与学生保持良好的关系。如在跟学生进行课后交流的时候，有意识地强化学生的网络道德规范；针对沉迷于网络游戏的学生，要适当地进行思想教育，慢慢引导学生正确使用网络，走出迷途。

（8）鼓励学生使用信息技术。这是提升学生数字公民素养最直接的途径。学校应把数字公民素养能力培养作为信息技术课程的培养目标之一，扩充学生知识层面、技术层面、文化层面的技能；应调整或优化信息技术课程的学习内容，培养学生信息检索和运用信息技术的能力。学生应培养自己在学习中自觉使用数字技术的意识，依据学科的实际特点，主动利用各种新媒体与新技术来展开多样的新型学习方式，如通过网课学习知识等。此外，学生获取知识的途径不应仅仅局限在课堂上教师的传授，也可以在网络上自己搜寻相关的学习资源，从而锻炼自己信息获取与使用的能力。

（9）丰富课程形式，营造良好的学习氛围。学校可以开展与数字公民素养相关的特色活动，让每个学生都参与进来。要抛开传统的教育形式，可以与趣味游戏相结合，设定不同形式，如寓意深刻的虚拟环境，让学生能够身临其境地去感受数字世界，积极主动地探索和思考，使学生在轻松愉快的氛围下学习，并体验网络规范，在情感上产生共鸣。

（10）将网络社会的行为注入课程中，对学生进行长期教育。学校可以开设网络社会中学生应当履行的社会责任等内容的课程，对学生的线上行为进行规范，明确积极行为与消极行为。可以采取设置课程实践学分的方法，让学生将所学习的数字公民素养理论与实际结合起来，鼓励学生在日常的网络生活中去实践自己所学，并且在这个过程中，注重自己的数字文明礼仪，时时刻刻地提醒自己，规范自己的行为，同时也要求学生进行反思和总结。针对实践中出现的问题，也可以通过讨论的方式使学生和学生、学生和教师互相交换意见，从而达到实践效果的最大化，提高学生的数字公民素养。

（11）制定规章制度。无规矩不成方圆，规矩能够给人以约束，使人克制自己的行为。因此学校需要从源头入手，制定出一套符合学校学情、促进学生发展的规章制度，从而为培养学生的数字公民素养提供制度保证。规章制度的制定要注重结合时代特点和社会实际，赋予其新的内涵和含义，并随着实践的过程不断地调整和改进，提高其有效性和实用性。

第四节 社会层面的数字公民素养提升策略

一、社会层面数字公民素养的重点内容

不管是在家里还是在学校，在现实生活中还是在虚拟世界里，我们都存在于社会之中。社会对我们产生了很多影响，不论正面还是负面。提升数字公民素养，不仅仅需要个人的努力，更需要家庭、学校和社会三方面的共同努力。数字公民应明白自己的义务所在，在数字活动中遵纪守法，杜绝不良和违法行为，为维护数字社会的健康发展做出自己的贡献。当今时代，网络虚拟世界与现实世界交错，必须要学会利用数字技术有效地解决学习、生活中出现的问题，提升数字实践和创新能力，同时有意识地提高自身的数字意识和数字思维，勇于接受和学习新兴的事物。数字公民素养教育的核心目标是增强公民安全、积极地上网的能力，形成自觉的责任行为，掌握虚拟文化，创造性地应用技术来工作与学习，掌握网上工作的数字道德意识，在数字世界中表现出责任感，实现人的现代化，从而推动数字世界有序发展，培养出一批高质量的数字公民，顺应时代发展的需要，并且在将来的国际数字社会竞争中发挥出关键性的作用[①][②]。

① 夏涵．信息时代高职院校“数字公民”教育探究［J］．中国培训，2018（02）：28-30.

② 李远．大学生数字化学习能力现状调查研究［D］．浙江师范大学，2014.

二、社会层面数字公民素养的提升策略

（一）营造网络法治环境

数字技术使人们能够在不同的时间、空间进行交流。网络的虚拟性和不真实性导致一部分人认为在网络中不需要像在现实社会中一样承担责任，甚至把不履责当成正常的。从众心理使人们很容易受到他人的影响而养成不良的习惯，从国家层面制定社交网络相关的法律法规显得越来越重要。要切实发挥网络法律法规对公民使用数字技术的监督作用，要加大宣传，使法律观念和意识深入人心。此外，社会要积极开展宣传教育活动，如可以开展以数字公民素养为主题的活动，鼓励人们参与其中，通过设定不同的情景、趣味游戏、观赏视频等，让人们能够在娱乐的过程中感受到数字公民素养带来的益处，加深对数字公民素养理论的理解，深刻地明白自己身为一名数字公民的权利和义务，并且将其落实到自己的网络实践中去。而网络媒体可以通过宣传优秀文化传递社会正能量，促进网络环境的改善，从而营造良好的发展空间，形成正确的舆论导向[①②]。

（二）积极推进现实公民社会建设

从客观上来说，我国公民社会的建设还是处于较落后的状态，许多方面都还不够成熟，存在很多漏洞，公民社会的建设任重道远，这就需要社会加强公民责任感的培养，公民们同时也要增强自身对数字社会的共同感和使命感，奉献自己的一份力量，努力融入，并积极学习，承担起自己应尽的义务，推进公民社会从弱小到强大，从不完善到完善[③]。

（三）文明交流，积极净化数字社会环境

数字社会使人们之间的沟通变得更加便捷与频繁，人们通常用更加文明、礼貌的方式与他人进行友好的交流。但是数字社会的发展并不是一片清明的，与之而来的是很多负面的事情，如网络暴力、谣言传播等严重危害到了数字社会的和谐健康发展，数字公民的合法权益受到了侵害，身心健康受到了严重的损害，这一方面是因为很多不法分子在网络中进行非法行动来获取利益，另一

---

① 龙萍．数字原住民向数字公民转化的探讨［J］．文化创新比较研究，2018，2（13）：159-160.

② 孙龙．大学生应用社交媒体的公民责任研究［D］．浙江师范大学，2015.

③ 孙龙．大学生应用社交媒体的公民责任研究［D］．浙江师范大学，2015.

方面也是因为公民自身数字素养不强，缺乏一定的道德意识和安全保护意识。因此我们要努力地提高自身的数字公民素养，加强自律，看清楚不良信息背后所带来的危害，并且勇于和这些做斗争，为维护数字社会的和谐发展做出自己的一份贡献[①]。

（四）教育机构要提供创建数字内容的机会

这需要学生和老师的共同努力。学生结合自己的生活在创作数字内容的时候，会更加切身地体会到数字技术带来的便利，同时更加深刻地理解数字公民素养的内涵和含义，提高获取信息和辨析信息的能力。教师在数字实践过程中不断地提高自己的教学能力，就会教给学生更优质的数字内容。教育机构要积极为他们创造条件，给予老师和学生支持，无论是政策上还是行动上，都能够使他们有发挥创作的空间[②]。

（五）发挥领袖的影响能力

邀请少数优秀的数字公民教育家来开展相应的主题活动，发挥“领袖”的影响能力，可以进一步扩大和推动数字公民教育的发展。领袖的选举可以采取网络选举的方式，由人们选出自己心仪的领袖，同时领袖们通过开展教育讲座活动，把数字公民素养的内涵和重要性传递给人们，教导他们要对自己的网络行为负责，不能随意地放纵，尤其鼓励年轻人要学会利用互联网去使用自己的权利。如使用在线投票，不同于传统的线下投票，在线投票更加保护隐私、统计速度快，使用同时年轻人也能够体会到数字技术发展对人们日常生活产生的变化[③]。

（六）国家要重视数字公民教育，用实际行动去推动数字公民教育的飞速发展

首先，政府要加大投入力度，通过创造更好的互联网环境来推广数字公民教育。绝大多数信息资源在脱离限制后在互联网上都可以实现共享，因此政府应该制定相应的政策，让人们能够自由地学习这些资源，同时发表自己的看法，促进人与人之间的交流与合作。此外，国家要重视数字公民素养教育，进行推广，加大研究，增加拨款，让人们开始普遍接受，并且主动地学习[④]。

---

① 范晶，张颖. 高中生建设数字社会素质教育之初探［J］. 才智，2014（17）：56.

② 张春华. 提升学生数字公民素养的策略与实践［J］. 中国现代教育装备，2018（08）：77-80.

③ 李文婷. “互联网+”时代社会治理转型背景下我国数字公民教育研究［D］. 南京邮电大学，2017.

④ 夏涵. 信息时代高职院校“数字公民”教育探究［J］. 中国培训，2018（02）：28-30.

（七）完善法律体系，构建健康网络环境

建立健全相关的法律法规，从行政与司法角度对数字公民的行为进行制约，对于违规行为要有对应的处罚措施。我国目前对于网络行为的相关立法尚不健全，需要及早完善相关法律条文以规制不良行为，同时加大打击力度，对出现的违法行为坚决零容忍，严惩违法之人。要鼓励人们勇于同网络上的不法行为做斗争，及时向有关部门进行举报等。国家可起草并颁布关于数字教育服务信任的规章制度，以此规范社会上数字教育服务的机构或组织，尤其要注意保护个人隐私，让教师、学生和家长都能放心地使用各类数字教育服务①②。

（八）借鉴和吸收其他国家优秀案例

其他国家不乏一些优秀的、成功的实践案例，比如法国曾创建了一个面向家庭、教育机构和地方政府的信息服务网站，为家长、教育机构、地方政府进行教育实践提供帮助。借鉴吸收国外优秀案例，结合我国的信息技术发展水平及网络水平，有侧重地逐步推进国民数字公民素养教育，让网络得到合理的使用，开发网络使用的创新意识，慢慢培养公民解决复杂问题的能力、协作能力，从而在面对复杂的虚拟网络世界时能保持一种良好、积极的心态③④。

（九）提高认识、统筹规划，形成整体推进与培育氛围

要实施和推进数字公民素养教育，不仅需要教育管理部门的规划、家长的支持参与，还需要国家政府部门、研究机构等外部力量为人们营造较好的数字技术应用环境。教育主管部门应在青少年数字技术应用问题上深入研究，家长、学校、互联网企业等应形成联动。如学校教授数字公民素养的相关课程，形成系统的、完整的教学；家长可在生活中有意识地引导孩子去使用数字技术，并给予适当的鼓励；互联网企业可以积极地进行数字升级，创造出一批促进孩子数字公民

---

① 张立新，范晶晶．青少年数字公民素养教育的目标与内容［J］．中国信息技术教育，2016（19）：5-8.

② 纪俊男．法国推动实施学校数字教育计划［J］．世界教育信息，2016，29（10）：77-78.

③ 张春华．提升学生数字公民素养的策略与实践［J］．中国现代教育装备，2018（08）：77-80.

④ 张春华，白晓晶，吴莎莎．提升学生数字公民素养的必要性与策略分析［J］．中小学信息技术育，2018（06）：42-44.

素养发展的产品，积极维护数字社会的和谐氛围[①]。

（十）政府部门的重视与投入

政府部门应从国民素质与民生发展的角度重视数字素养，开发国家层面的数字素养公共项目，对此投入资金支持，并出台相应的政策加以保障，借助我国信息产业飞速发展这列快车，使国民数字素养普及教育紧跟而上；还应加大非技术因素方面的认识与宣传力度，以及针对我国法律规范的案例宣传，加强国民尤其青少年对网络犯罪的甄别，在尊重他人的同时保护好自己的个人信息等，增强他们的法律意识与社会责任感，在增长技能的同时养成批判性与独立自主的意识[②]。

（十一）图书馆开展持续有效的教育行动计划

在组织与执行上，图书馆是开展数字公民素养教育的前沿阵地，因此应构建一个数字素养教育体系，制定针对各级图书馆受众的具有可持续性、可操作性的长期行动计划。如专业图书馆可加强科研数据管理，建设数字学术中心；中小学的学校图书馆可在义务教育的基础上开设数字公民素养课程，将其嵌入到不同学科的课程学习中；公共图书馆要加强空间建设，使图书馆成为社会各类读者体验、学习和运用高新数字技术的场所。另外，还要加强各类图书馆馆员的数字技能培训，从馆员向读者辐射、从图书馆向社会辐射、从发达的城市地区向欠发达的偏远地区辐射[③]。

（十二）教育部门制定框架和标准

网络公民教育在当前属于自发状态，尚缺乏有效的监管与引导，需要激发、督促。针对各种在线教育网站、各高校开办的网络学堂和在线公开课等一系列资源，教育主管部门应提出数字素养教育的框架，以规范的标准与层次加以整合；教育部门可开办数字素养官方门户网站，提供优质的、免费的各种教育资源，并针对高校学生、中小学生分别制定数字素养技术标准，开设不同层次的数字素养课程体系，以及设立数字素养考试与认证机构，以便在将来成为职业技能培训的

---

① 阮高峰，张冬冬，Leaunda Hemphill.美国中小学数字公民素养教育现状及启示［J］. 中国信息技术教育，2016（19）：17-21.

② 张娟. 美国数字素养教育现状及启示［J］. 图书情报工作，2018，62（11）：135-142.

③ 张立新，范晶晶. 青少年数字公民素养教育的目标与内容［J］. 中国信息技术教育，2016（19）：5-8.

一部分[1][2]。

（十三）形成全民参与、全民监督的立体式教育网络

构建家长到学校到社会的三位一体模式，如前文所述，三者各自发挥自己能量，又相互联系，便能发挥出更大价值。其中对于社区来说，可以开展志愿者服务，使其参与到网络道德的抽检、宣传与引导过程中，感受数字公民应该遵守的基本行为准则，通过他人示范、引领，再辅以认知的干预、行为的督导等慢慢养成自我意识。对数字公民的施教应当循序渐进，由浅入深，动态发展。

（十四）鼓励公民积极参与公共活动

数字公民在进行社会活动时要形成“主人翁”意识，加强自我责任意识，要利用自主学习、个性化学习获取知识，学会合理利用数字化学习资源，更好地服务于他人及数字社会。公民应以积极的态度参与到公众事务中，分享个人成果，为个体、社群发展贡献力量。每一个人都应理解、宽容他人，促进数字社会的和谐发展，在教育和自我教育的双重作用下，做合格的数字公民。

（十五）开展数字公民素养主题教育

数字公民的教育应密切融合于媒介素养教育的日程表中。互联网是具有两面性的，不仅仅为人们提供了很多便利，也带了很多的弊端，对于身心还未成熟的学生来说，稍微不注意，就会受到伤害，因此，我们需要对其格外关注，通过不同的主题教育活动，来增强他们的数字公民素养能力，如互联网安全、隐私与保密、关系与传播、网上欺凌、电子足迹、信誉、创新制度与著作权等[3]。

---

① 张立新，范晶晶. 青少年数字公民素养教育的目标与内容［J］. 中国信息技术教育，2016（19）：5-8.

② 吴吟. 青少年网络公民认知现状调查［J］. 浙江传媒学院学报，2016，23（04）：41-46.

③ 吴吟. 青少年网络公民认知现状调查［J］. 浙江传媒学院学报，2016，23（04）：41-46.

第六章　数字公民素养评价研究

第一节　数字公民素养评价指标体系研究

一、评价指标初步筛选

目前学界关于数字公民素养的评价指标尚无统一定论。鉴于数字公民素养与公民身份紧密相关，本研究首先对国外数字公民素养的相关研究及教育标准和框架进行细致梳理，初步遴选数字公民素养的相关评价指标。然后立足国内学者关于数字公民素养的研究，结合我国教育发展实情，对初步遴选的数字公民素养评价指标进行修订和完善，形成较为科学的、符合我国国情的数字公民素养评价指标。本研究以青少年为例。

国外早期关于数字公民素养的评价研究仍主要源于迈克·瑞布提出的数字公民素养九要素①。包括Al–Zahrani基于瑞布的九要素开发的46个题项的大学生数字公民素养量表②；Nordin等人基于瑞布九要素中的数字礼仪、数字权责、数字健康、数字商务和数字安全，研制的17个题项的大学生数字公民素养量表③。以及相关国外学者如Lisa、Choi、Kim依据自身教育经验研制具备地方教育特色的数字公民素养量表，还有欧洲委员会和联合国教科文组织陆续研制和发布的相关标

① Ribble M. Digital citizenship in schools: Nine elements all students should know[M]. International Society for Technology in Education, 2007.

② Al-Zahrani A. Toward digital citizenship: examining factors affecting participation and involvement in the Internet society among higher education students[J]. International Education Studies, 2015, 8(12): 203-217.

③ Nordin M S, Ahmad T B T, Zubairi A M, et al. Psychometric properties of a digital citizenship questionnaire[J]. International Education Studies, 2016, 9(3): 71-80.

准框架（具体详见本书第二章）。

国内关于数字公民素养的评价研究起步较晚，早期研究主要停留在对数字公民及数字公民素养概念和内涵的探讨上，如张丽霞认为青少年应该成为负责的数字公民，承担相应的责任，包含自我责任、他人责任、虚拟共同体责任和数字社会责任[①]。张立新认为数字公民教育主要包括数字生活、数字学习、数字工作和数字休闲四个层面[②]。近些年，部分学者开始探索具备本土特色的数字公民教育，如郑云翔通过梳理国内外相关文献，将数字公民素养划分为数字理解、数字素养、数字使用和数字保护四大维度[③]。朱敬解析了我国数字公民教育的本土逻辑，认为数字公民需要掌握数字文化、数字道德、数字交流技能、安全技能、健康技能等内容[④]。

通过对上述国内外比较成熟的与数字公民素养的相关文献以及标准进行整理分析，可将数字公民素养划分为11个评价指标，分别为数字意识、数字技能、数字参与、数字礼仪、数字商务、数字学习、数字创新、数字健康、数字安全、数字责任和数字法律，并根据指标的出现频次进行排列，归纳出数字公民素养的核心评价指标维度，具体如表6-1所示。

表6-1　国内外数字公民素养相关评价指标一览表

来源	数字意识	数字技能	数字参与	数字礼仪	数字商务	数字学习	数字创新	数字健康	数字安全	数字责任	数字法律
迈克·瑞布	●	●	●	●			●	●	●	●	●
Lisa			●	●						●	
Choi	●	●	●								
Kim	●	●	●	●						●	
欧洲委员会	●	●	●	●	●	●	●	●	●	●	

① 张丽霞，吴玉娟．论青少年学生的数字公民责任［J］．教育发展研究，2013，33（04）：76-80.

② 张立新，张小艳．论数字原住民向数字公民转化［J］．中国电化教育，2015（10）：11-15.

③ 郑云翔，钟金萍，黄柳慧，杨浩．数字公民素养的理论基础与培养体系［J］．中国电化教育，2020（05）：69-79.

④ 朱敬．终身教育视角下我国数字公民教育的形态与逻辑［J］．现代远距离教育，2021（04）：76-82.

续表

来源	数字意识	数字技能	数字参与	数字礼仪	数字商务	数字学习	数字创新	数字健康	数字安全	数字责任	数字法律
联合国教科文组织	●	●	●	●	●	●	●	●	●	●	
张丽霞	●	●	●	●	●	●		●	●	●	●
张立新	●	●	●	●	●	●		●	●	●	●
郑云翔	●	●	●	●	●	●	●	●	●	●	●
朱敬	●	●	●	●	●	●		●	●	●	●
总计	9	9	10	9	6	6	4	7	7	9	5

由表6–1可知，仅从指标频次来看，数字意识（9次）、数字技能（9次）、数字参与（10次）、数字礼仪（9次）和数字责任（9次）是当前学界数字公民素养研究中的核心指标，即合格的数字公民需要具备一定的数字技能，意识到数字技术对社会的影响，积极参与数字社会，并注重数字礼仪，为自身行为负责。数字健康（7次）、数字安全（7次）、数字商务（6次）、数字学习（6次）是次要指标，即公民需要避免数字世界带来的各种风险，并使用技术进行一些商务活动和学习。数字创新（4次）和数字法律（5次）为边缘指标，即数字公民需要遵守并了解数字社会的相关法律，学会使用数字技术进行创新。然而从研究趋势来看，随着数字公民素养研究的深入，数字创新已经成为欧洲委员会、联合国教科文组织等国际组织研究的热点，实际也可能成为数字公民素养的核心指标。

本研究结合青少年数字公民素养的内涵、青少年的实际身心发展特点，初步构建了青少年数字公民素养的理论模型，主要分为三个部分：一是数字生存，包括数字意识、数字技能；二是数字发展，包括数字学习、数字创新、数字参与和数字商务；三是数字保护，包括数字礼仪、数字健康、数字安全、数字责任、数字法律，初步构建的评价指标理论模型具体如图6–1所示。

二、评价指标专家咨询

笔者根据初步构建的青少年数字公民素养理论模型编制了《青少年数字公民素养水平评价指标体系的专家访谈提纲》，并进行专家访谈。访谈提纲主要围绕“数字公民素养的主要内容”“数字公民素养的评价方式和方法”以及“数字公民素养评价指标划分的适切性”三个主题展开。

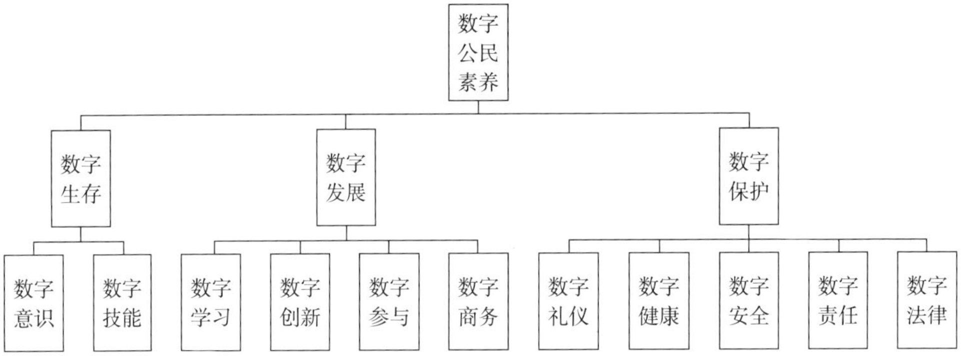

图6-1　初步构建的青少年数字公民素养评价指标理论模型

参与访谈的专家均具有教育技术学、教育信息技术、教育学等专业学科背景，均对构建的理论模型有较高的认同度，认为量表测评是数字公民素养的重要方式，此次研究划分的三个维度也较为科学合理。但是对于11个二级指标，访谈专家基于自身教育经验给出了不同见解，归纳如下：

第一，数字生存是比较好的维度，尤其在数字时代，掌握一定的数字技能是适应社会发展的基础，而数字意识决定了个体是否意识到技术对生活的改变，是个体利用技术的重要前提。如部分学习者具备较好的数字技能，但是意识不到数字技能的作用和影响，导致无法快速适应社会。

第二，数字发展是数字公民素养的重要内容，在新冠疫情推动全球大规模数字化教育的背景下，使用数字技术进行学习和创新已经成为青少年不可或缺的技能，同时借助数字技术参与社会事务、促进社会发展也成为公民的基础技能。数字商务虽然也是数字化发展中较好的维度，涉及公民利用数字技术进行消费以及预防网购诈骗等内容，但是从青少年的角度来看，一方面，青少年通常缺乏经济独立，接触数字消费相对较少，另一方面，涉及的网购诈骗等内容与数字安全的内容存在重叠，因此可以考虑将数字商务部分的内容与数字安全指标合并，减少数字消费内容。

第三，数字保护是个体保护自己、他人以及社会的重要能力，该维度下属的5个二级指标均具备较强代表性。但是当前数字世界的相关法律尚不健全，因此可以考虑将数字法律与数字责任等维度进行合并，重点考察青少年对数字世界相关规范的遵守。

三、评价指标初步确定

笔者根据专家访谈的相关建议以及对青少年数字公民素养评价指标的进一步分析和梳理，对初步构建的理论模型进行了修改：一是将数字商务指标从初始理论模型中删除；二是将数字礼仪指标的相关内容与数字参与、数字责任指标进行整合；三是将数字法律指标的相关内容与数字责任指标进行整合。最终构建了由3个一级指标和9个二级指标组成的青少年数字公民素养评价指标理论模型。具体内容及解释如图6-2和表6-2所示。

表6-2　青少年数字公民素养水平评价指标体系具体解释

序号	一级指标	二级指标	指标说明
1	数字生存A	数字意识A1	意识到数字技术给生活带来的改变，积极关注技术，进行思考 1. 意识到数字公民的身份 2. 关注技术变革带来的机遇与挑战 3. 在生活中积极关注数字技术，使用数字技术
		数字技能A2	具备相关知识，能使用数字技术解决实际问题 1. 掌握常见数字技术原理与知识 2. 使用技术数字解决实际问题
2	数字发展B	数字学习B1	使用数字技术辅助学习
		数字创新B2	使用数字技术、手段创新出产品 1. 能使用公开数据进行创作 2. 编写、创作特定可执行程序 3. 整合创新已有数字内容
		数字参与B3	使用数字技术参与公共事务以及相关活动
3	数字保护C	数字健康C1	抵制数字诱惑，保护身体和心理健康 1. 了解使用数字设备带来的负面影响 2. 合理控制设备使用时间，规律作息 3. 及时识别并规避数字设备带来的各种威胁与风险
		数字安全C2	注意数字安全，防范数字病毒 1. 学会保护自己在数字世界中的安全 2. 防范数字病毒
		数字礼仪C3	在数字世界中注意个人礼仪 1. 仔细考虑自身言行可能给周围带来的影响 2. 尊重他人在数字世界的话语权
		数字责任C4	了解数字世界拥有的权利和需要承担的责任 1. 了解、遵守网络社会的伦理道德，包含版权、礼仪、守则等 2. 了解数字公民的权利与责任、努力维护网络环境 3. 规范自身数字行为，适当帮助他人

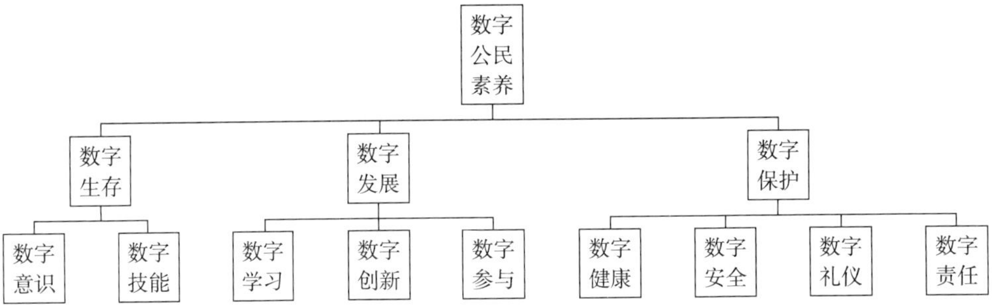

图6-2　修订后的青少年数字公民素养评价指标理论模型

第二节　研究对象、工具、方法与思路

一、研究对象及取样

研究的对象主要是高一到高三的在校青少年。2020年11月到12月，通过邮寄问卷的形式对某市市区多所高级中学发放了总计350份纸质问卷，实际回收有效问卷294份，有效率达到84.00%。研究样本的基本信息如表6-3所示。使用SPSS 24.0软件将采集的数据随机分为两组，一组用于探索性因子分析（EFA），另一组用于验证性因子分析（CFA）。

表6-3　样本的基本信息

性别 \ 年级	高一	高二	高三	总计
男	34	79	32	145
女	56	73	20	149
总计	90	152	52	294

二、研究工具

根据国内外已有的数字公民素养量表以及构建的理论模型，初步编制了《青少年数字公民素养水平调查问卷》。调查问卷分为两个部分：①基本信息，主要调查参与者的性别、年龄和父母最高学历等，共计9个题项；②青少年数字公民素养测评量表，量表采用李克特五点量表法，按照“非常不同意（1分）、不同意（2分）、中立（3分）、同意（4分）、非常同意（5分）”进行题项赋分，主要调查参与者在数字意识、数字技能等9个二级指标上的得分，共计32个题项。

在初步完成调查问卷的编制后，首先咨询了领域内相关专家、一线教师、教研员关于调查问卷内容、结构、语言表达等方面的建议，根据建议对问卷进行第一轮修订。然后用修订的问卷在某市的青少年中进行小范围抽样测试，并了解青少年对问卷的相关看法和建议。学生均表示对问卷的题项数量可以接受，对题项描述基本可以理解。最后，基于学生反馈意见完成问卷修订。因此，本次研究编制的调查问卷具有较好的专家效度和内容效度。

（一）效度分析

通过在SPSS 24.0软件中采用最大方差法对研究工具进行探索性因子分析，结果显示，研究工具KMO（Kaiser–Meyer–Olkin）值为0.864，显著性为0.000，说明问卷题项非常适合进行因子分析。采用主成分分析法从样本数据共提取9个因子，累计方差解释率为61.25%，且单个题项旋转因子载荷均大于0.50，说明相关题项对因子具有较高的解释度。

（二）信度分析

通过在SPSS 24.0软件中对量表的α系数（克隆巴赫系数）进行计算，分析显示量表整体的α系数为0.851，量表各维度的α系数均大于0.50，具体如表6–4所示，表明研究编制的量表信度较高。

表6–4　量表的信度分析

总指标/一级指标	信度	二级指标	信度
数字公民素养	0.865	—	—
数字生存	0.748	数字知识	0.724
		数字技能	0.669
数字发展	0.830	数字学习	0.678
		数字创新	0.787
		数字参与	0.763
数字保护	0.828	数字健康	0.741
		数字安全	0.806
		数字礼仪	0.559
		数字责任	0.743

由信效度分析结果可知，基于专家咨询和数据验证编制的量表，可以作为评价青少年数字公民素养水平的可靠工具。

三、研究方法与思路

（一）研究方法

本研究主要使用了文献研究法、问卷调查法、专家咨询法以及统计分析法，采用EXCEL 2019、SPSS 24.0和AMOS 24.0等软件作为处理问卷数据的工具。

一是文献研究法。研究以Web of science、中国知网、万方数据库等国内外知名论文数据库为文献来源，以“数字公民”“数字公民素养”“评价模型”“评价指标体系”“digital citizen”“digital citizenship”为主题进行文献检索。通过整理分析前人关于数字公民素养评价的相关研究，剖析数字公民素养内涵、研究趋势，提取出数字公民素养的关键指标，为编制数字公民素养的评价指标体系、理论模型和编制量表提供理论支持。

二是问卷调查法。首先，根据构建的青少年数字公民素养理论模型，初步设计调查问卷，并根据专家意见进行第一次修订。然后，随机抽样调查一部分青少年进行问卷预测试，根据调查结果对调查问卷进行第二次修订，形成最终的《青少年数字公民素养水平调查问卷》。最后，使用正式问卷在某市开展广泛的问卷调查，保证研究编制的数字公民素养量表具备坚实的实践基础。

三是专家咨询法。研究主要在两个环节进行专家咨询：首先在构建数字公民素养的理论模型时向专家咨询，根据反馈意见，优化初始评价指标和理论模型，保证评价指标和理论的适切性。然后在划分指标权重时，咨询专家对指标权重划分的相关建议，根据专家意见对评价指标体系模型进行修正。通过专家咨询能确保构建的评价指标体系模型具有较高的科学性。

四是统计分析法。本研究主要在三个环节使用到了统计分析法：首先在编制量表过程中，使用探索性因子分析法检验了量表的信度和效度，验证了量表的可靠性。其次在评价模型的构建中，采用验证性因子分析为模型构建以及指标权重划分提供数据支撑。最后在地区总体水平分析以及各因素差异性分析中，采用描述性统计以及方差分析等方法，深入分析样本数据，从而发现了青少年数字公民素养的一些人口统计学变量上的特征。

（二）研究思路

借鉴教育科学领域评价模型的构建研究，结合青少年数字公民素养的内涵可以将研究思路分为以下四步：

一是明确青少年数字公民素养内涵本质。研究通过大量文献分析，厘清数字公民、数字公民素养的概念，剖析其内涵本质，明确了研究的逻辑起点，是研究的前提和基础。

二是构建青少年数字公民素养评价指标和理论模型。研究首先综合采用文献综述以及专家咨询，构建了青少年数字公民素养评价指标和理论模型。然后基于理论模型、专家咨询以及小范围预测，完成《青少年数字公民素养水平调查问卷》的编制。最后使用问卷进行大范围的调研。

三是构建青少年数字公民素养评价模型。采用因子分析法对回收的问卷数据进行处理，根据结构方程模型的因子负荷量进行加权计算，初步确定评价指标的权重，并使用数学表达式进行呈现。最后根据专家意见修正构建的评价指标体系。

四是开展青少年数字公民素养应用分析与提升策略研究。根据采集的数据，进行青少年数字公民素养总体水平分析、差异分析，并在此基础上研究青少年数字公民素养的提升策略。

综合研究方法，研究思路可以用图6–3来表示。本研究以青少年为对象，通过对国内外关于数字公民素养的主要文献进行分析，厘清数字公民及数字公民素养的概念内涵，遴选出反映青少年数字公民素养的核心评价指标，构建青少年数字公民素养评价模型，并采用统计分析法验证模型的科学性和适切性，在此基础上开展青少年数字公民素养的现状分析、差异分析及提升策略研究，以期促进合格数字公民的培养。研究思路可概括为“立足一个中心，践行两个板块，解决三个问题”。

“立足一个中心”：就是围绕如何构建青少年数字公民素养评价指标体系为研究中心，这是课题研究的核心所在。课题紧紧围绕这个中心开展研究，分析国内外主流的数字公民素养研究文献，遴选出反映青少年数字公民素养的核心指标，进而为评价数字公民素养找到“良方”。这个中心贯穿课题研究的始终，将“两大板块”和“三个问题”连接起来，形成一个整体。

“践行两大板块”：本研究有两大板块，一是构建青少年数字公民素养的评

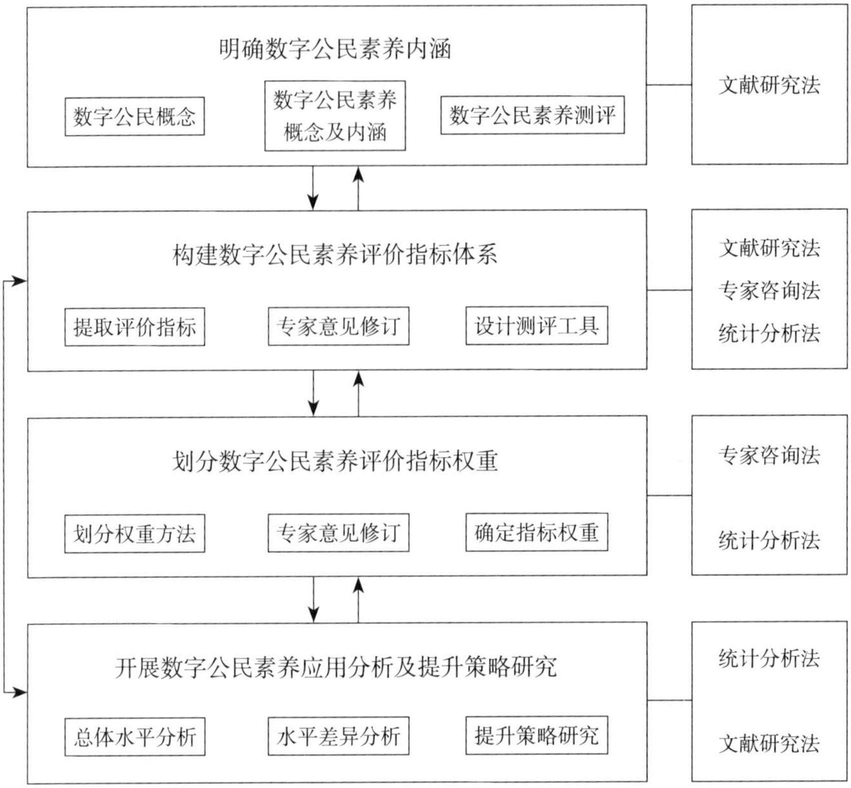

图6-3 研究思路

价指标体系，二是分析青少年数字公民素养的应用现状和提升策略。这两个板块相辅相成，紧密结合。

“解决三个问题”：即青少年数字公民素养评价指标遴选问题，青少年数字公民素养评价指标模型构建及验证问题，青少年数字公民素养现状及提升策略问题。课题在此基础上，通过解决三个核心问题，实现培养合格数字公民的目标。

第三节 数字公民素养评价模型构建

在确定数字公民素养评价指标体系和理论模型之后，本章将采取验证性因子分析对构建的理论模型进行检验[①]，为构建青少年数字公民素养水平评价模型提供科学的数据支撑。

---

① 邱皓政. 结构方程模型的原理与应用［M］. 北京：中国轻工业出版社，2019：81.

一、一阶模型验证性因子分析

基于研究构建的青少年数字公民素养理论模型，以AMOS24.0为工具，构建一阶模型的结构方程。若一阶模型中各观察变量具备较高的关联度，且模型与样本数据拟合度较高，则构建高阶模型（二阶模型）。一阶模型验证性因子分析结果如图6–4和图6–5所示。

在结构方程模型中，标准化回归系数（又称因子负荷量）表示共同因子对测量变量的影响，取值范围一般为0.50～0.95，当因子负荷量越高时，表明测量变量能被解释的程度越大。从图6–5可知，"数字生存"对应的"数字意识"和"数字技能"的因子负荷量分别是0.86和0.50。"数字发展"对应的"数字学习""数字创新"和"数字参与"的因子负荷量分别是0.52、0.72和0.76。"数字保护"对应的"数字健康""数字安全""数字礼仪"和"数字责任"的因子负荷量分别是0.50、0.65、0.57、0.69。"数字生存"和"数字发展"间的关联度为0.50，"数字生存"和"数字保护"间的关联度为0.54，"数字发展"和"数字保护"间的

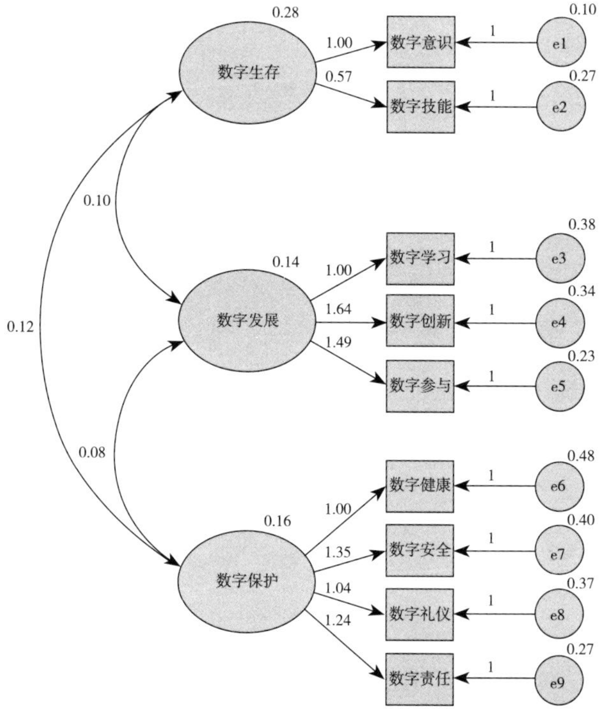

图6–4　一阶模型非标准化回归系数图

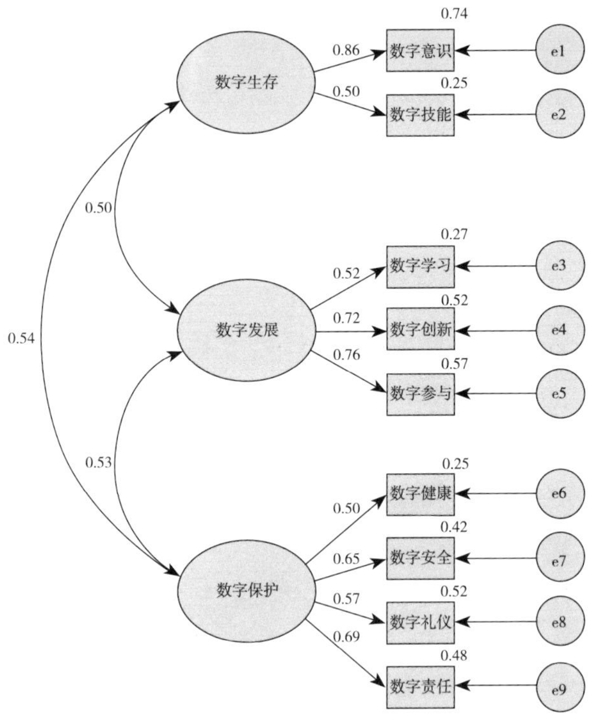

图6-5 一阶模型标准化回归系数图

关联度为0.53，一阶模型的因子负荷量均高于0.50，符合结构方程模型的适配标准，表明本研究构建的一阶模型具有较好的适配度。

临界比（CR）是参数估计值（Estimate）与标准误（SE）的比值，用于检验参数的显著性。当CR的值高于2.58时，表示参数估计值达到0.01的显著性水平。由表6–5可知，模型测量变量的CR值均高于2.58，表明模型各路径系数均达到0.01的显著性水平，"数字生存""数字发展"和"数字保护"分别对相应的指标具有显著性的影响。

表6–5 一阶模型非标准化回归系数

一级指标	二级指标	Estimate	SE	CR	P
数字生存	数字意识	1	—	—	—
	数字技能	0.567	0.114	4.992	***
数字发展	数字学习	1	—	—	—
	数字创新	1.636	0.225	7.273	***
	数字参与	1.494	0.205	7.291	***

续表

一级指标	二级指标	Estimate	SE	CR	P
数字保护	数字健康	1	—	—	—
	数字安全	1.352	0.203	6.649	***
	数字礼仪	1.038	0.166	6.241	***
	数字责任	1.237	0.182	6.787	***

由表6-6可知，一阶模型各项指标均符合拟合标准，表明研究构建的3个一级指标（维度）和9个二级指标的结构具有较高的科学性。

表6-6　一阶模型拟合数据

拟合参数	CMIN/DF	RMR	GFI	CFI	RMSEA	SRMR
拟合标准[①]	<5	<0.05	>0.90	>0.90	<0.08	<0.10
一阶模型	2.675	0.029	0.956	0.928	0.076	0.052

二、二阶模型验证性因子分析

在结构方程模型中，当构建的一阶模型验证性因子分析结果显示模型中的各因子间具有较高的关联度，并且构建的一阶模型拟合度较高，表明一阶因子间可能还存在一个高阶因子[②]，此时可以进行二阶模型的构建。

由本研究的一阶模型验证性因子分析结果可知，“数字生存”“数字发展”和“数字保护”间具有较高关联度，分别为0.50、0.53和0.54，且模型拟合度较高，表明研究构建的异阶模型可能存在一个较高阶的潜在变量可以解释这三个指标，即数字公民素养。因此研究基于样本数据开展了二阶模型验证性因子分析，结果如图6-6和图6-7所示。

① 吴明隆. 结构方程模型——Amos的操作与应用［M］. 重庆：重庆大学出版社，2019：39-62.
② 吴明隆. 结构方程模型——Amos的操作与应用［M］. 重庆：重庆大学出版社，2019：246.

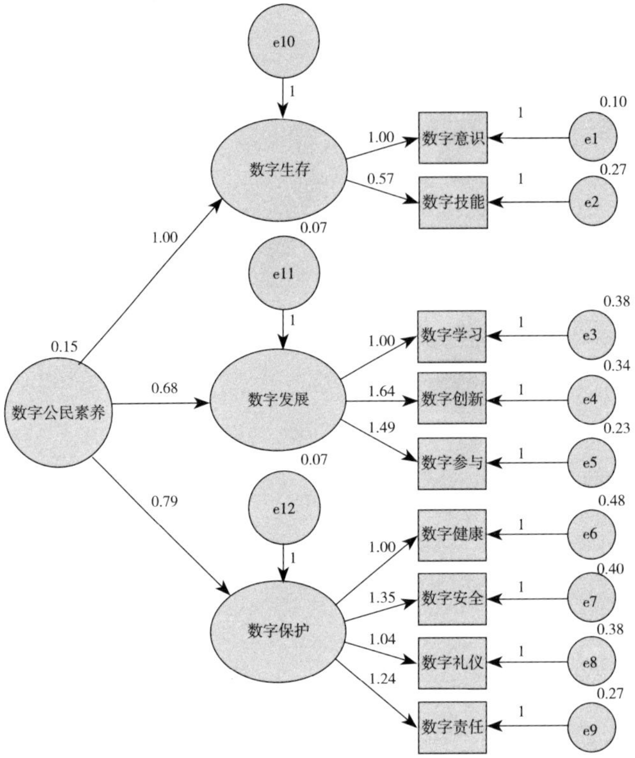

图6-6　二阶模型非标准化回归系数图

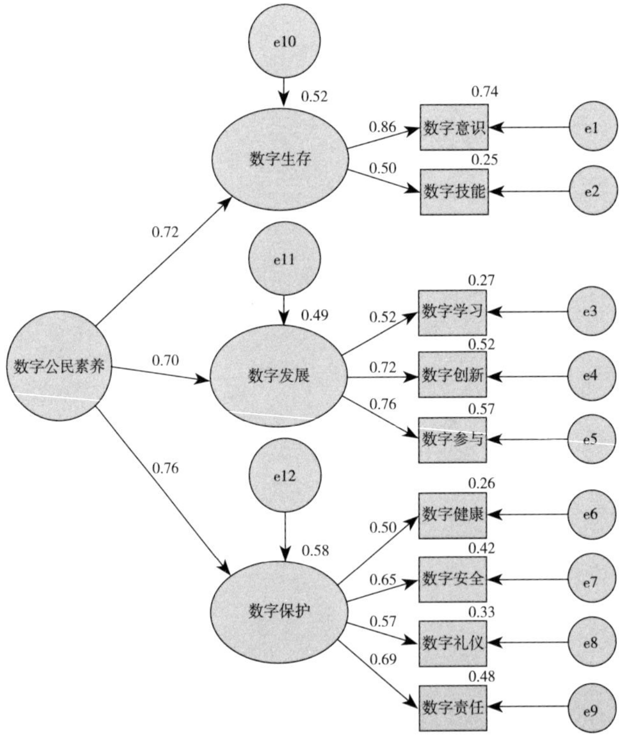

图6-7　二阶模型标准化回归系数图

由图6-7可知，“数字生存”对应的“数字意识”和“数字技能”的因子负荷量分别是0.86和0.50。“数字发展”对应的“数字学习”“数字创新”和“数字参与”的因子负荷量分别是0.52、0.72和0.76。“数字保护”对应的“数字健康”“数字安全”“数字礼仪”和“数字责任”的因子负荷量分别是0.50、0.65、0.57、0.69。“数字公民素养”对应的“数字生存”“数字发展”和“数字保护”的因子负荷量分别为0.72、0.70和0.76，均高于0.50。此外根据三个一级指标的因子负荷量可以得出研究构建的数字公民素养量表的平均变异数抽取量为0.53，组合信度为0.77。表明本研究构建的二阶模型具有较高的适配度。

由表6-7可知，上述8个观察变量、3个潜在变量的路径系数C.R.值均大于2.58，路径系数均达到0.01的显著性水平，各变量对相应的指标均具备显著性影响。

表6-7　二阶模型非标准化回归系数

总指标／一级指标	二级指标	Estimate	SE	CR	P
数字公民素养	数字发展	0.68	0.136	4.995	***
	数字生存	1	—	—	—
	数字保护	0.794	0.163	4.884	***
数字生存	数字意识	1	—	—	—
	数字技能	0.567	0.114	4.992	***
数字发展	数字学习	1	—	—	—
	数字创新	1.636	0.225	7.273	***
	数字参与	1.494	0.205	7.291	***
数字保护	数字健康	1	—	—	—
	数字安全	1.352	0.203	6.649	***
	数字礼仪	1.038	0.166	6.241	***
	数字责任	1.237	0.182	6.787	***

表6-8　一阶模型和二阶模型拟合数据

拟合参数	CMIN/DF	RMR	GFI	CFI	RMSEA	SRMR
拟合标准	＜5	＜0.05	＞0.90	＞0.90	＜0.08	＜0.10
一阶模型	2.675	0.029	0.956	0.928	0.076	0.052
二阶模型	2.675	0.029	0.956	0.928	0.076	0.052

从表6-8中可以看出，二阶模型验证性因子分析结果数据均符合标准要求，表示构建的二阶模型拟合度较高。且一阶模型与二阶模型之间的卡方自由度未发生明显变化，未违反结构方程模型构建的简洁性。因此我们可以确定，中学生数字公民素养水平可以由数字生存、数字发展、数字保护3个一级指标和9个二级指标构成。

三、评价指标赋权

在教育科学领域，评价指标赋权的方法主要分为三种：一是客观赋权法，即根据样本数据分析指标间的关联，常见的包括熵值法、CRITIC法、因子分析法等。这种基于统计学方法的赋值法具有较高的客观性，但容易受样本影响。二是主观赋权法，即邀请专家根据自身领域经验对指标体系进行主观判断，从而划分指标权重，专家评价法是主观赋值中最常用到的方法。三是组合赋权法，即综合考虑客观赋值法和主观赋权法对指标权重进行划分，如采用线性加权方式对研究获得的多种权重进行组合，得到最终的指标权重。

由于数字公民素养指标体系涉及多个变量，且指标间关系错综复杂、国内数字公民素养领域知名专家较少，本研究将首先通过CRITIC法和因子分析法分别获得指标权重，然后采用基于博弈论的组合赋权法确定青少年数字公民素养水平评价模型。

（一）CRITIC法

CRITIC法是一种以评价指标的对比强度和冲突性综合确定指标权重的客观赋权方法，能够兼顾指标的变异性和指标间的相关性，其计算流程如下：首先进行指标归一化处理，即对青少年学生数字公民素养的各指标数据进行归一化处理；然后计算冲突性T_{ij}和单个指标信息量C_j。其算式为

$$T_{ij}=\sum_{i=1}^{m}\left(1-r_{ij}\right)$$

$$C_j=\sigma_j\sum_{i=1}^{m}\left(1-r_{ij}\right)$$

其中，T_{ij}为指标i和j之间的相关系数，σ_j为指标j的标准差。最后是计算指标权重。根据C_j计算出每个指标的权重$Y=\dfrac{C_j}{\sum_{j=1}^{n}C_j}$，最终得到客观权重$W_2=(Y_1,Y_2,\cdots,Y_k)$，$Y_1+Y_2+\cdots+Y_k=1$，如表6-9所示。

表6-9　CRITIC法的指标权重

一级指标	指标权重	二级指标	指标权重
数字生存	0.17	数字意识	0.08
		数字技能	0.09
数字发展	0.34	数字学习	0.16
		数字创新	0.12
		数字参与	0.10
数字保护	0.44	数字健康	0.11
		数字安全	0.11
		数字礼仪	0.11
		数字责任	0.11

（二）因子分析法

在结构方程模型中，因子负荷量表示题项与因子间的关联度，因此可根据因子负荷量的大小确定青少年数字公民素养评价模型的指标权重。通过对二阶结构方程模型中的因子负荷量进行加权计算，得到的各评价指标权重如表6-10所示。

表6-10　因子分析法的指标权重

一级指标	指标权重	二级指标	指标权重
数字生存	0.33	数字意识	0.21
		数字技能	0.12
数字发展	0.32	数字学习	0.08
		数字创新	0.12
		数字参与	0.12
数字保护	0.35	数字健康	0.07
		数字安全	0.09
		数字礼仪	0.08
		数字责任	0.10

（三）组合赋权法

基于博弈论的组合赋权法能较好地平衡多组指标权重的关系，从而实现评

价指标权重最优化组合，其流程如下：首先，构建线性组合。根据主客观赋权法得到的权重W_1，…，W_m，构建线性组合$W=\sum_{l=1}^{m}\alpha_l W_l(\alpha_l>0)$。其次，优化线性组合。根据博弈论思想，使$W$与$W_l$的离差极小化，即$min=\|W-W_l\|$，可转化为公式：

$$\begin{bmatrix} W_1W_1^T & \cdots & W_1W_m^T \\ \vdots & \cdots & \vdots \\ W_mW_1^T & & W_mW_m^T \end{bmatrix}\begin{bmatrix} \alpha_1 \\ \vdots \\ \alpha_m \end{bmatrix}=\begin{bmatrix} W_1W_1^T \\ \vdots \\ W_mW_m^T \end{bmatrix}$$

最后，求解组合权重。根据公式进行求解，并对解进行归一化处理，得到：$\alpha_k'=\dfrac{\alpha_k}{\sum_{k=1}^{m}\alpha_k}$，最终求得组合权重为$W^*=\sum_{k=1}^{m}\alpha_k'W_k$，最终结果如表6-11所示。

表6-11　基于博弈论组合赋权法的指标权重

一级指标	指标权重	二级指标	指标权重
数字生存	0.25	数字意识	0.15
		数字技能	0.11
数字发展	0.35	数字学习	0.12
		数字创新	0.12
		数字参与	0.11
数字保护	0.39	数字健康	0.09
		数字安全	0.10
		数字礼仪	0.10
		数字责任	0.10

第四节　数字公民素养评价的应用

一、研究结果的呈现

（一）数字公民素养评价指标体系的构成

青少年数字公民素养评价指标体系可以由3个一级指标和9个二级指标构成，3个一级指标分别是：A数字生存、B数字发展和C数字保护。9个二级指标分别是：A1数字意识、A2数字技能；B1数字学习、B2数字创新、B3数字参与；C1数字健康、C2数字安全、C3数字礼仪和C4数字责任。它们之间的定量关系可以使用数学表达式表示：Y=0.25A+0.35B+0.39C，其中：

A=0.58A1+0.42A2

B=0.34B1+0.34B2+0.32B3

C=0.23C1+0.26C2+0.24C3+0.26C4

利用综合权重表示，青少年数字公民素养评价指标体系表达式可写为：

Y=0.15A1+0.11A2+0.12B1+0.12B2+0.11B3+0.09C1+0.10C2+0.10C3+0.10C4

每个符号具体代表的评价指标如表6-12所示。

表6-12　评价指标体系符号及其对应含义

一级指标	一级指标权重	二级指标	指标内容权重	综合权重
A数字生存	0.25	A1数字意识	0.58	0.15
		A2数字技能	0.42	0.11
B数字发展	0.35	B1数字学习	0.34	0.12
		B2数字创新	0.34	0.12
		B3数字参与	0.32	0.11
C数字保护	0.39	C1数字健康	0.23	0.09
		C2数字安全	0.26	0.10
		C3数字礼仪	0.24	0.10
		C4数字责任	0.26	0.10

（二）数字公民素养水平评价结果

（1）所选样本的数字公民素养整体水平较高，但是在数字发展上表现不佳。女生的数字公民素养显著高于男生的数字公民素养，男生仅在数字技能得分略高于女生。随着学生年级的上升，数字公民素养总体水平呈现上升趋势。

（2）所选样本中，数字公民素养整体上不存在父母学历上的显著性差异，但是母亲学历是本科以上的青少年的数字责任得分显著高于母亲学历是本科以下的青少年。

（3）所选样本中，父母学历越高，青少年在数字意识、数字创新等隐性的高阶能力上表现越好；父母学历越低，青少年在数字技能、数字学习等显性的低阶能力上表现越好。

二、研究结果分析

（一）总体水平分析

使用SPSS 24.0软件对样本数据进行描述性统计分析，具体分析结果如表6–13所示。

表6-13　青少年数字公民素养总体水平分析

指标	一级指标	均值±标准差	二级指标	均值±标准差
数字公民素养 3.59 ± 0.43	A数字生存	4.07 ± 0.52	A1数字意识	3.99 ± 0.62
			A2数字技能	4.18 ± 0.61
	B数字发展	3.31 ± 0.61	B1数字学习	3.55 ± 0.72
			B2数字创新	3.20 ± 0.84
			B3数字参与	3.17 ± 0.74
	C数字保护	3.63 ± 0.55	C1数字健康	3.25 ± 0.80
			C2数字安全	3.76 ± 0.84
			C3数字礼仪	3.72 ± 0.74
			C4数字责任	3.92 ± 0.72

由表6-13可知，样本地区青少年的数字公民素养整体水平较高（M=3.59，SD=0.43）。在3个一级指标上，青少年数字生存（M=4.07，SD=0.52）得分最高，表明样本地区的青少年的数字意识和数字技能综合水平较高，能较好地适应数字社会的生存和发展。青少年数字发展得分最低（M=3.31，SD=0.61），表明青少年的数字学习、数字创新和参与的综合水平相对较弱，不过已基本达到在数字社会发展的要求。青少年数字保护（M=3.63，SD=0.55）得分相对理想，表明青少年不仅能够在数字社会中保护自己，也能帮助其他人减少相关的数字风险，成为负责的数字公民。

从9个二级指标得分可以发现，青少年数字意识（M=3.99，SD=0.62）和数字技能（M=4.18，SD=0.61）两个指标得分最高，表明他们大部分能意识到数字技术给社会带来的改变，能关注技术给生活、学习带来的影响，并具备较高的数字技能，能在数字社会很好的生存，同时为在数字社会发展奠定了良好的基础。

青少年数字学习（M=3.55，SD=0.72）得分相对高于数字创新（M=3.20，SD=0.84）和数字参与（M=3.17，SD=0.74），表明大部分学生已经基本能将数字技术用于学习，但是在使用数字技术创新和参与社会上相对不足。

青少年数字责任得分较高（M=3.92，SD=0.72），表明他们大部分数字社会的责任感较高，能够很好地遵守数字世界的相关规范。青少年数字安全（M=3.76，SD=0.84）和数字礼仪（M=3.72，SD=0.74）得分相对数字责任较低，表明尽管青少年能遵守相关责任和法律法规，但是对于保护自己在数字世界的安全以及与他人的文明社交表现相对较差。此外，青少年数字健康（M=3.25，SD=0.80）与数字责任、数字安全和数字礼仪3个指标得分具有明显差距，表明相当一部分青少年可能沉迷于数字娱乐，存在网络上瘾等现象。

（二）水平差异分析

1. 青少年数字公民素养性别差异分析

使用SPSS 24.0软件对性别进行独立样本T检验，分析结果如表6–14至表6–16所示。

表6–14　青少年数字公民素养的性别差异分析

评价指标	性别	均值	标准差	P
Y青少年数字公民素养	男	3.52	0.43	0.003**
	女	3.67	0.42	

从表6–14可知，青少年数字公民素养存在性别上的显著差异（$P<0.01$），女生数字公民素养得分（M=3.67，SD=0.42）显著高于男生（M=3.52，SD=0.43）。

表6–15　一级指标的性别差异分析

评价指标	性别	均值	标准差	P
A数字生存	男	4.07	0.52	0.947
	女	4.08	0.52	
B数字发展	男	3.19	0.62	0.001**
	女	3.42	0.58	
C数字保护	男	3.55	0.56	0.007**
	女	3.72	0.53	

从表6-15可知，青少年数字生存不存在显著的性别差异，但是在数字发展和数字保护上，女生得分显著高于男生。这可能是由于青少年阶段的女生相对更加遵守师长的教导，能较好地使用数字技术进行自我发展，同时愿意在数字世界保护自己、保护他人。

表6-16 二级指标的性别差异分析

评价指标	性别	均值	标准差	P
A1数字意识	男	3.96	0.64	0.372
	女	4.03	0.61	
A2数字技能	男	4.23	0.63	0.259
	女	4.15	0.58	
B1数字学习	男	3.41	0.72	0.001**
	女	3.69	0.69	
B2数字创新	男	3.08	0.88	0.022**
	女	3.31	0.79	
B3数字参与	男	3.08	0.76	0.040*
	女	3.25	0.71	
C1数字健康	男	3.20	0.85	0.357
	女	3.29	0.75	
C2数字安全	男	3.68	0.88	0.120
	女	3.83	0.79	
C3数字礼仪	男	3.60	0.76	0.006**
	女	3.83	0.70	
C4数字责任	男	3.80	0.77	0.008**
	女	4.03	0.64	

从表6-16可知，女生在数字学习、数字创新、数字参与、数字礼仪和数字责任5个二级指标得分均显著高于男生。男生仅在数字技能得分略高于女生，且不存在显著性差异。

为了更好地促进青少年数字公民素养的培养，我们有必要重视性别差异对数字公民素养水平的影响。根据男女学生的生理、心理等因素的差异制定个性化的培养方式，才能保证学生数字公民素养更充分的发展。如采取不同的教学组织形式[①]、布置重点不同的学习任务[②]；也可以结合男女不同的特点来安排合作学习，达到取长补短的效果。

2. 青少年数字公民素养年级差异分析

本研究使用单因素方差分析对年级进行分组，数据分析结果如表6–17至表6–19所示。

表6–17 青少年数字公民素养的年级差异分析

评价指标	年级	均值	标准差	比较
Y青少年数字公民素养	高一	3.58	0.43	—
	高二	3.58	0.42	
	高三	3.66	0.46	

从表6–17可以看出，青少年的数字公民素养不存在年级上的显著差异，高一学生和高二学生得分相近，高三学生得分最高。

表6–18 一级指标的年级差异分析

评价指标	年级	均值	标准差	比较
A数字生存	高一	4.03	0.55	—
	高二	4.08	0.48	
	高三	4.13	0.59	
B数字发展	高一	3.29	0.68	—
	高二	3.29	0.54	
	高三	3.40	0.65	
C数字保护	高一	3.65	0.53	—
	高二	3.61	0.57	
	高三	3.68	0.55	

从表6–18中发现，青少年在3个一级指标上也不存在显著的年级差异，随着年级

① 范文贵，李伟华. 西方数学学习性别差异研究述评［J］. 比较教育研究，2008（09）：77-82.
② 程建伟，刘华山，黄国辉. 中小学生信息技能现状调查与对策研究［J］. 中国电化教育，2010（5）：102-105.

上升，青少年数字生存、数字发展的得分逐渐上升，这可能主要归功于学校教育，但是不显著，这可能意味着样本地区信息技术相关课程质量急需提升。数字保护得分呈现先下降后上升的趋势，这可能是样本地区的青少年刚进入青春期时，由于叛逆而不遵守数字世界相关法律法规或沉迷数字娱乐，但随着年龄增长、逐步成熟或受到师长更多监管，到了高三，法律意识和安全意识、责任意识逐渐增强。

表6-19　二级指标的年级差异分析

评价指标	年级	均值	标准差	比较
A1数字意识	高一	3.96	0.64	—
	高二	3.98	0.61	
	高三	4.09	0.61	
A2数字技能	高一	4.13	0.62	—
	高二	4.22	0.53	
	高三	4.18	0.77	
B1数字学习	高一	3.64	0.71	1>2
	高二	3.46	0.71	
	高三	3.68	0.73	
B2数字创新	高一	3.08	0.91	—
	高二	3.24	0.79	
	高三	3.26	0.86	
B3数字参与	高一	3.12	0.79	—
	高二	3.16	0.67	
	高三	3.25	0.83	
C1数字健康	高一	3.21	0.86	—
	高二	3.28	0.80	
	高三	3.21	0.72	
C2数字安全	高一	3.77	0.89	—
	高二	3.71	0.80	
	高三	3.87	0.84	
C3数字礼仪	高一	3.78	0.65	—
	高二	3.68	0.78	
	高三	3.72	0.75	
C4数字责任	高一	3.95	0.61	—
	高二	3.87	0.76	
	高三	4.00	0.77	

从表6-19可知，青少年仅在“数字学习”指标存在显著的年级差异，高一年级学生得分显著高于高二年级学生，略低于高三年级学生。结合数字技能得分可知，这可能是由于高二年级学生处于青春期，对数字世界的各种事物更加好奇，将时间和精力更多投入到学习数字技能上，对使用技术进行学习相对投入较少。高三年级的大部分指标均略高于高一年级和高二年级学生，符合青少年身心发展规律。在数字礼仪和数字健康指标上，高三年级则表现不佳，这可能是高考压力导致学生投入较多时间到数字世界宣泄情绪。

综合本小节的研究可知，教师需要对高二年级学生的数字学习给予更多关注。高二年级的学生正处于高中的转折阶段，处于青春期的他们对数字世界的好奇心可能导致他们花费更多精力到数字世界中，导致数字学习表现不佳。因此教师需要合理引导高二年级使用技术探索数字世界，促使他们使用技术进行学习，提升学习效果。如给学生布置半开放式的学习资料查找活动，通过选定主题为他们在数字世界的探索提供正确的导向标，也让他们充分发挥自身的数字技能和好奇心，在探索中成长，提升自学能力和创新能力。对于高三年级学生，则需要更多关注其学习压力和心理健康，如积极关注学生的日常表现，通过定期开展班级座谈会、家访或与学生进行一对一聊天等方式积极了解学生身心发展情况，给予及时的引导，帮助学生合理宣泄不良情绪和学习压力，帮助学生预防在数字世界可能遭受的威胁。

3. 青少年数字公民素养父母学历差异分析

本研究使用单因素方差分析对青少年父母的学历进行分组，数据分析结果如表6-20至表6-22所示。

表6-20　青少年数字公民素养在父母学历上的差异分析

评价指标	学历	父亲			母亲		
		均值	标准差	比较	均值	标准差	比较
Y青少年数字公民素养	初中及以下	3.58	0.42	—	3.57	0.45	—
	高中到大专	3.60	0.45		3.60	0.40	
	本科及以上	3.62	0.41		3.69	0.41	

从表6-20可知，青少年的数字公民素养不存在父母学历上的显著差异，

但父母学历越高的学生得分相对越高。这可能是由于高学历的父母文化素养较高，因此能够更好地看待数字世界并对子女进行相关的教导。此外，数字公民素养受学校、家庭、社会等多个层面的影响，而父母学历的影响在其中所占比重较小。

表6-21　一级指标在父母学历上的差异分析

评价指标	学历	父亲			母亲		
		均值	标准差	比较	均值	标准差	比较
A数字生存	初中及以下	4.06	0.51	—	4.05	0.54	—
	高中到大专	4.07	0.55		4.09	0.46	
	本科及以上	4.10	0.49		4.17	0.62	
B数字发展	初中及以下	3.29	0.58	—	3.28	0.65	—
	高中到大专	3.31	0.67		3.34	0.53	
	本科及以上	3.36	0.52		3.36	0.61	
C数字保护	初中及以下	3.63	0.57	—	3.63	0.56	—
	高中到大专	3.64	0.55		3.61	0.53	
	本科及以上	3.64	0.53		3.76	0.54	

从表6-21可知，青少年的3个一级指标在父母学历上也不存在显著性差异，但父母学历越高的学生得分越高。这可能是因为高学历的父母对世界的变化更为敏感，因此擅长教导子女遵守数字世界的相关规范，适应数字世界的生存和发展。

表6-22　二级指标在父母学历上的差异分析

评价指标	学历	父亲			母亲		
		均值	标准差	比较	均值	标准差	比较
A1数字意识	初中及以下	3.95	0.63	—	3.93	0.65	—
	高中到大专	4.00	0.63		4.07	0.55	
	本科及以上	4.12	0.56		4.11	0.65	
A2数字技能	初中及以下	4.22	0.61	—	4.21	0.59	—
	高中到大专	4.18	0.62		4.13	0.59	
	本科及以上	4.08	0.55		4.27	0.76	

续表

评价指标	学历	父亲			母亲		
		均值	标准差	比较	均值	标准差	比较
B1数字学习	初中及以下	3.59	0.67	—	3.59	0.71	—
	高中到大专	3.56	0.76		3.51	0.69	
	本科及以上	3.44	0.75		3.46	0.85	
B2数字创新	初中及以下	3.17	0.85	—	3.11	0.88	—
	高中到大专	3.17	0.88		3.30	0.75	
	本科及以上	3.36	0.69		3.36	0.86	
B3数字参与	初中及以下	3.11	0.73	—	3.12	0.80	—
	高中到大专	3.19	0.77		3.21	0.61	
	本科及以上	3.27	0.66		3.26	0.76	
C1数字健康	初中及以下	3.22	0.76	—	3.26	0.80	—
	高中到大专	3.26	0.85		3.24	0.77	
	本科及以上	3.29	0.77		3.22	0.93	
C2数字安全	初中及以下	3.78	0.84	—	3.75	0.85	—
	高中到大专	3.76	0.83		3.74	0.82	
	本科及以上	3.64	0.86		3.83	0.84	
C3数字礼仪	初中及以下	3.68	0.80	—	3.73	0.74	—
	高中到大专	3.77	0.71		3.71	0.73	
	本科及以上	3.69	0.62		3.72	0.74	
C4数字责任	初中及以下	3.92	0.72	—	3.88	0.71	3>1、2
	高中到大专	3.87	0.72		3.87	0.72	
	本科及以上	4.05	0.69		4.34	0.68	

从表6-22中可知，青少年数字公民素养的9个二级指标均不存在父亲学历上的显著性差异。父亲学历越高的青少年在数字意识、数字创新、数字参与、数字健康上表现越好。父亲学历越低的青少年在数字技能、数字学习和数字安全上表现越好。这可能是由于高学历的父亲更加注重对孩子综合素养的培养，如意识、创新等隐性的高阶能力，而学历较低的父亲通常会关注学生学习、技能等显性的基础能力。

青少年数字公民素养的数字责任指标存在母亲学历上的显著性差异，母亲学历是本科以上的学生数字责任表现显著高于母亲是学历本科以下的学生，这可能是由于我国家庭教育中母亲通常发挥了更多的作用，具有较高学历的母亲更加重视孩子的责任感等价值观方面的培养，因此孩子具有更高的数字责任。母亲学历越高的青少年在数字意识、数字创新、数字参与上表现更好，母亲学历越低的青少年在数字学习、数字健康上表现更好，这与父亲学历对孩子的影响相似，即高学历的母亲更加关注孩子在意识、创新等隐性的高阶能力培养，而学历较低的母亲通常关注孩子的学习、健康等方面。

综合本小节研究可知，父母学历较高的青少年在意识、创新等隐性的高阶能力上表现较好，父母学历较低的青少年在学习、技能等显性的高阶能力上表现较好。母亲学历是本科以上的青少年的数字责任显著高于母亲学历本科以下的学生。这一方面表明家庭教育在青少年数字公民教育中具有重要作用，另一方面也表明单纯的家庭作用影响有限，数字公民教育需要学校、家庭社区共同参与[①]。

三、研究结果应用

（一）坚持因材施教，促进学生数字公民素养均衡发展

研究发现，样本学生的数字技能表现较为优秀，男生数字技能略高于女生，但是在其余各指标得分均显著低于女生。男女生在数字创新、数字参与、数字健康得分相对其他指标表现均较差。因此，教师可以在信息技术课程中逐步从技能导向转为素养导向，重视学生数字创新等高阶思维能力的培养，并引导学生健康使用数字技能，保护身心健康。尤其在新课标修订的大背景下，教师可以基于大单元、大观念的教学，在教学过程中采用协作学习等方式，使不同性别的学生优势互补，使学生的数字公民素养均衡发展。此外，也可以根据男女生的身心特点和发展规律，制定个性化教学方案，以数字技能的优势带动学生在数字责任等指标上的劣势。如在分工合作中安排男生收集数字责任相关资料，既能使男生发挥出数字技能水平，也在资料查找过程中潜移默化地增强了他们的数字责任意识。

（二）提升父母数字素养，优化青少年家庭教育效果

家庭教育是青少年成长的重要环节，父母的文化素养水平会深刻影响其对子

① Hollandsworth R, Dowdy L, Donovan J. Digital citizenship in K-12: It takes a village[J]. TechTrends, 2011, 55(4): 37-47.

女的教育方式，也会潜移默化地影响子女的身心发育。从研究结果可知，高学历的父母更加关注子女数字意识、数字创新等能力的发展，有助于子女适应未来社会的生存和发展。因此，家长在空闲时间可以通过阅读专业书籍、关注权威媒体等方式增强自身数字技术以及相关的教育知识和素养。一方面，增强自身素养能辅助家长找到更加正确、有效、适应孩子身心发展需要的教育方式；另一方面，家长的以身作则也能为子女提供正确的成长导向，帮助子女成为良好的数字公民。

（三）制定符合国情的数字公民素养评价标准

随着新课标的修订，培养青少年成为合格的数字公民逐渐成为教育界的共识。其中信息科技课程核心素养中的信息意识、计算思维、数字化学习与创新、信息社会责任与研究构建的数字公民素养框架内涵高度相似，即注重学生利用数字技术进行创新等思维能力的培养。但是数字公民素养还强调个体作为数字时代的公民应积极参与社会、促进社会发展，即要培养有担当的时代青少年。

通过本章研究构建的评价指标体系和评价模型，可以为制定具有本土特色的数字公民素养标准提供一些参考，为数字公民素养教育的开展和评估提供较为合适的指标和工具，推动国内数字公民教育的开展。

第七章　数字公民素养研究趋势及问题分析

第一节　数字公民素养的研究趋势

（一）数字公民素养是实现教育现代化的必然要求

著名教育家马克·平恩斯卡（Marc Prensky）首次提出“数字原住民”的概念，并将那些在网络时代伴随着新技术成长起来的一代人称作“数字原住民”[①]，该定义强调了数字原住民诞生的时代背景。著名未来学家唐·泰普斯科特（Don Tapscott）提出“网络一代”的概念，并认为数字原住民时刻被计算机、互联网、视频游戏、数字音乐、手机、智能玩具等包围，数字技术和互联网是其日常生活必不可少的组成部分[②]，该定义强调了数字原住民的技术依赖特性。总之，数字原住民是伴随数字时代成长的一代，他们的生活与数字化紧密联结，已然成为其重要组成部分。构建和谐文明、稳定民主的网络社会，减少网络社会存在的负面问题，离不开数字原住民的积极参与。为此，数字原住民应有意识并能够理解自身在数字时代的义务和责任，积极参与网络事务，促进数字时代的文明发展。青少年学生是数字原住民乃至数字社会的主流群体，是数字社会健康有序发展的中坚力量，他们是否富有责任感，是否能够自觉践履公民责任，不仅对自身的成长、他人的生活产生影响，而且直接或间接影响到整个数字社会乃至现实社会的有序与否、公平与否、正义与否[③]。

学生发展核心素养是指学生应具备的、能够适应终身发展和社会发展需要的

---

① Prensky, Marc. Digital Natives, Digital Immigrants. On the Horizon[DB/OL]. [2015-07-07]. http://www.docin.com/p-51750319.html.

② 唐·泰普斯科特. 数字化成长（3.0版）[M].北京：中国人民大学出版社，2009.

③ 张丽霞，吴玉娟. 论青少年学生的数字公民责任［J］. 教育发展研究，2013，33（04）：76-80.

必备品格和关键能力[①]。其落实于学科课程教学中的前提是确立学科核心素养。从教育实现层面来看，学科核心素养是学生发展核心素养的具体化，是学科育人价值的具体体现。而信息技术学科核心素养可以分为信息意识、计算思维、数字化实践力以及信息社会责任四个部分[②]，数字素养作为信息素养概念的延伸[③]，因此培养数字公民素养，也是提升全民核心素养的一部分。

2018年4月，教育部发布的《教育信息化2.0行动计划》指出："智能环境不仅改变了教与学的方式，而且已经开始深入影响到教育的理念、文化和生态。因此，全面提升师生信息素养，推动从技术应用向能力素质拓展，使之具备良好的信息思维，适应信息社会发展的要求，应用信息技术解决教学、学习、生活中问题的能力成为必备的基本素质"[④]。

综上所述，数字公民教育是新时代培养人格健全、全面发展的数字公民的必然途径，只有实现数字公民素养的整体提升，才能在新时代"落实立德树人根本任务""培养德智体美全面发展的社会主义建设者和接班人"。换句话说，新时代核心素养的培育，离不开数字公民教育。这一过程任重道远，又至关重要。我们必须认清形势，坚定信心，明确目标，通过数字公民素养带动核心素养的全面提高，使国民成为新时代的合格公民，从而实现立德树人的终极目标与任务，构建和谐稳定、文明民主的现实社会和数字社会[⑤]。

（二）数字公民素养是数字社会自我教育的内在品质

尼葛洛庞帝在《数字化生存》一书中预言，数字化是步入新世纪的人类的生存福祉，没有数字化，就没有人类的前途[⑥]。当下，网络虚拟空间已成为人类主

---

① 辛涛，姜宇，刘霞．我国义务教育阶段学生核心素养模型的构建［J］．北京师范大学学报（社会科学版），2013（01）：5-11.

② 任友群，李锋，王吉庆．面向核心素养的信息技术课程设计与开发［J］．课程．教材．教法，2016，36（07）：56-61+9.

③ 任友群，随晓筱，刘新阳．欧盟数字素养框架研究［J］．现代远程教育研究，2014（05）：3-12.

④ 教育部．教育信息化2.0行动计划[EB/OL]．[2018-4-24] http://edu.china.com.cn/2018-04/20/content_50922481.htm.

⑤ 俞思瑾，郑云翔，杨浩，等．国际数字公民教育研究的现状、热点及前沿［J］．开放教育研究，2018，24（06）：49-59.

⑥ 尼葛洛庞帝．数字化生存［M］．胡泳等，译．海口：海南出版社，1997：7-10.

要活动的第二空间，无论从网民的数量还是现代公民对网络的依赖程度来看，现代公民的社会化活动离不开数字化生存空间。它给与现代公民全新的生活平台，是信息技术高速发展的产物，现如今，现代公民在现实世界的诸多社会活动都能在网络世界实现。因此，可以说数字公民在互联网中的实践活动已开辟了人类数字化生存的新纪元。他们一方面通过在工作中使用信息技术获取经济利益，另一方面通过使用信息技术获取信息，从而更好地履行公民义务[①]。数字社会中的责任意识、行为与现实社会相互作用，共同成为影响现实社会和谐发展的因素[②]。

数字化生存能力是指在数字化环境中，应用数字技术从事生产、生活、学习和社会事务等活动的能力。这种能力是在信息技术能力和信息素养基础上提出的数字社会人所具备的基本能力。传统意义上的信息技术能力和信息素养已经不能满足人的自我发展和社会发展的需要，数字化生存能力即将成为人们的必备能力，它是个体实现数字化生存与自我发展的必要条件，是充分享受数字化世界的精彩、避免数字化生存的负面影响、摆脱数字化生存的困境并创新数字世界的必备能力[③]。

在数字化时代，公民应规范数字化行为，具备应用信息技术从事生产与生活的能力，积极发挥数字化的正面效应，做一个能够游走于现实世界和虚拟世界的人[④]。在终身学习的大背景下，学习型社会不仅是一个“人人皆学、处处可学、时时能学”的社会，更是一个“人人善学”的社会。只有引领和促进学习者掌握以信息素养为核心的学习能力，学习者才有“善学”的基础和可能，学习型社会的构建和发展才有最根本的存在意义[⑤]。要实现全民终生学习，更好地在数字化时代生存，这离不开数字公民素养教育的参与。

---

① Wright, Scott. Digital Citizenship: The Internet, Society, and Participation, by Karen Mossberger, Caroline J. Tolbert, and Ramona S. McNeal[J]. Journal of Information Technology & Politics, 2008, 5(2): 262-264.

② 范晶，张颖. 高中生建设数字社会素质教育之初探［J］. 才智，2014（17）：56.

③ 张丽霞，王丽川. 基于数字化生存能力的信息技术课程目标的重构［J］. 电化教育研究，2013，34（12）：82-87.

④ 林文婷. 高校教师数字化生存能力现状分析［D］. 浙江师范大学，2011.

⑤ 钟志贤. 面向终身学习：信息素养的内涵、演进与标准［J］. 中国远程教育，2013（08）：21-29+95.

（三）数字公民素养是数字时代社会发展的客观需要

公共服务实行数字化是数字时代发展的必经之路。2012年，《温州都市报》的一篇《一个农民工写给铁道部的一封信》的报道，引起了社会的普遍关注，来自重庆的外来务工者黄庆红表示网络购票对打工者来说太复杂，简直是剥夺打工者的买票资格。当时全国已有5.13亿网民，其中已有1.67亿人能熟练使用网上支付功能，因此这篇报道值得思考。

在我国，基本公共服务均等的内涵包括：首先，全体公民享有基本公共服务的机会均等；其次，在基本公共服务的过程中，尊重公民的选择权；第三，全体公民享有基本公共服务的结果大体相等。简而言之，让每个公民特别是弱势群体能便利地使用公共、免费、均等的数字服务[①]，就要求公民自身具备一定的数字公民素养。

2006年，美国NPD咨询公司公布的调查结果显示，有超过50%的美国大学生表示曾经有过下载和传播非授权电子文件的经历[②]。这引起美国社会及相关政府组织的高度关注，提出必须严格打击大学生非法下载电子文件的行为。现实社会中此类问题层出不穷，但维权的效果并不显著。

“尊重知识产权，做负责任的数字公民”是美国大学数字公民教育的宣传口号，同样也是衡量个人数字价值体系的标准。大学生既是数字文化的创作者、传播者和参与者，也是数字时代网络参与的消费者，所具备的双重身份是可互相转换的[③]。随着美国数字公民教育的发展和政府组织的不断规范，美国高校下载、传播非授权的数字文件行为得到了高效抑制。5G时代是创新的时代，培养数字公民素养不仅有利于知识产权的保护，也有利于创新型人才的培养，因此世界各国都对数字公民素养教育高度重视。

信息技术就如同一把双刃剑，其在给我们带来诸多便利的同时，滥用网络技术的行为也将我们置于危险之地，技术的发展引发了一系列社会和伦理问题，包

---

① 林梦笑．刍议中国公共数字服务均等化之重要意义［J］．国家图书馆学刊，2013，22（04）：16-22.

② Ratliff C , Jessica Reyman. The Rhetoric of Intellectual Property: Copyright Law and the Regulation of Digital Culture [J]. Computers & Composition, 2010, 27(3): 242-245.

③ 刘国龙，魏纪林．美国大学数字公民教育及其对我国知识产权法制教育的启示［J］．知识产权，2013（05）：94-99.

括网络安全（身份盗窃、诈骗、窃听、在线侵害和欺凌）、信息滥用（剽窃、不当获取、非法公开），以及健康和心理危害（视力下降、肌肉疲劳、颈椎病和“网球肘”、沉迷网络或游戏）①、数字鸿沟等“数字疾病”。对于新一代的数字原住民来说，数字技术伴随着他们成长，已然成为他们生活中的一部分，数字环境的优或劣都会影响他们的健康成长。那么，是什么导致数字环境的混乱呢？其一，正如迈克·瑞布所说，虚拟世界出现之际，其并没有自带相应的使用规则；其二，不管是数字原住民，还是数字移民都缺乏有效地使用数字工具进行学习、生活、工作等数字化生存能力。

为了解决网络危害，全球多国开始颁布相关网络安全法用于预防、监督和控制网络危机的爆发和及时控制网络危机带来的损失。然而，这类措施还不能完全应对网络危害。许多学者和专家认为网络危险主要归因于数字公民的教育问题，期待能够通过教育方式，从数字原住民接触虚拟世界的初期，便培养他们在现实世界和虚拟世界中适应发展的生存能力。为了让新一代了解信息技术发展所带来的挑战和机遇，信息化程度较高的国家已开始关注此类问题。经合组织国家已联合起来对一些问题和相关政策进行了反思，并形成了系列政策建议②。

数字时代，网络参政也使得国家大事更加民主化。网络监督权是现实中的公民监督权在信息社会中的延伸与拓展。在信息社会，公民的网络监督权体现为一种信息权，与知情权紧密相连。当一些群体能通过网络知晓各种政治信息并参与国家政治生活，而另一些群体却因为不能接触互联网而一无所知，这是不公正的③。为此，提升全民数字公民素养也有利于群众更好地了解国家大事，反映民意。

第二节　数字公民素养视角下的教育改革热点问题分析

一、数字公民素养与教育公平问题

教育公平是促进社会公平的关键点。《国家中长期教育改革和发展规划纲要

---

① 王涛涛．安全负责任地使用ICT 培养数字公民——亚太地区现状回顾（二）［J］．世界教育信息，2016，29（19）：26-34+62.

② Lay Wah Lee, Hui Min Low. The evolution of special education in Malaysia [J]. British Journal of Special Education, 2014(1): 42-47.

③ 邬思源．论网络监督与数字鸿沟［J］．云南行政学院学报，2011，13（06）：89-92.

（2010—2020年）》中明确提到“教育公平的基本要求是以保障公民依法享有受教育的权利，关键是机会公平，重点是促进义务教育均衡发展和扶持困难群体，根本措施是合理配置教育资源，向农村地区、边远贫困地区和民族地区倾斜，加快缩小教育差距”。

一方面，我国目前推行实施的以信息技术促进教育公平的政策、实践还停在加强数字准入层面，主要致力于扩大教育技术资源的覆盖面，着重解决“数字准入鸿沟”问题。例如，西部偏远地区的小学通过国家教育信息化建设，与发达地区的信息技术资源差异逐渐减小，部分地区的中小学基础设施和信息技术资源已和大城市中小学一样。然而，在现实中，许多中小学师生并不具备有效使用信息技术的知识和技能，使得许多硬件成为摆设，造成资源浪费[①]。

另一方面，开放式网络课程的初衷是使社会大众都能享受免费的、高质量的教育资源，然而，调查研究发现，80%的开放式网络课程用户都是来自于受教育程度最高的6%的人口[②]。人们试图以教育信息化来促进教育资源的平均分配，却带来了数字鸿沟扩大的社会现实，引发了因教育公平产生的社会矛盾。

起初，大多数人认为数字鸿沟只反映信息技术与工具需求供给之间的矛盾，即第一道数字鸿沟，并将数字鸿沟定义为“一个在那些拥有信息时代的工具的人以及那些未曾拥有者之间存在的鸿沟”[③]。随着信息技术在社会生活中的运用，数字鸿沟问题已从信息技术与工具的需求供给问题转为信息技术与工具使用差距的鸿沟，即第二道数字鸿沟。即从“有”的差异到“用”的差异。

信息技术的推广引起了数字鸿沟，由于信息技术是一个动态发展的概念，数字鸿沟的内涵也随之变化延伸。因此，只有不断提高数字公民素养水平，才能使每个公民都能对信息技术的创新和变革泰然处之，并且能够在瞬息万变的信息社会合理地使用信息技术，最终彻底消除数字鸿沟[④]。

---

① 杨浩，徐娟，郑旭东. 信息时代的数字公民教育［J］. 中国电化教育，2016（01）：9-16.

② Emanuel E J. Online education: MOOCs taken by educated few [J].Nature，2013，503（7476）：342-342.

③ NTIA.Falling Through the Net: Defining the Digital Divide[R]. Gov-ernment Printing Office USA,1999.

④ 朱莎，杨浩，冯琳. 国际“数字鸿沟”研究的现状、热点及前沿分析——兼论对教育信息化及教育均衡发展的启示［J］. 远程教育杂志，2017，35（01）：82-93.

数字公民教育有利于促进教育公平，有助于解决因阶级差异带来的教育资源分配不均的问题和缓解因教育机会不平等带来的数字鸿沟和社会矛盾，为营造公平公正的社会教育环境和促进社会治理转型提供策略。对于深入发展的网络社会而言，教育公平对于社会治理转型的重大作用尤为关键①。因此，在促进教育公平的道路上，国家既要加大教育资源的投入，促使资源分配均衡，又要注重数字能力较弱群体的数字公民教育和数字公民素养水平的提高。这其中，数字公民素养的培养就显得尤为重要。

（一）教育不公平的现象和问题

教育公平问题一直是备受瞩目的社会焦点问题。朱永新、盛彬彬等不少学者提出城乡在基础设施、师资、教育经费等方面的不公平以及学校管理和课堂上资源分配的不公平。笔者也认为教育不公平主要体现在这两个方面，如表7-1所示。首先是城乡之间的不公平，虽然我国取得了脱贫攻坚战的胜利，进入“后脱贫时代”，但城乡之间的教育发展仍存在着不小的资源差距。其次是课堂教学和管理中存在着许多分配不公平现象。

表7-1　教育不公平现象分类表

<table>
<tr><th colspan="2">类别</th><th>宏观</th><th>微观</th></tr>
<tr><td rowspan="2">城乡</td><td>乡村</td><td>教育投入还不够
城乡区域教育发展差距明显</td><td>教育设施不够完善、师资力量薄弱
学生辍学现象严重</td></tr>
<tr><td>城市</td><td>教育发展、优质资源分配不均衡</td><td>“择校热”“学区房”等问题显著
课外培优机构泛滥</td></tr>
<tr><td rowspan="2">学校</td><td>课堂</td><td rowspan="2">资源、评价、学习分配不均衡</td><td>通过成绩分配座位、教师关注“优等生”
教师对待学生或偏专制或放任</td></tr>
<tr><td>管理</td><td>提高重点班学生门槛，倾向优质资源
课程注重“大三门”（语数外）、占课现象严重</td></tr>
</table>

（二）教育不公平现状的原因分析

1. 教育资源分配不合理和教育投入不同

由于经济发展不平衡等因素，乡村的教育资源与城市的教育资源存在差距。

---

① 李文婷．“互联网+”时代社会治理转型背景下我国数字公民教育研究［D］．南京邮电大学，2017.

这种不合理不仅表现在各地区之间，同时还表现在各家庭之间。不同的家庭经济能力，对教育的投入不同，这直接导致学生接受知识程度的不同，进一步加剧教育的不平等。

2. 教育管理者及教师教育公平意识淡薄

首先，对于学校管理者而言，由于社会对于教育的关注集中在学生成绩、学校升学率上，这在学校之间就形成了竞争，很多学校管理者为保证升学率，就将优质资源集中在所谓的“尖子生”身上，或是在学习内容上区分主课和副课，重视主课而忽视副课。

其次，不合理的师生关系通常也会引发教育不公平现象。美国心理学家库尔特・勒温等人认为，“师生关系分为专制型、放任型和民主型三种类型”①。在专制型和放任型的师生关系下，学生受到的不公平待遇更加明显。此外，在学生成绩、家庭背景等因素下，学生之间形成了一种地位秩序，更具优势的学生更容易得到教育资源和教师的青睐，造成班级中后进生处于边缘化。

（三）数字公民素养视角下解决教育公平问题的建议

1. 开展数字公民教育，促进教育公平发展

从国外数字公民教育研究的文献上涨趋势就可以看出（图7-1），数字公民教育逐步受到社会关注。我国学者席西民就在采访中谈到，现在的数字社会中，为了实现互联网生态系统和数字网络空间的健康发展，培养公民的规则意识和在数字社会的参与能力至关重要。

数字公民教育的开展，能增进数字公民素养的提升，以此加强公众的教育公平意识，从根源来改善教育不公平现象的出现。同时数字公民教育能促进人的均衡发展，使基础教育也能够均衡发展，所以应促进社会各阶级中数字公民教育的传播。具体如何开展数字公民教育，可以对照数字公民九要素来进行研究。

2. 推动数字技术发展，弥补城乡资源差距

首先，城乡之间的不平等，大多是经济造成的资源上的差距，又或者说是新时代下互联网的一道数字鸿沟。现如今信息化时代的核心技术非数字技术莫属，其也成为推动教育公平的重要途径，大力推进数字技术在乡村地区的发展能一定

---

① 樊万奎，段兆兵．近十年我国师生关系研究的回顾、反思与展望［J］．教育科学研究，2009（12）：67-71.

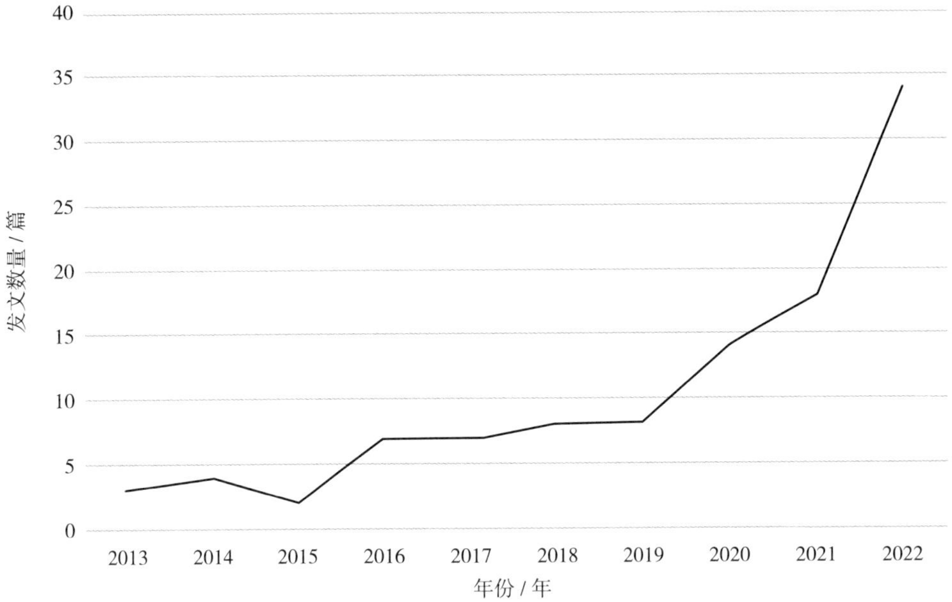

图7–1　国外数字公民教育研究文献刊发数量统计

程度上缓解资源上的不平等。详细来说，笔者认为可以从数字技术的几个首要方面来推进，如图7–2所示。

其次，配合数字技术的发展，乡村应加强中小学信息技术课程建设，培养广

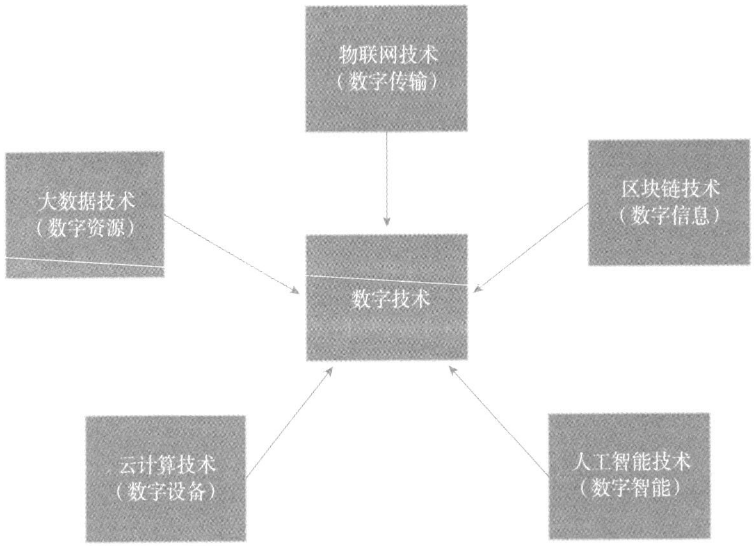

图7–2　数字技术的主要分类

大师生掌握和运用数字技术的能力。政府也应提供硬件上的保障，精准、有效地做好教育资源供给，如建设高速宽带网络、免费学习网站等。正如《中共中央国务院关于打赢脱贫攻坚战的决定》中的指示，教育资金要向贫困地区、基础教育方面倾斜，改善贫困地区普通农村中小学校基础教育条件，以此更好地填补城乡之间的各方面资源差距。

二、数字公民素养与教育国际化问题

教育信息化与全球化是21世纪的时代潮流，借助信息资源和人力资源在全球范围的流动，世界各国的交流合作日益频繁，逐步形成教育国际化趋势。何为教育国际化？其本质是在全球经济一体化、教育信息化和贸易自由化的大背景下，一些国家特别是发达国家看到“国内”和“国际”两个教育市场，想要通过信息技术手段抢占教育资源，以掌握世界教育的话语权，培养为国家利益服务的高尖端人才。而其客观结果，则是让教育成为一个全球性的知识产业，大型开放在线课程运动中涌现出来的以Coursera等为代表的在线教育公司面向全球提供教育服务，便是其中最有力的例证。

2016年，时任法国教育部部长的纳贾·瓦洛-贝勒卡西姆在数码科技教学产品大展上宣布了三项数字教育计划措施，其中《推动负责任的、符合公民规范的数字技术使用协议》的签署使法国国民教育部和法国全国信息技术与自由委员会形成合力，共同为数字技术的健康发展保驾护航①。

美国国际教育技术协会作为国际教育技术标准的颁布机构，专门为学校管理者、教师和学生服务，提出的数字公民标准已在发达国家内盛行，且已在中小学内全面普及；同时，在美国还有其他一些非营利性机构也同样致力于数字公民教育的研究、开发与推广。相比较而言，“数字公民”“数字公民教育”概念并没有得到国内学者们的广泛关注，其相关研究仅仅聚焦于该领域中的某一个点，尚缺乏基于平面而立体的研究。

教育国际化的到来打开了国际围墙，将世界上的所有人同时暴露于同一场域之中，不同文明和文化之间冲突日益频繁，因此如何让学生利用信息技术进行跨领域交流，理解他国经验的同时，又能传承和创新我国传统文化便是最主要的问

① 纪俊男．法国推动实施学校数字教育计划［J］．世界教育信息，2016，29（10）：77-78.

题。数字公民教育不仅是保护青少年健康成长的盾牌，同时也成为增强国际竞争力的长矛[①]。

从全球范围来看，国际社会开始普遍重视网络安全教育。联合国正式启动的“网络安全与网络犯罪教育计划”，致力于提升公民的法治与安全认知水平，这一计划有利于为全球提供网络安全环境和打击网络犯罪提出指导。在实践中，我国的《网络安全法》和“网信普法进校园”等活动顺应了全球网络安全教育的热潮，有益于我国网络安全环境的构建和发展。

三、数字公民素养与在线教育问题

（一）在线教育发展现状

近年来，我国在线教育市场的规模发展迅速（图7-3），翻转课堂、微课、混合式教学、慕课等推动了在线教育的深刻变革。据教育部门发布的数据，截至2020年底，中国K12在线教育市场规模已经超过320亿元，预计到2025年将达到1000亿元。这说明，K12在线教育市场在未来将会有更大的发展空间。

虽然在线教育的发展迅速，在这样新颖、便捷的教学过程中，学生学习积极性也有所上涨，但也暴露出了许多问题。这些问题都为在线教育质量的提高带来

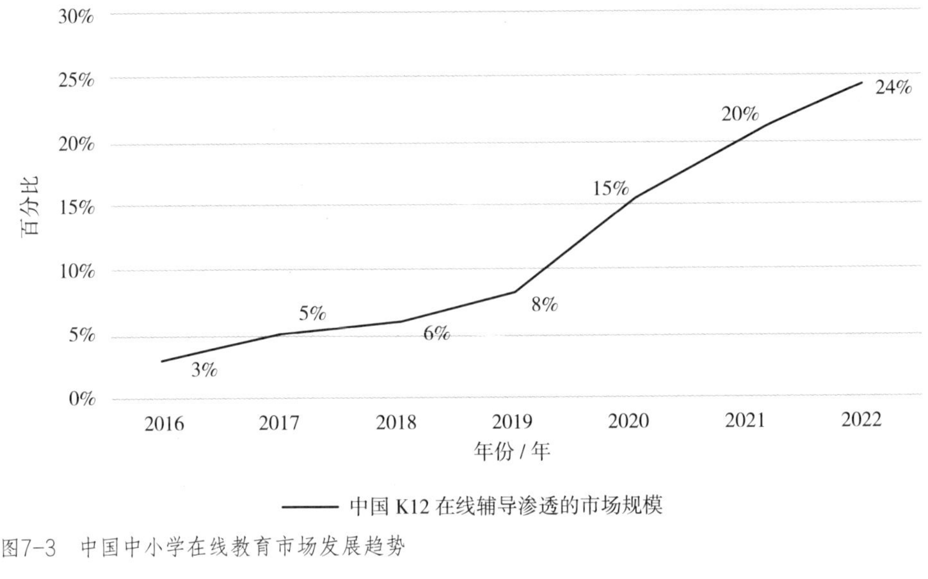

图7-3　中国中小学在线教育市场发展趋势

① 孙小欢. 家长对青少年数字公民养成的影响研究［D］. 华中师范大学，2017.

了不小的挑战。

（二）在线教育实践中存在的问题

通过这次大规模线上教学，不少学者对在线教育的优缺点及其在实践中产生的问题进行了研究。如陈玲玲、高新阳提到在线教育中技术资源以及课堂教学互动的问题①。周开乐等学者从空间、平台、技术、物理等方面的特性来看其对在线教育造成的影响②。通过对前人的文献研究进行比较分析，总结出在实践中在线教育的问题主要集中在硬件设施、课堂教学、评价管理、师生自身因素等方面，具体各方面存在的微观问题如图7-4所示。

（三）数字公民素养视角下在线教育问题的解决措施

1. 政府、学校、公司多方参与，改善在线教育的大环境

据统计，目前教育部组织了约22个在线课程平台，免费开放2.4万余门国家精品在线课程及2000余门虚拟仿真实验课程资源。这为广大师生提供了丰富的网络教学资源，但对于上述在线教育问题的解决，还须政府、学校、企业多方共同

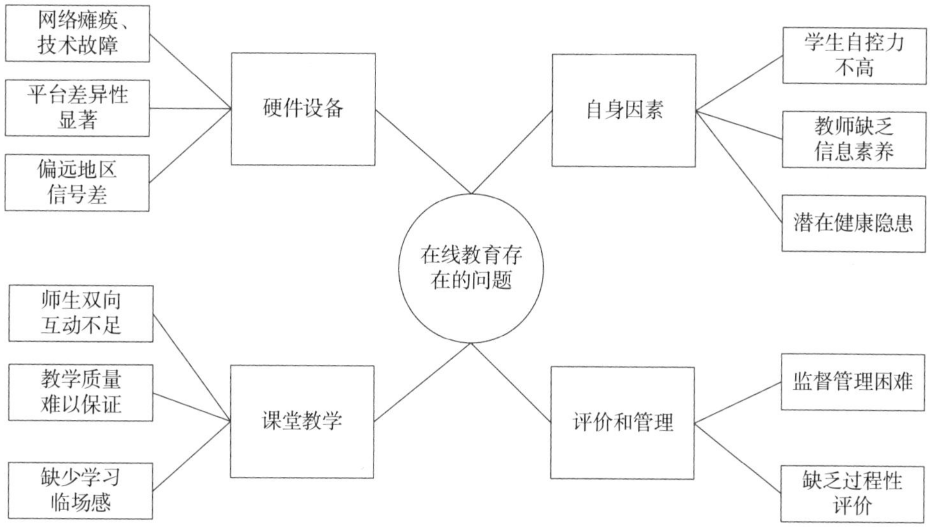

图7-4 在线教育存在的问题

① 陈玲玲，高新阳．高校在线教育实践中的问题及解决策略探析［J］．教育教学论坛，2020（10）：178-180.

② 周开乐，陆信辉，丁涛，等．高校大规模在线教学存在的问题与对策［J］．天津师范大学学报（社会科学版），2020（06）：7-11.

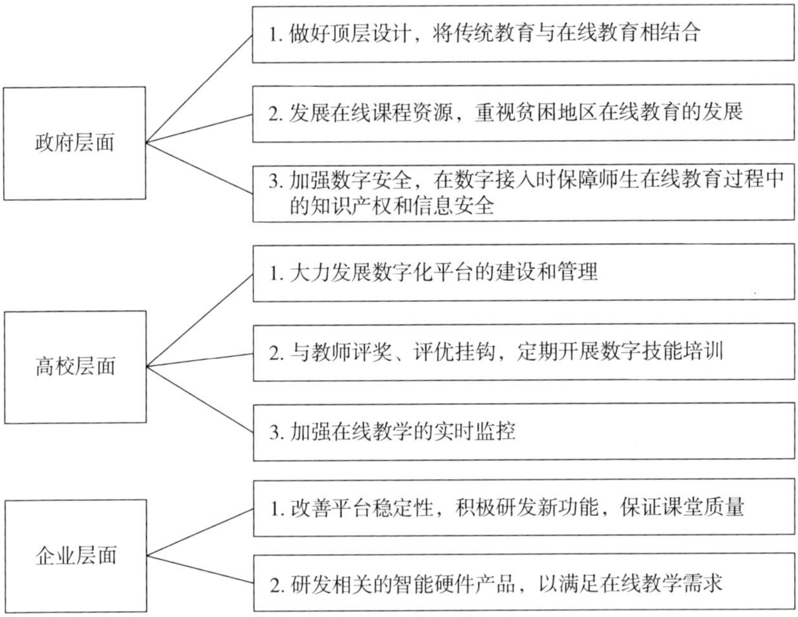

图7-5 在线教育问题具体解决措施

努力。具体解决措施如图7-5所示。

总而言之，在政府层面上，除了丰富在线教育资源外，更重要的是要注重在线教育的未来发展；在高校层面上，需要进一步认识在线教育的重要性，提升师生在线教学和学习的热情，让线上和线下的教学成果等效；在企业层面上，要提高在线教学平台的功能，为师生提供个性化教学环境。对于教学平台的建设，张琮等学者在其文章中也同样指出要改革在线教学平台功能，提出重视画质清晰度、建立资源库等建议。

2. 提高师生数字公民素养，促进在线教育教学质量的提高

教师是教学中的主导者，而学生既是教育的对象，又是教育的主体。两者是互相关联、不可分割的，所以在线教育教学质量依赖于师生的数字意识和使用能力，提高师生的数字公民素养是有必要的。不少学者也有相同看法，周开乐等学者就提出教师要与时俱进，不断加强对新一代信息技术的认识、理解和运用，以适应互联网时代高校教学的新特点[①]。吴悠、林小云提出各高校在开学前应提前

① 周开乐，陆信辉，丁涛，等. 高校大规模在线教学存在的问题与对策［J］. 天津师范大学学报（社会科学版），2020（06）：7-11.

组织相关教师开展线上教学的专业技能培训，从而提高教师的信息技术水平[①]。

在此基础上，我们提出师生需共同提高数字公民素养，数字公民素养教育不仅有助于师生参与数字活动，而且对在线教学质量的提高也起到关键性作用。当然，师生数字公民素养的主要提高途径还要看各校如何开展，例如定期开展在线平台使用技巧培训、增加数字技术选修课、开展数字活动等。

四、数字公民素养与法治教育问题

（一）法治教育问题的社会背景

随着网络用户的数量越来越多，网络欺凌、网络诈骗等失规行为也更加频繁，不仅给个人和家庭带来损失，更对社会风尚造成了影响。虽然我国颁布的《关于开展法治宣传教育的第七个五年规划（2016—2020年）》中强调了要加深对学生的法治教育，提高其法治观念和参与法治实践的能力，但是其具体的落实还没有着落。此外，对于数字法律和数字安全素养的培养若不能提高，诸如此类的网络问题还会进一步加剧。

（二）法治教育的现状及其存在的问题

1. 学生法律意识薄弱，法规认识缺失

网络用户中学生占比数量相当大，以至于在网络中许多违法事件的背后不乏学生的参与，如传播暴力信息、进行网络欺诈等一些网络失范行为。究其原因如下：

首先是部分人价值观不正，语言具有随意性。虽说网络实行实名制，但人人躲在网络背后，身披“马甲”，更有部分人追求所谓的言论自由，从而造成一些谣言得以传播或出现网络欺凌。

其次，网络具有开放性，每个人身处其中，有时对网络的信息进行复制粘贴，很容易会在不经意间造成侵权。但同时也面临着被侵权，如果没有维权意识或维权意识薄弱，很难在面对网络欺诈、个人隐私泄露等侵权行为时，拿起法律武器来保护自己。

最后，由于部分学生没有养成良好用网习惯，易落入网络诈骗团伙之手，犯

---

① 吴悠，林小云．防疫特殊时期高校线上教学的问题与对策［J］．教育教学论坛，2020（52）：363-364.

罪分子往往利用一些网络平台对其进行诈骗。

2. 学校法治教育体系滞后，法治教育不受重视

学者李晓辉指出："2016年我国《青少年法治教育大纲》颁布以来，我国青少年法治教育全面进入国民教育体系并得以迅速发展。但由于我国青少年法治教育起步较晚，涉及教育对象和层次复杂，教育资源和手段有限，操作过程中仍存在诸多有待完善之处"①。尤其是各校法治教育体制亦存在许多问题，具体如表7-2所示。

表7-2 法治教育不足之处汇总表

不足层面	具体表现
教学手段	法治教育的输出仍以传统教育的课堂灌输为主，学生参与的积极性大打折扣，教学效率低下，无法内化为学生的思维和行为意识
教学理念	教师教学思路凝滞，教学内容固化，停留在书本知识层面，与新时代技术或思想脱轨
课程设置	课程占比较少且缺少实践活动，无专设的普法课程，一般都为在思想政治课上兼顾法律知识的教学，在较短的课时里承担大量的法律知识，学习效果不理想

3. 网络法治环境漏洞百出

国家信息安全漏洞共享平台（CNVD）统计了一份其收录的网络安全漏洞，如图7-6所示。虽说社交网络平台不断发行新规，网络上网警数量不断增加，但从这份数据可知，应用程序和web应用占大部分，证明设备程序上的安全防范还有待完善。除安全环境之外，对于庞大的网民基础来说，网络文化环境的引导也

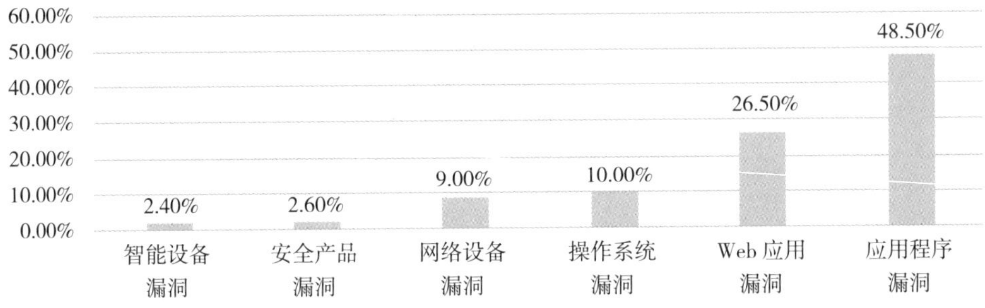

图7-6 CNVD收录安全漏洞按影响对象分类统计

① 李晓辉，林鸿潮. 基于信息技术的参与型青少年法治教育［J］. 中国电化教育，2019（05）：1-6+13.

同样重要，网络上各种恶劣事件不断涌现，会间接导致网络环境风气败坏。

（三）数字公民素养视角下法治教育问题的解决措施

1. 完善社会法律监管机制，提升大众数字法律素养，营造良好法治环境

良好法治环境的营造可以从社会和个人等两个方面进行努力，如图7-7所示。社会层面可以提供大环境，但大环境的营造少不了每个人的努力，所以在个人层面，上到高校，下到中小学，也包括各类社会机构，都应该为普及法律知识出一份力。

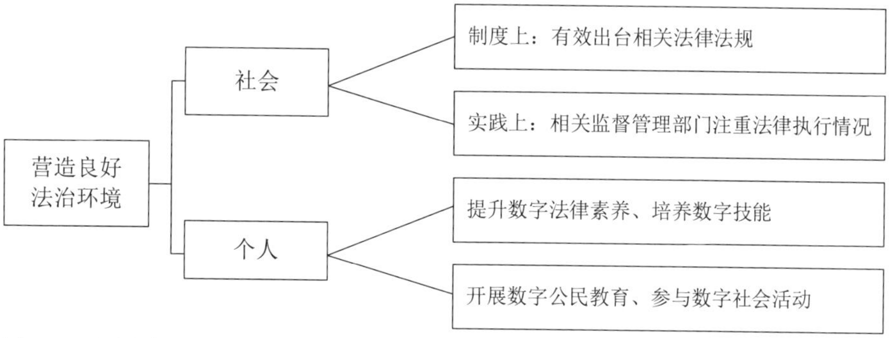

图7-7 营造良好法治环境方式

2. 迎接法治教育新挑战，培养知法守法的数字公民

随着信息技术的深刻变革，当下面临的新挑战是如何对数字公民开展法治教育。在国外，美国建立了公益网站“常识：信息社会公民”，通过提供免费的网络课程来帮助社会中的各角色学习法治知识。该网站已覆盖美国大部分地区，注册用户超过500000个，这无疑有助于人们成为一个负责任的“数字公民”，值得我们借鉴和学习。

对于我国而言，想要培养负责任的“数字公民”，首先法治教学模式应与时俱进，融合“互联网+”教育的特点，借鉴在线教育混合模式，线下与线上相结合，采用“大数据+小程序”来提升学生法治教育教学效果。除此之外，利用信息技术手段教学是法治教育下的必然趋势，李恒中即在其文章中指出要充分利用信息技术、重点改革教学方法、重视延伸教学思路[①]。如将网络平台上的一些社

① 李恒中．对信息化背景下初中道德与法治教育的再思考［J］．中学课程辅导（教师通讯），2020（18）：124-125.

会时事引入教学中，营造多媒体教学情境，等等。具体而言：课前教师可以创设法治情境，使学生身临其境的感受，从而提高课堂实效；课中可以采用音视频、动画等形式来引导小组讨论，培养其合作探究能力；但最为关键的，还是教师需要合理运用信息技术，具备一定的数字技能和知识，这样才能更好迎接法治教育新时代的挑战。

五、数字公民素养与智慧校园建设问题

（一）智慧校园建设的时代背景

学者朱敏将智慧校园定义为以物联网为基础，将校园工作、学习、生活连接，利用技术为学生学习以及教师教育、教研工作提供服务的环境，是一种虚拟空间[①]。菅锐认为智慧校园是指以物联网为基础的智慧化效果工作、学习和生活一体化环境[②]。就笔者来看，智慧校园便是对学校的内部信息进行管理，帮助学校管理日常工作，整合学习资源的一个服务体系。

《教育信息化2.0行动计划》中指出，“要促进信息化和教育相融合，构建智能化数字化的教育体系，建设人人都可学、处处都能学的终身学习型社会，走出教育信息化发展的道路。”这就要在各类大数据、人工智能、网络技术等先进数字技术的参与之下建设智慧校园。随着数字化社会的来临，智慧校园建设更加需要适应当下的社会浪潮，但如何建设，成为了多所学校面临的一个重点问题。

（二）智慧校园建设现状及不足

1. 智慧校园研究现状

以“智慧校园”作为知网系统的检索词，检索数据表明2013年2月至2023年2月期间相关中文文献记录一共9119条。其主要研究领域为智慧校园、智慧校园建设、大数据及物联网四个方面，如图7–8所示。经对相关文献分析，学界对智慧校园建设的研究包含了平台建设、环境建设、大数据建设等方面。

---

① 朱敏．大数据背景下高校智慧校园建设路径探讨［J］．信息与电脑（理论版），2020，32（21）：225-226.

② 菅锐．高校智慧校园建设现状及存在的问题分析［J］．电脑知识与技术，2020，16（33）：46-47+61.

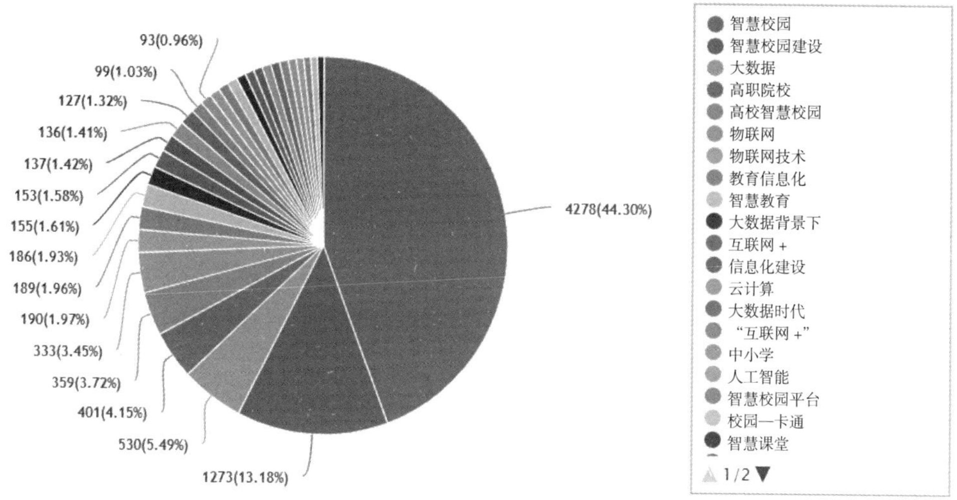

图7-8 智慧校园研究主题分布

2. 智慧校园建设的主要问题

经过对前人文献的分析，得出智慧校园建设主要存在的问题如图7-9所示。学校想要向建设智慧校园的道路逐步迈进，就需要重点解决这些问题。例如，虽然数字技术与校园的融合已初有成效，但还需进一步加强物联网技术与一卡通的互联互通，如加入定位引导、实行电子一卡通等，使校园生活更加便捷，这都是未来实现智慧校园的方向。

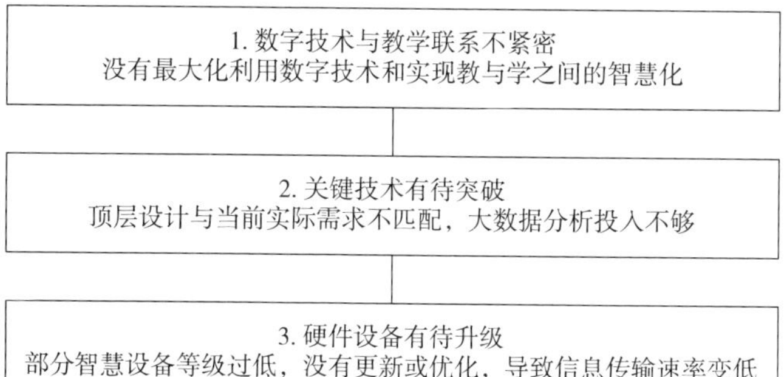

图7-9 智慧校园建设存在的问题

（三）数字公民素养视角下智慧校园建设问题的解决措施

1. 探索智慧教学模式，实现智慧化教学

探索智慧教学模式的目的便是要融汇传统教学模式。学者武永娇指出，“应设立智能教学系统，具备教案编写、课件制作、作业批改以及智能化讲课等功能”[①]。朱敏提出要提升个性化教学水平，个性化教学水平的提高与智慧校园的建设有直接的关系。

通过对比和分析一些前人提出的建议，笔者认为实现智慧化教学需要内外相结合。首先，教学理念上要适应数字化时代变革，探索将解决学生问题摆在第一位的智慧教学模式。让课堂教学多元化，优化数字化学习方法，保证师生教学需求个性化。其次，要构建智慧教学环境，创新智慧教学应用，让教学方式与时俱进。踊跃建构智慧校园平台，把握教育工作和基础网络建设的关键环节。最后，还可以推动网络课程的发展，建立共享机制和一库多平台的终身智慧学习系统，使教学资源利用最大化。

2. 建立数字化集成中心，实现校园管理智慧化

想要快捷的获取信息、保证师生校园生活的便利，建立一个功能多样的数字化集成中心是不可或缺的。通过研究其他学者对智慧校园建设平台，一个基本的智慧校园集成平台应包含多种功能，如图7–10所示。

这个集成平台可以包括统一的数据中心、身份认证和门户中心，能对基础数

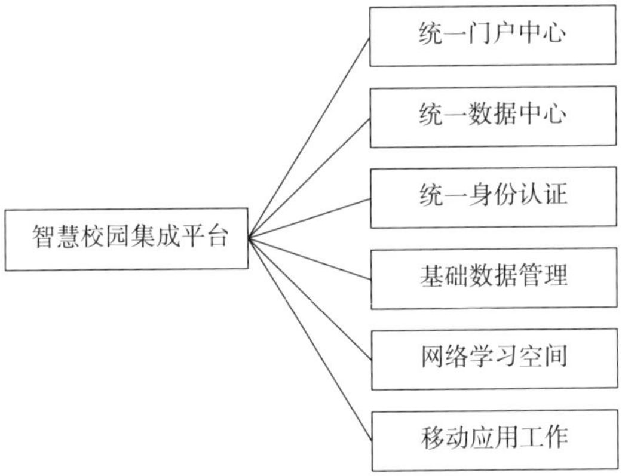

图7–10 智慧校园集成平台组成

① 武永娇，黄宁．“教育信息化2.0”视域下智慧校园建设研究［J］．数字技术与应用，2019，37（08）：51-52.

据进行管理，同样也可以提供网络学习空间和移动应用工具，并进行一些智慧校园的管理，如走班制管理平台、学生综合平台、教师发展平台、校园综合平台等。总之，学校应成立专项研究团队，在突破技术和设备的限制下，提供安全、可靠的多元化智能化综合服务。

3. 提高师生数字保护素养，防范数字校园安全问题

首先，对于网络外部而言，要保证网络基础设施的安全，建立校园智慧安防体系。网络安全员需要关注漏洞情况，及时下载补丁修补，以防黑客攻击。正如学者周秀芳提出，要“建立访问日志，记录所有通过防火墙访问的外网操作。及时更新病毒库，查杀病毒，保证网络的安全”①。其次，对于内部而言，学校还应发布校园网使用规章制度，保障一卡通的使用安全，增加防伪多重认证等功能。最后，师生在意识上要提高数字保护素养，知道如何保护隐私，正确下载文件，并且具备信息识别能力。对于数字保护素养的提高，学校可以通过定期讲座的形式普及网络安全知识，还可以通过多媒体运营账号发布网络安全知识。此外，还应开设融入数字技术学习的课程，使师生能安全地参与数字活动，自主保护数据安全。

六、数字公民素养与信息化教学模式问题

（一）课堂教学评价的内涵及标准

对于课堂教学评价的内涵，不少学者进行了界定，如王世航指出，“课堂教学评价是在一定的研究领域内，按照科学有序的研究方法，以系统化的评价研究指标为基础，对参与课堂活动中的主体和客体进行针对性评价”②。对于我国课堂教学评价标准的发展历程，有学者指出其发展大体经历了“知识主导”“思想主导”“能力主导”和“素养主导”四个阶段。

课堂教学评价由三方面组成，一是教师，二是学生，三是教学。详细的评价标准，这里以信息技术课程举例，如表7-3所示。

---

① 周秀芳. 高校智慧校园建设中网络安全问题分析［J］. 信息记录材料，2020，21（03）：150-151.

② 王世航. 课堂教学评价现状、存在问题和对策研究［J］. 黑河学院学报，2017，8（01）：158-159.

表7-3 信息技术课程课堂教学评价表

评价指标	观测点
教学目标（10分）	1. 目标完整，呈现新课程理念和三维目标，注重培养学生的信息素养
	2. 目标具体、层次分明，培养创新精神和实践能力
	3. 目标适当，符合学生实际
教学内容（25分）	4. 有体系、分条理地选择、建构教学内容，容量适当，教材处理得当
	5. 强调重点、简化难点，科学、有条理地呈现教学内容
	6. 准确、恰当地分析、理解、把握教学内容
	7. 理论联系实际
教学过程（35分）	8. 教学过程有序、流利，逻辑性强，重难点能有效解决
	9. 教学方法选择科学、合适，灵活多样，有利于内容呈现和目标实现，面向全体学生，注重信息意识和习惯养成、学习能力提升，技术指导恰当
	10. 教学情景创设得当、有效，引导学生主动学习、积极参与
	11. 恰当选择、运用教学资源和媒体
	12. 科学运用教学评价、促进教和学，评价效益高
教学效果（20分）	13. 教师达成预期的教学目标，教学效率高
	14. 学生达到规定的教学要求，思维活跃，实践积极，有成效，师生积极互动，教学相长，共同发展
基本素养（10分）	15. 教学基本功扎实
	16. 准确把握新课程理念，具有较高的学科专业素养
	17. 教学思路清晰，具有较强的教学掌控能力和教学执行力
	18. 教学有特色，一定程度上表现出自己的风格

（二）课堂教学评价的现状及问题

1. 实际课堂教学评价理念落后

建构主义学习理论中，主张以学生为主体，教师为主导，引导学生自主学习。其倡导的评价是师生均受重视，但在现实课堂中，“以教评教”之风仍然盛行，即注重教师知识的传授好坏，而忽略学生是一个能动性的个体。陈琳提出，这种评价方式是一种固化、静止的价值判断，“侧重学生学习效果的评价，而忽视了学生在学习过程中的成长变化”[①]。这样的现象从根源上与家庭、社会的潜意

① 陈琳. 核心素养理念下课堂教学评价改革研究［J］. 山西青年，2021（02）：67-68.

识的看法有关，人们总是下意识地将学生成绩的好坏与教师教学水平相挂钩。虽然现在逐步提倡评价改革，但“以教评教”的现象仍然严重。

2. 课堂教学评价方式模式化

关于课堂教学评价的方式，国内基本是两种情形，一种是其他教师随堂听课，一种是学生期末评教。随堂听课的形式是对教师的教学行为、教学能力比较直接的评价，但由于评价的人员比较固定，每个人的教学理念和方法都有差别，且往往只对某一堂课下了一个总结性评价，难免会有缺陷。相比随堂听课，学生评价弊端更大了，主要原因有两方面：一是评价表上标准过多，且多为学校强制要求，学生容易没有耐心；二是学生评价通常会忽视教师实际课堂教学水平，评价缺少了客观性，使得评价结果并不具有参考性。

3. 课堂教学评价目的不清晰

反馈是教学评价的最终目标，应以此提高课堂教学效率、促进师生全面发展。但是，我国课堂教学评价一直在到底是为了甄别还是促进发展这个问题中踌躇不前。

不少学者主张重视课堂评价的发展作用，但实际上大多数人的评价是为了鉴别，将课堂教学评价的好坏与教师教学能力的好坏相提并论，将这些盖棺定论的评价当作教师评优、评职称的参照。甄别本身并不是坏的，但这种过于强调教学评价违背了促进发展的目的，忽视了学生作为主体的学习过程。

4. 课堂教学评价结果缺乏反馈

俗话说“知错能改，善莫大焉”，让教师了解教学技能方面哪里有问题，才能更好地提高课堂的质量，所以对于教学评价结果的反馈应是重中之重，而且必须要及时。但在现在的教学评价中，反馈还不够受重视，通常一堂课结束后，除了上交给学校的评分表能作为教师考核发展指标，很少能有详细的建议反馈给教师。

（三）数字公民素养视角下课堂教学评价的优化策略

1. 建立数字化评价反馈机制，树立以学生为本的评价理念

学者陈琳提出，要革新课堂教学评价技术，利用科学信息技术帮助学生促进能力发展的方式有两种：一是创设学生评价资源中心，加快建成“互联网＋课堂教学评价”的数字中心平台；二是建立评价跟踪与反馈的数据库，充分利用互联

网载体建构课堂教学评价的互动反馈体系[1]。骆祖莹等人提出了课堂教学自动评价，利用人脸识别、注意力分析、情感计算、深度学习等信息技术，对课堂评价自动化进行了研究[2]。

笔者认为，新时代下，可以建立数字化反馈机制，与时代接轨，如AI赋能的数智校园体系、大数据评价等。虽然这些方向的具体实施还有待研究，但可为评价方式打开新角度。此外，评价理念应以学生为主，对整个教学过程实时进行评估，加深活动性评价在“五育融合”活动中的应用，推动评价的发展，满足教育的需要。

2. 课堂教学评价主体、内容多元化，教学评价目的与时俱进

首先，在主体上需要多元化，多方人员参与的评价更能全面体现评价的可参考性。其次，在评价内容上要全面化，除了传统的教师能力、学生上课参与度、教学效果的评价，还可以加入是否具备数字公民素养的评价。笔者通过分析数字公民素养的九大要素，认为评价师生是否具备数字公民素养，主要可以从三个层次来看，具体如表7-4所示。在技术变革时代下，我们要更加关注培养教师的数字公民素养，培养学生成为数字社会中一个合格的数字公民，这是总目的。学校领导者则要明确现实情况和目的之间的差距，积极通过各种方式去提高师生的数字公民素养。

表7-4 师生数字公民素养评价参考

层面	评价参考内容
使用	能娴熟的运用数字工具，具备熟练运用常见数字技术的能力
理解	即对数字媒体的理解和评判能力。它不仅包括教师对于数字社会的感知与认识，还包括教师能教会学生在享受数字时代便捷的同时避免其带来的危害，同时能够在教学中向学生传递正确的世界观和价值观
创造	即利用数字技术创新的能力，不仅是利用软件和工具在工作中创新，也包括在教学中的师生交流、信息分享能力的创新

① 陈琳. 核心素养理念下课堂教学评价改革研究［J］. 山西青年，2021（02）：67-68.

② 骆祖莹，张丹慧. 课堂教学自动评价及其初步研究成果［J］. 现代教育技术，2018, 28(8): 38-44.

七、数字公民素养与教师专业化发展问题

（一）教师专业化发展的时代背景

教师专业化发展是指教师在整个教育工作中，通过有目的的练习和终身教育来获得专业知识与技能，主动提升自己的教学素质，进而成为一名优秀、专业的教育工作者。

教育是国之大计、党之大计，基础教育更是我国教育的基石，而其中教师是基础的基础。然而，时代对教师提出了更高的发展要求，教师的专业化发展迫在眉睫，尤其是数字技术能力的学习。作为一名教师，将传统教学方式与互联网相结合，提高自身的数字教学技能和科研能力，才能肩负起为社会培养栋梁之才的重任。

（二）教师专业化发展面临的问题

1. 教师专业化意识薄弱

学者高燕通过网络调查数据得出，“只有16.3% 的教师对教师专业化内涵有比较具体的认知，仅有11.8% 的教师对自己的专业化有比较明确的认知，50% 以上的教师缺少对自己专业发展的规划和目标，18.7% 的教师因为教师行业和心理预期的差异，在工作中缺乏专业化发展的动机和积极进取的精神”[①]。

通过上述数据可知，教师对于专业化发展意识还有所欠缺，缺少终身学习理念和进取精神，职业倦怠现象较严重。有关教师专业化发展过程的研究表明，师范教育对教师发展的作用是功不可没的，现阶段的教师专业化发展途径大多都依赖于学校所提供的环境，如开展校本培训、网络远程学习、学历进修等。但若教师自身缺乏主动性意识，对自身教学水平的提高极少深入研究，只依托于外部强制的发展是远远不够的。

2. 青年教师专业化发展缓慢

青年教师的数量越来越多，其专业化发展不可忽视。但从目前的情况来看，外部环境和自身因素经常会在一定程度上对青年教师的发展产生阻碍，如图7-11所示。王昕雨等学者就提出继续教育的缺失导致高校青年教师专业化发展缓慢，当今社会忽视了教师的教学实践，轻视了教师专业素养的发展，忽略了教

---

① 高燕．教育信息化背景下教师专业化发展存在的问题分析［J］．决策探索（下），2020（08）：37-38.

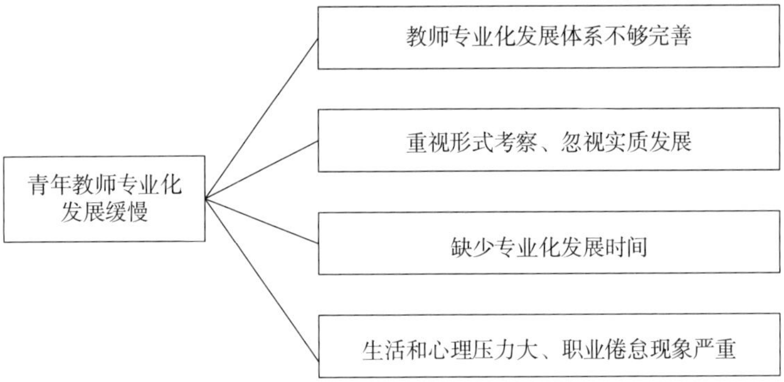

图7-11　青年教师专业化发展缓慢的原因

师教学技能的培训[①]。

3. 教师数字素养有待提高

数字素养是指具备相关数字知识并能够娴熟运用数字技术。在教育信息化时代下，数字素养是教师的必备素养。正如学者宋岭指出，高校教师应不断加强对互联网特性的认识，从过去教育教学活动的主导者，转变为学生在网络信息时代的引领者[②]。

目前有些教师的数字素养较低，主要原因集中于两点。一是外部环境，学校数字化建设比较落后，数字化教学资源，如多媒体教室、校园网络课堂等比较缺乏。二是在于自身，有些教师固步自封，不及时更新自己的数字知识，不主动提高现代化教学手段，不能将数字技术与课堂相结合。尤其是在农村地区，教师更加缺乏数字技术水平的运用能力，教育理念跟不上现代化教学要求，且自我发展动力不足，缺少相应的培训机会。

（三）数字公民素养视角下教师专业化发展途径

1. 提供政策保障和数字技术平台支持，营造教师良好发展环境

增强教师专业化发展，政府不仅需要完善外部的政策制度，还需创设相应的机构和内部政策来保障其发展。同时还要保证相应的资金投入，配备硬件、软件、网络等来建设数字技术平台，帮助教师之间互相沟通和交流，获取丰富的信

① “互联网+”时代背景下高校青年教师专业化发展的研究与实践［J］. 科教文汇（上旬刊），2021（01）：13-14+27.

② 宋岭. 教育信息化背景下教师专业角色的回归与发展［J］. 教育导刊，2018（05）：82-86.

息资源，如微课、慕课、云课堂。

各学校之间还可以形成一个教师发展共同体，为教师数字化教学、科研提供助力。教师之间互相交流合作，共同提高，既存在良性竞争，也能促进教师专业化发展。

2. 开展多形式进修学习，发展教师数字公民素养

教育部颁布的《基础教育课程改革纲要》中表明，要增进信息技术与各学科的融合。数字社会的发展需要数字信息与教育教学以及教师的专业化发展相结合。教师专业化发展也面临着新时代的要求和挑战，不仅要提高教学素养，更重要的是提高数字公民素养。可以通过多种形式的进修学习来提升教师专业化能力，进而提升教师数字公民素养，具体途径如图7-12所示。

提升教师数字公民素养的关键在于开展提高教师数字技术能力的培训。但实际中由于教师具有个体差异性，并且所教科目不同，其需要掌握的数字技术也不同，因此，还需要创新培训模式，针对教师发展的各个阶段，提供不同的分层级培训。上述途径在具体实践中还可以加入新形式，例如：组织观摩大量优秀网络在线课堂；推出数字公民素养相关课程；通过大数据形式收集教师的培训成绩，并不断根据成绩对培训内容及教学方式进行优化和创新，从而达到教师能够进行个性化学习的目的；通过线上微信群、手机端、公众号进行知识推送，安排线上培训学习任务等。

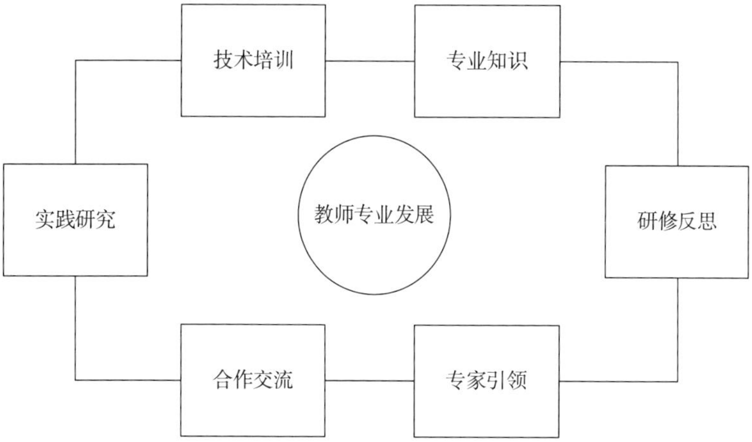

图7-12　教师专业化发展途径

第八章　数字公民素养未来展望

今天，全球数十亿人使用各种数字技术进行交互。这种互动创造了一个数字社会，为人们提供了学习、娱乐和社交的机会。与任何社会一样，在数字社会中，数字公民也会以某种方式行事——根据公认的规范、规则和法律。此外，大多数人都掌握了这些技术，但他们是否恰当地使用了它？

在2000年左右，无论国内还是国外就产生了数字公民素养的萌芽，但是各国重视并推动数字公民素养萌芽与发展的时间间隔比较大，国内外的政策以及数字公民素养培育项目主要集中在2013年及之后。如欧盟略比其他国家起步早些，于2011年就已经开始重视数字公民素养。日本并没有出现政策推进，但是将数字公民素养的内容融入社会建设和学校教育等中，从而达到数字公民素养的全面覆盖。我国早期的政策更多是注重信息素养，真正推进数字公民素养的政策是在2016年。虽然数字公民素养在各国的产生以及发展历程不同，但陆续发布的文件和实施措施说明其已经得到了许多国家的重视，也进一步说明全世界已经意识到培育数字公民素养是数字社会发展的基本要求。

一、数字公民素养概念内涵会逐步完善

随着数字媒体技术的出现，世界范围内的不同文化得以交融、碰撞。正如欧洲委员会的《跨文化对话白皮书》中所述：只有对话和辩论才能确保社会朝着相互尊重、机会平等和道德决策的方向发展，而现实世界和虚拟世界的同时存在为这种对话提供了新的机会，但也带来了新的挑战。

社会素养是多元社会的优先文化事项，在这种文化中，道德行为、同理心和尊重等价值观可以成为社会的要素而改变。丹尼尔·戈尔曼（Daniel Goleman）在关于情商的研究中指出了“了解和管理自己的情绪”“识别和理解他人的情绪”以及“管理人际关系和他人的情绪”等能力的相关性。与他人共情意味着能够识

别和理解他人。然而这是不够的，戈尔曼提出社会行为者要能够处理自己（和他人）的情绪，以便正确处理关系并采取相应的行动。这已成为一种越来越复杂的能力，尤其是在今天，人们的互动通常通过各种形式的数字技术在网上进行。

因此，在数字公民的各种能力框架内，知道如何以有效、高效和安全的方式使用ICT已不足以成为一个合格的数字公民。在科技发达的社会，合格的数字公民还需要与这种参与数字世界的形式相关的社会关系和情感能力（更多地与“软技能”相关）。根据这一趋势，欧洲委员会在其文化能力模型中将“同理心”列为技能，指出态度中的“尊重”“责任”和“容忍歧义”，以及“文化多样性”“民主”和“平等”等价值观，是为了在文化多样化的社会中平等共处而需要发展的。同样，联合国教科文组织制定的“全球公民教育计划”在“关键学习成果”标题下包括“社会情感成果”，下面又包括“对共同人类的归属感”“分享价值观和责任”和（再次）“同理心的态度”等概念。

除了上述国际组织的框架外，一些国家的举措同样强调数字公民的社会素养。例如，2016年新西兰的网络安全机构倡议开发了一个数字公民模型，其中“以支持个人诚信和与他人积极联系的价值观为基础的态度”是培养数字流畅性的关键要素之一。澳大利亚政府的“数字公民计划”强调了尊重他人权利、在线参与、采取行动保护隐私以及安全在线互动的重要性。加拿大数字与媒体素养中心提供的计划包括七项学校核心能力，其中两项涉及社会能力：“道德和同理心”，描述为社会情感技能和做出在线道德决策的能力；“社区参与”，特别是在行使公民和消费者的权利以及积极参与在线空间的社会规范方面。

迈克·瑞布在2015年首届数字公民峰会上根据三个主要原则：安全、精明和道德，开发了道德维度的模型。此外，“礼仪”是支撑数字公民的三大支柱之一，在美国，2016年的《ISTE学生标准》和常识教育的课程都包含诸如“尊重”之类的价值观。

上述例子强调了各国及组织机构对与学习者个人发展相关的价值观、态度、技能、知识和理解的重视。其他领域，例如保护自己隐私的能力或检索可靠信息的能力，也属于社会素养技能。此外，在考虑与他人的关系时，不仅要从宽容的角度考虑，还需要社会同理心和道德行为。政策框架内对尊重、文化意识、责任、价值观、同理心、诚实、正直等概念的强调清楚地表明了教育对个人社会素养的发展负责。这对于数字公民尤其重要，公民生活在一个数字世界和现实世界共存的空间中：虚拟环境不仅由技术创造，而且由其中发生的关系产生的交流创造，由此形成了一个相互影响的循环，积极参与在这种动态中十分关键；如果没有这种意识，公民就只是在技术、技能方面有效率的个人，无法将自己的思想和价值观应用于实践。

上述表明，虽然数字公民没有单一的定义，但围绕数字公民的概念正在形成共识，这是一组具有横向特征，包含公民的价值观、技能、态度、知识和批判性理解的概念。

二、影响数字公民素养的新理论和实践趋势

采用数字技术和战略后，教育领域本身也在迅速变化。这反过来又为数字公民教育提供了新的机会，因为它的能力通常是基于项目的，并且与新的教学方法有关，其中最显著的是翻转课堂、开放式网络课程和基于游戏的学习。

（1）翻转课堂作为一种协作学习的方式在许多国家盛行。它使教师能够以不同的方式重新设计课程并组织教学内容，以及学习发生的时间和空间。它以不同的内容传递方式（视频、游戏等）而有利于课堂交流。

（2）开放式网络课程是连接教师和学习者的另一种方式，它大规模地面向学习者，并且通常具有参与性（如 MOOC和sMOOC）。这类课程主题非常多样化，但往往涉及使用数字工具和开发新型的教学实践。目前还没有关于数字公民的开放式网络课程，但在现有的各种关于信息素养教育的开放式网络课程中经常提到这种能力（如阿萨巴斯卡大学的“青少年在线媒体和信息素养”、新索邦大学的“DIY 信息素养教育”开放式网络课程等）。

（3）基于游戏的学习为以有趣和身临其境的方式体验学习提供了机会。基于游戏的学习可以在正式和非正式环境中进行。它能够提高年轻人的积极性，促使他们学习新思想。如模拟城市（Simcity）这款游戏，玩家可以模拟处理现实生活中的问题。基于游戏的学习将游戏设计元素引入学习环境和活动，可以增强学习者的注意力，提升学习动机。

三、数字公民素养未来评价趋于终身化

数字公民素养的测量与评价能够及时反馈并有效地推动数字公民教育的发展，故在实践中有必要对测评的工具量表进行开发，以便开展数字公民教育。

用于衡量数字公民的建议，例如 Choi、Glassman 和 Cristol等学者开发的包括行为、认知和社会背景的自我报告量表[①]。学者Aytekin 和 Ozlem研究发现，数字公民素养的水平受每天使用互联网的时间、使用互联网的目的、使用设备连接到互联网以及学生使用社交网络的影响[②]。研究人员建议对其他人群进行类似的研究，同时纳入可能影响数字公民发展的新变量。

学者Techataweewan和Prasertsin认为这些测量工具还应侧重衡量各种技能，包括公民和数字素养水平、信息管理、协作、沟通、内容和知识的创造、问题的评估和解决以及技术操作[③]。所考虑过的技能都意味着终生学习和技术的有效使用。

学者Jiménez研究了社交网络的使用与公民参与之间的关系，特别是对于农村地区的女性，她们很少参与数字公民活动[④]。还有一些研究表明，与学生对话能促进学生行为的发展和学生的积极参与，其中重点在于学生性格。

综合而言，世界各地涉及数字公民的各种名称、定义、参与者和教育框架正在不断发展和变化，毫无疑问，这是一个正在变得越来越重要和突出的话题。推广数字公民意味着巨大的挑战，其中可能包括政府机构、学校、家庭和整个社会的参与。虽然学界对数字公民素养并无单向定义，但围绕以下观点正在形成共识：

（1）教育背景下的数字公民是一个横向维度，涉及数字公民中所需的价值观、技能、态度、知识和批判性理解。此外，在正式和非正式的教育环境中都需要DCE，让儿童、青少年、家庭成员、教师和专业人士以及社区的其他成员参与进来，以维持数字公民身份。目前，学界的主要关注点主要是在正式教育背景下。

（2）在全球化和多语言和多文化的背景下，数字公民的实施需要得到各国的支持。因此，大多数国际框架（如教科文组织的“学习领域”和欧盟的数字素养框架）都是描述性的而不是规定性的。首先，数字公民涉及价值观，价值观因地

---

① Choi M, Glassman M, Cristol D. What it means to be a citizen in the internet age: Development of a reliable and valid digital citizenship scale[J]. Computers & education, 2017(107): 100-112.

② Kurkcuoglu A, Aytekin C, Oktem H, et al. Morphological variation of carotid artery bifurcation level in digital angiography[J]. Folia Morphologica, 2015, 74(2): 206-211.

③ Techataweewan W, Prasertsin U. Development of digital literacy indicators for Thai undergraduate students using mixed method research[J]. Kasetsart Journal of Social Sciences, 2018, 39(2): 215-221.

④ Jiménez Martínez F, Vilà Suñé M. De educación especial a educación en la diversidad[M]. Archidona (Málaga): Aljibe, 1999.

而异。其次，数字公民适用于所有人，无论技能、态度或知识如何，都需要在此背景下制定支持其实施的举措。

（3）数字公民的有效实施需要定期监测和评估。评估工具需要适应评估环境。这是改进其实施并在增量层面继续赋予数字公民权利的方式。数字公民的养成是一个终生的过程，而不是人们在培训课程后可以达到的状态[①]。

四、国内数字公民教育研究亟待发展

余思瑾等学者基于WOS数据库收集数字公民教育研究的文献，对国际数字公民教育的研究现状、热点及前沿理论进行了全方位的梳理[②]。通过对文献进行统计分析得出，30.6%的研究针对青少年或中小学，26.5% 的研究针对大学生和研究生。可见，目前数字公民教育研究的重点对象是在校学生（从中小学到研究生）。2014年以来，各国对数字公民教育的重视程度加强，研究热度逐渐攀升，但研究区域集中于欧美、澳大利亚等国家，我国相对滞后，教育界、学术界对数字公民素养的重视不够。国内对数字公民教育的探讨目前还在数字鸿沟和数字素养等方面，缺乏对数字公民素养的培养意识及探索；高质量数字公民教育资源的供给不足，相关课程体系缺乏，没有有效地针对在校学生进行培训与教育，社会、学校、家庭、个人等的协作培养尚停留在理论层面，实践层面还需进一步研究和落地。

依据目前学界的研究，笔者认为可以把数字公民教育的研究内容归结为以下几个部分：①现状与分析；②理论体系构建，包括基础理论、影响因素、数字公民素养与其他素养的内在关系等；③数字公民素养提升策略，包括课程设计与开发、培养模式、不同学段的培养策略等；④实证方面，包括测量量表、相关工具、数据分析等；⑤实践层面，即社会多方合力促进数字公民教育的理论与实践探讨等。总而言之，未来通过数字公民素养带动核心素养的提高乃至数字公民教育的全面发展，是符合中国特色社会主义教育立德树人的培养目标的，是数字时代构建和谐、文明、共同富裕社会的必由之路。

---

① Frau-Meigs D, O'Neill B, Soriani A, et al. Digital citizenship education: Volume 1: Overview and new perspectives[J]. 2017.

② 俞思瑾，郑云翔，杨浩，等. 国际数字公民教育研究的现状、热点及前沿［J］. 开放教育研究，2018，24（06）：49-59.